# INTRODUCTION

AUX OEUVRES

# DU PÈRE ANDRÉ

# INTRODUCTION

AUX OEUVRES

# DU PÈRE ANDRÉ

PAR

M. VICTOR COUSIN

A PARIS

DE L'IMPRIMERIE DE CRAPELET

9, RUE DE VAUGIRARD

1843

# INTRODUCTION

## AUX ŒUVRES DU PÈRE ANDRÉ.

Nous avons deux Biographies du P. André, l'une de l'abbé Guyot, dans l'*Éloge historique* qui précède les *Œuvres posthumes* (Paris, 4 vol., 1766), l'autre du P. Tabaraud, ancien oratorien, dans l'article consacré au P. André, tome II de la *Biographie universelle*. En rapprochant ces deux Biographies, et en les éclairant l'une par l'autre, on en tire le résumé qui suit :

André était du pays de Descartes, de cette Bretagne qui, depuis Pélage et Abélard, est accoutumée à fournir à la philosophie et à la théologie des esprits distingués, mais médiocrement disposés à porter le joug des opinions régnantes. Né à Châteaulin, dans la basse Bretagne, en 1675, l'année même de l'arrêt du conseil contre le cartésianisme[1], il était entré chez les jésuites en 1693, et, dans les premières années du XVIII^e siècle, il faisait sa théologie à Paris, au collége de Clermont, depuis le collége Louis le Grand. Ce fut alors qu'il connut Malebranche, et forma avec l'illustre cartésien une liaison intime, continuée dans une correspondance régulière jusqu'à la mort de Malebranche, en octobre 1715. Le P. André avait l'âme droite et élevée, l'esprit sage, modéré, élégant. La philosophie nouvelle se présentait à lui avec l'attrait d'une doctrine injustement attaquée, s'appuyant d'un côté sur une géométrie profonde et sur une physique claire et ingénieuse, et de l'autre, sur une métaphysique sublime,

[1] *Fragments philosophiques*, 3e édit., t. II, p. 195.

parée des charmes d'un admirable langage. Mais le cartésianisme avait ses conséquences : on n'est pas indépendant en philosophie sans le devenir un peu en théologie et même en politique, et les cartésiens furent les libéraux de leur temps. On peut donc pressentir, malgré l'absolu silence de l'abbé Guyot, et on voit déjà dans le P. Tabaraud quelle fut la destinée de ce libre penseur parmi les jésuites. Dès que ses opinions percèrent, il fut environné d'ombrages et exposé à l'inquisition la plus tracassière, jusqu'à ce qu'envoyé au collége de Caen, en 1726, sans abjurer ses principes, mais peut-être les contenant davantage, ou peut-être aussi protégé par le progrès toujours croissant de l'esprit philosophique, et par le déclin du crédit des jésuites, le P. André trouva enfin le repos, et vit arriver, au sein de l'estime générale, la suppression de son ordre, en 1762. Il mourut à Caen, en 1764, à l'âge de quatre-vingt-neuf ans. Il avait publié, en 1741, l'*Essai sur le Beau*, composé de discours lus à l'Académie de Caen dont il était membre. En 1763, il avait donné une seconde édition, fort augmentée, de cet Essai, par les soins de l'abbé Guyot, qui fut aussi, en 1766, l'éditeur de ses *Œuvres posthumes*.

Voilà tout ce que nous savions sur le P. André d'après le témoignage de ses deux biographes, quand de nouveaux documents vinrent nous apporter des lumières inattendues, et, en ajoutant des détails authentiques et douloureux à ce que nous avait appris le P. Tabaraud, transformer à nos yeux l'auteur estimé de l'*Essai sur le Beau* en un personnage digne de l'attention et de l'intérêt de l'histoire par les longues disgrâces, absurdes et cruelles, qu'il souffrit dans le sein de sa compagnie comme cartésien à la fois et comme janséniste; par l'attachement éclairé et courageux qu'il garda toute sa vie à une grande cause proscrite; par le rare talent d'écrivain ingénieux, délicat, élevé, quelquefois véhément et pathétique, que nous révèlent les pages, jusqu'ici inconnues, échappées à sa plume pendant une persécution de près de cinquante années.

Nos nouveaux documents nous viennent de deux sources différentes.

Vers la fin de l'année 1839, M. Leglay, archiviste du département du Nord, bien connu par son exacte et curieuse érudition, nous communiqua un manuscrit acheté par lui chez un libraire de Lille, et qui contenait des lettres inédites du P. André. Ce manuscrit est un in-4° de cent quatre-vingt-quatorze feuillets, comprenant quatre-vingt-trois lettres, dont plusieurs sont adressées à Malebranche, un plus grand nombre à un jésuite nommé Larchevêque, toutes les autres à M. l'abbé de Marbeuf, de l'Oratoire. Elles commencent en 1707, et se terminent à la fin de 1722; elles embrassent donc un espace d'environ quinze années. Ces lettres, il est vrai, ne sont point originales; ce ne sont que des copies, mais des copies faites avec un grand soin; l'écriture est certainement de la première moitié du XVIII^e^ siècle, en sorte que l'authenticité de cette correspondance ne peut pas être révoquée en doute. J'en ai donné des extraits de quelque étendue dans le *Journal des Savants* (janvier et février 1841) sur deux points intéressants : 1°. la persécution trop peu connue du P. André; 2°. les matériaux qu'il avait amassés pour composer une vie de Malebranche.

Nos travaux sur le P. André en étaient là, lorsqu'à la fin de 1841 nous reçûmes la lettre suivante :

« Caen, 31 décembre 1841.

« Monsieur,

« Les deux intéressants articles que vous avez publiés sur le P. André, dans le *Journal des Savants* des mois de janvier et de février derniers, m'engagent à vous faire part, avant tout autre, de la découverte que je viens de faire, concurremment avec MM. Trébutien et Leflaguais, mes collègues à la bibliothèque de Caen.

« Il y a quelques jours, ayant rencontré, en visitant deux immenses ballots de papiers manuscrits et autres qu'on se disposait à vendre à la livre, quelques imprimés relatifs à l'histoire du Calvados pendant la révolution, je fis porter ces ballots à la bibliothèque de la ville, afin de les examiner. Vous jugerez de notre satisfaction lorsque, après avoir jeté les yeux sur les premiers cahiers écrits à la main, nous reconnûmes, au milieu de notes assez curieuses sur notre histoire locale, la majeure partie des manuscrits autographes et inédits de l'auteur de l'*Essai sur le Beau*, savoir :

1°. *La Géométrie pratique*, un fort vol. in-4° ;

2°. *Traité de l'Architecture civile et militaire*, in-4° ;

3°. *Traité de l'Architecture*, etc. (mise au net du précédent), in-fol. ;

4°. *L'Art de bien vivre*, poëme en quatre chants, in-4° ;

5°. Une vingtaine de sermons sur différents sujets, in-4° ;

6°. Un fort volume de notes sur Descartes et Malebranche, in-4° ;

7°. *Metaphysica, sive Theologia naturalis*, in-fol. ;

8°. *Instruction chrétienne pour un enfant qui est dans les études*, in-fol. ;

9°. Deux cartons considérables de cahiers et de feuilles volantes, contenant des opuscules en vers ou en prose, des maximes, des pensées, des notes, etc. ;

10°. Enfin, un fragment considérable de la seconde partie de l'*Essai sur le Beau*, in-4°.

« Mais ce qui nous frappa le plus furent trois cahiers contenant :

Le premier, de quarante-six feuillets, la correspondance du

P. André avec les jésuites Guimond, Hardouin, Porée et Dutertre, lors de sa persécution comme malebranchiste;

Le second, de soixante-un feuillets, la correspondance du P. André avec Fontenelle, dont seize lettres autographes de ce dernier, et une dix-septième écrite en son nom par M. de Croismare : elles sont datées des dernières années de la vie de Fontenelle;

Le troisième, enfin, de cinquante-neuf feuillets, composé de brouillons de dix-sept lettres du P. André à Malebranche, et des réponses autographes de l'illustre philosophe. Plusieurs de ces lettres, entre autres une sur le mensonge, roulent sur des sujets philosophiques; les autres ont trait à des incidents de la vie intime des deux correspondants : elles n'en ont pas moins une grande valeur, puisque vous nous avez appris que les lettres de Malebranche étaient si rares, que vous n'en connaissiez que deux. Deux ou trois lettres du P. Lamy font aussi partie de ce cahier.

« Tous ces manuscrits, que nous nous sommes empressés d'acheter, appartenaient à une demoiselle Peschet, légataire d'une demoiselle de la Boltière, héritière elle-même d'un avocat littérateur de Caen, nommé Charles de Quens. Élève du P. André, M. de Quens paraît, dans ses manuscrits, que nous avons achetés aussi, lui avoir voué une vénération toute particulière. Nous avons trouvé deux volumes entiers de notes de sa main, qui semblent avoir été prises jour par jour et être le résultat de son entretien avec son professeur sur la religion, la philosophie, l'histoire, les auteurs, les hommes et les choses. Malebranche, vous pouvez le croire, n'y est pas oublié. Il s'y trouve, en outre, une foule d'anecdotes qui prouvent que, si le P. André était un savant distingué, il était encore un homme d'esprit et de saillies. Ce même M. de Quens s'associa avec l'abbé Guyot pour faire graver une épitaphe sur la tombe du P. André, dans l'église des chanoines de l'Hôtel-Dieu de Caen. C'est, du moins, ce que nous a appris un manuscrit inédit de l'abbé Guyot, depuis longtemps dans la bibliothèque de Caen, et intitulé le *Moréri des Normands*.

« Voilà, Monsieur, tout ce que nous avons pu remarquer jusqu'ici, après un rapide examen des manuscrits que nous avons eu le bonheur de sauver d'une destruction certaine. Nous allons maintenant nous mettre à les classer et à les étudier. Nous ne doutons pas que ce travail n'aboutisse à quelque heureux résultat.

« Je me suis tu sur ce qui peut avoir rapport à la *Vie de Malebranche,* que vous réclamez, à si juste titre, de son possesseur inconnu. C'est qu'en effet nous l'avons cherchée en vain. Un des exemplaires que vous signalez avait été, à la vérité, dans les mains de M. de Quens, mais il s'en était dessaisi, quelque temps avant de mourir, en faveur d'un M. Hemey-d'Auberive (sans doute l'abbé Hemey-d'Auberive, éditeur des *OEuvres de Bossuet,* 1815–1819, dont parle Quérard, tom. IV, p. 62, et qui mourut à Paris, à la fin de 1815), à la condition qu'il la publierait, et le signalerait, lui, M. de Quens, dans sa préface. Je vous envoie les pièces à l'appui de ce fait; ce sont un reçu daté de 1807 et une lettre de M. d'Auberive lui-même, qui, comme vous le verrez, demeurait alors à l'Abbaye-au-Bois. Si vous pouviez maintenant retrouver les héritiers de cet écrivain, ils devraient en conscience, rendre le livre du P. André, puisque les conditions pour lesquelles il avait été donné n'ont pas été remplies; et, s'ils s'y refusaient, le mandataire de la demoiselle Peschet est disposé à faire toutes les démarches pour le recouvrer. Vous devez bien penser qu'une fois entre nos mains, il ne tarderait pas à être livré à la publicité.

« J'ai l'honneur d'être avec respect, Monsieur, votre très-humble et très-obéissant serviteur,

« G. Mancel,
« Conservateur de la bibliothèque de Caen. »

A cette lettre sont jointes :

1°. quelques lignes de M. l'abbé Marc, prouvant qu'en 1807 la *Vie de Malebranche,* par le P. André, était entre ses mains, et formait un volume in-folio de neuf cent quatre-vingt-dix-neuf pages;

« J'ai reçu de M. de Guince (*sic* pour Quens) un volume in-folio commençant par ces mots : *La Vie du R. P. Malebranche, prêtre de l'Oratoire,* ledit manuscrit contenant neuf cent quatre-vingt-dix-neuf pages, et je m'engage de le remettre aussitôt que j'en serai requis. Caen, le 10 mars 1807.

« *Signé* L. MARC. »

2°. Une lettre de M. l'abbé Hemey-d'Auberive, où il s'engage à remettre aux héritiers de M. de Quens la *Vie de Malebranche,* qu'il croyait lui avoir été non pas prêtée, mais donnée. M. l'abbé d'Auberive, qui était fort en état d'en bien juger, déclare « qu'il y avait de très-bonnes choses et très-intéressantes dans cette *Vie de Malebranche,* mais que ce n'était point un livre achevé, qu'il y avait quantité de lacunes, beaucoup d'articles imparfaits, et qu'il faudrait un temps et un travail assez considérables pour le mettre en état d'être imprimé. » M. d'Auberive avait entrepris cette tâche, et s'en occupait quand le manuscrit lui fut redemandé. Les héritiers de M. de Quens reprirent-ils l'ouvrage du P. André, ou le laissèrent-ils entre les mains de M. d'Auberive? nous l'ignorons; tout ce que nous savons, c'est que la *Vie de Malebranche* ne fait point partie des papiers du P. André provenant de la succession de M. de Quens, et on a bien de la peine à parvenir jusqu'à la famille de M. l'abbé d'Auberive pour en obtenir ce simple renseignement, si parmi les papiers qu'il a dû laisser se trouve la *Vie de Malebranche.*

Du moins, nous voilà en possession d'un bon nombre de manuscrits du P. André; ils sont maintenant déposés dans une grande bibliothèque publique, celle de la ville de

Caen. Le digne conservateur de cette bibliothèque, M. Mancel, avec ses deux excellents collaborateurs, MM. Trébutien et Leflaguais, les étudie, et s'occupe de reconnaître ce qui mérite d'en être publié. Au premier rang, il faut placer assurément la correspondance du P. André avec Fontenelle et avec Malebranche. C'est presque un point d'honneur pour M. Mancel de donner lui-même les lettres de son illustre compatriote Fontenelle. Déjà l'abbé Guyot, dans sa Notice sur le P. André, a cité quelques traits de ces lettres[1], où l'on voit quel cas faisait de l'aimable et spirituel jésuite le dernier cartésien, le plus bel esprit du XVIII^e^ siècle, avant Montesquieu et Voltaire. Nous nous serions offert bien volontiers pour mettre au jour la correspondance du P. André et de Malebranche, où peut-être aurait été de mise quelque connaissance des matières agitées entre les deux métaphysiciens, et surtout de la littérature philosophique de cette époque; mais nous concevons à merveille qu'on ne remette pas facilement à un autre le soin de faire connaître de nouvelles pages sorties de la plume de l'auteur de *la Recherche de la Vérité*, quand on est soi-même parfaitement capable de les bien comprendre, et par conséquent de les publier avec exactitude. Nous sommes trop heureux que M. Mancel et ses collaborateurs aient bien voulu nous communiquer, et nous autorisent à employer à notre gré, la correspondance du P. André avec plusieurs de ses confrères et de ses supérieurs de la compagnie de Jésus, pendant le temps qu'il fut persécuté comme partisan de la nouvelle philosophie de Descartes et de Malebranche. Cette correspondance est la

[1] *OEuvres du feu P. André*, t. I, *Éloge historique*, etc., p. XXI et LVII.

suite et le complément nécessaire de celle dont nous avons déjà donné des extraits. Nous allons la faire connaître en détail, et en joignant ces nouveaux extraits aux premiers, tirer du manuscrit de M. Leglay et du manuscrit de Caen réunis toutes les lumières qui peuvent éclairer ce triste et intéressant épisode de l'histoire du cartésianisme.

Marquons d'abord la différence qui distingue la nouvelle correspondance de la première. Dans celle-ci, le P. André écrit à des amis qui pensent comme lui, à Malebranche, à l'oratorien de Marbeuf, disciple de Malebranche, ou à M. Larchevêque, qui paraît avoir partagé ses sentiments; il leur ouvre son cœur; il se complaît à leur montrer son goût vif et constant pour la nouvelle philosophie, ses études secrètes et obstinées, son pieux et fidèle attachement à leur commun maître, et son dédain courageux pour leurs communs ennemis. Ici la scène est toute différente. Ce n'est plus le P. André parlant à son aise à des amis et à des hommes étrangers à sa compagnie; c'est le P. André dans le sein même de cette compagnie, aux prises avec ses supérieurs, entouré d'ombrages, de menaces et de tracasseries, obligé de cacher ses études, de dissimuler ses amitiés et ses opinions sans les trahir; perpétuellement placé entre une circonspection qui pourrait ressembler à l'artifice et une franchise bien voisine de la révolte, réclamant sans cesse la justice, prodiguant les explications et les apologies, abandonné peu à peu par ceux de ses confrères qui paraissaient d'abord plus ardents que lui dans la même querelle, se débattant en vain contre de sourdes intrigues ou contre une persécution déclarée, gêné et tourmenté dans les plus petits détails de sa vie, renvoyé de ville en ville et de collége en collége, tour à tour accusé de cartésianisme et de jansénisme, en butte à une inquisition qui ne se relâche jamais, une fois même livré au bras séculier, emprisonné à la Bastille, et traînant ainsi une vie inquiète et agitée pendant toute la première moitié du XVIIIe siècle. On voit ici l'intérieur de la compagnie de Jésus, sa forte hiérarchie, le mystère dont s'y enveloppe l'autorité, ses ménagements astucieux ou ses coups d'éclat, des esprits d'une souplesse infinie et des cœurs de fer, une politique toujours la même sous les formes les plus diverses, et, au milieu de tout cela, dans cette nombreuse société, toutes les variétés de la nature humaine : bien des mécontents, quelques hommes excellents, beaucoup de gens faibles, plus d'un lâche, l'empire de l'habitude et de la routine, le monde enfin tel qu'il est et sera toujours. Ajoutez que nous avons ici tous les noms propres, que les masques sont ôtés, et qu'on voit comparaître, dans cette affaire, les principaux personnages du jésuitisme à cette époque. On peut donc se promettre plus d'une révélation inattendue et piquante; c'est, en quelque sorte, la chronique philosophique de la fameuse compagnie, et comme un chapitre inédit de son histoire intérieure, dans la dernière période de sa domination et de son existence légale en France.

Mais avant de nous engager dans l'exposition des aventures de ce cartésien, égaré parmi les jésuites, il importe de recueillir avec soin tous les renseignements que nos deux manuscrits de Lille et de Caen peuvent nous fournir sur cette *Vie de Malebranche* qu'André avait entreprise, et qui n'a pu être retrouvée. Sans doute, pour suivre le travail d'André à travers les vicissitudes de sa vie, il nous faudra toucher des temps et des événements sur lesquels nous devrons revenir ; mais cela vaut encore mieux que d'embarrasser un récit une fois commencé de détails étrangers.

## PREMIÈRE PARTIE.

### LE P. ANDRÉ HISTORIEN DE MALEBRANCHE.

M. l'abbé Guyot, auteur de l'Éloge historique qui précède les ouvrages posthumes du P. André, est, je crois, le premier qui ait parlé de la *Vie* de l'illustre oratorien composée par notre jésuite. Il s'exprime ainsi, p. 53-54 de l'Éloge historique : « Ce morceau peut être regardé « comme un ouvrage d'esprit et de sentiment. Notre au- « teur y parle en maître de tout ce que la théologie, la « métaphysique et la morale du P. Malebranche ont de « plus relevé, en écrivain parfaitement instruit des moin- « dres circonstances de sa vie et de ses guerres littéraires. « Le cœur s'échappe par mille endroits, surtout lorsqu'il « s'agit de quelque trait historique ou de quelques dé- « couvertes qui peuvent faire honneur à la religion. » Et il ajoute en note : « Cet ouvrage n'a point encore paru. « La copie que nous en avons est trop défectueuse pour « qu'il nous soit permis d'en faire usage. Nous avons ouï « dire qu'il en existait une autre plus complète; celui « qui en est le possesseur obligerait certainement le pu- « blic s'il voulait la communiquer. »

Le P. Tabaraud, de l'Oratoire, dans l'article de la *Biographie universelle* sur le P. André, semble avoir connu cette *Vie de Malebranche;* car il déclare qu'elle « a été étrangement mutilée par celui qui en est le dépo- « sitaire actuel. » Quel était ce possesseur actuel de la *Vie de Malebranche*, par le P. André? le P. Tabaraud n'en dit rien ; il aurait dû le dire : nous saurions aujourd'hui à qui nous adresser, à qui faire entendre d'énergiques réclamations. Mais, dans le silence du P. Tabaraud, tout moyen d'information nous échappe, et nous en sommes réduits à attendre le résultat douteux des démarches de M. Mancel auprès de la famille de M. l'abbé Hemey-d'Auberive. Les extraits que nous allons donner de la partie des lettres du P. André qui se rapporte à cette biographie de Malebranche, montreront combien elle devait contenir de faits curieux et importants pour l'histoire de notre grande philosophie du XVII$^{e}$ siècle, et combien est coupable celui qui, pour la satisfaction d'une curiosité égoïste ou par un misérable esprit de parti, prive le public d'un écrit qui lui était destiné, et dont la perte ne peut pas même servir le plus violent ennemi des doctrines de Malebranche, puisque désormais rien ne peut abolir les œuvres de ce grand homme.

Le P. André avait fait la connaissance personnelle de Malebranche à Paris, aux conférences que tenait M. l'abbé de Cordemoi. Depuis, il avait entretenu avec lui une correspondance intime et assidue. Il lui avait voué une sorte de culte. La seule nouvelle de sa maladie lui arrache un cri de douleur.

A M. L'ABBÉ DE MARBEUF. — 16 août 1715.

« Ce que vous me mandez de la maladie du R. P. Malebranche m'afflige extrêmement. Et peut-on avoir un amour sincère pour la vérité, sans regretter un homme qui en a été, de nos jours, le plus intrépide et le plus sage défenseur? J'en ai une raison particulière : j'ai toujours trouvé en lui un ami, un père, un oracle dans mes doutes et un consolateur dans mes peines.... Je vous avoue ma faiblesse ; je me sens attendri jusqu'aux larmes; cela n'est guère philosophe : car ce n'est pas lui (qui va être heureux), c'est vous, c'est moi, c'est tous ses amis que je pleure.... »

A M. LARCHEVÊQUE. — 20 octobre 1715.

« .... Je recommande à vos prières l'âme du bon P. Malebranche. Il mourut dimanche dernier, âgé de près de soixante et dix-huit ans. Il a écrit presque jusqu'au dernier soupir. Nous verrons apparemment bientôt ses ouvrages posthumes. Peu de temps avant sa mort, il m'a fait assurer de son amitié par un de ses amis qu'il m'a légué pour me tenir sa place (M. l'abbé de Marbeuf). Il le chargea en même temps d'un exemplaire de son dernier livre contre celui de *l'Action de Dieu*. Je l'ai lu fort attentivement, et j'y ai trouvé toute la force et toute la beauté d'esprit qui brille dans tous les autres. Il y parle partout en maître, quoique toujours avec une modestie qui relève infiniment son mérite. »

C'est immédiatement après la mort de Malebranche que le P. André eut la pensée d'écrire sa *Vie*, et il s'adressa à M. de Marbeuf pour obtenir des confrères et amis de l'illustre défunt des renseignements et des documents authentiques. Le P. Lelong, un des plus intimes amis de Malebranche, s'empressa de composer un certain nombre de Mémoires à l'usage du P. André. Dès l'année 1716, nous voyons celui-ci mettre la main à l'œuvre, et nous allons suivre dans ses lettres la trace et le progrès de son travail.

A M. L'ABBÉ DE MARBEUF. — D'Alençon, 20 avril 1716.

« Monsieur,

« Je viens de lire avec une extrême satisfaction les deux Mémoires que vous m'avez envoyés pour l'histoire du R. P. Malebranche. Ils sont de main de maître, pleins de bon sens et de lumière, en un mot, d'un homme qui possède parfaitement les matières dont il parle. Je vous prie, Monsieur, d'en faire mes très-humbles remercîments à l'auteur, et, en le remerciant, de lui demander encore en grâce [1] :

« 1°. De me donner carte blanche sur l'usage de certains conseils qu'il m'adresse dans ses Mémoires, et que je ne pourrais peut-être pas suivre dans la dernière exactitude, comme d'insérer dans notre histoire les extraits que le P. Malebranche a lui-même faits de quelques-uns de ses livres, etc. Il est, ce me semble, à propos que j'aie là-dessus une pleine liberté ; car il faut sur toutes choses nous garder d'être ennuyeux, ce qui n'est pas aisé dans les citations.

« 2°. De se donner la peine de faire encore quelques recherches pour nous trouver de quoi égayer la matière. Il y a certains petits faits intéressants, des rencontres, des personnalités, des bons mots, où notre illustre ami était si fécond, des pensées ou des sentiments sur diverses matières humaines, des actions de piété, de générosité, de régularité aux observances de sa congrégation, d'humilité, d'honnêteté, mille petites choses, qui, par la raison même qu'elles sont petites, paraissent quelquefois grandes dans les grands hommes. Ne craignez pas que j'en charge trop notre histoire. Je ferai un choix que je placerai où les choses me paraîtront devoir faire un bon effet pour réveiller l'attention du lecteur.

« 3°. Je voudrais sur toutes choses avoir un journal exact de sa dernière maladie, de ses derniers sentiments, de ses dernières paroles, enfin de quoi faire une peinture frappante et touchante : visites de ses amis, leurs regrets, les témoignages d'affection de ses confrères, etc.; son portrait physique, les vers mis au bas ; il faut penser à tout.

« 4°. Ne pourrait-on pas avoir une attestation en bonne

[1] Même aujourd'hui, après tant de Notices sur Malebranche (Éloge de Fontenelle; le P. Niceron; article MALEBRANCHE, du P. Tabaraud, dans la *Biog. univ.*, etc.), nous sommes dans l'impossibilité de répondre à toutes les questions d'André. Quand nous le pourrons, nous donnerons ici les renseignements qu'il demandait à l'abbé de Marbeuf et au P. Lelong.

forme de M. le cardinal de Polignac sur le fait de M. de Cambray au sujet de son livre de l'*Existence de Dieu*, dont je voudrais bien avoir les deux éditions? Ce fait me touche personnellement, car je crois avoir été l'occasion de la préface du P. Tournemine, par une lettre que j'avais écrite à notre provincial, et où je défendais les sentiments du R. P. Malebranche sur la nature des idées par l'autorité, si bien reçue chez nous, de cet illustre archevêque ; du moins ne fut-ce qu'après ma lettre que l'on s'avisa de faire une nouvelle préface à son livre.

« 5°. Je voudrais savoir plus exactement les emplois qu'il a eus chez les pères de l'Oratoire, les lieux où il a vécu, ce qu'il y a fait de particulier, les personnes avec qui ou chez qui il s'est trouvé ; ce que c'est que Barri ou Varvi, l'abbaye de Perseigne, les motifs de son voyage à La Rochelle, etc. ; ce qui le détermina plutôt à l'Oratoire qu'à un autre institut, avec les règles fondamentales de cette illustre congrégation.

« En attendant sur tous ces points des éclaircissements, je ne laisserai pas de mettre la main à l'œuvre dès demain. Je commence à jeter sur le papier la suite chronologique des faits et des ouvrages du P. Malebranche, afin d'avoir toujours devant les yeux où je vas et par où je passe. Après quoi, je composerai chaque morceau par ordre, ne lisant les livres qu'à mesure que j'en aurai besoin pour me bien expliquer et pour me rendre, si je puis, intelligible à tout le monde. J'oubliais de vous demander un détail bien circonstancié [1] des brouilleries de l'Université qui donnèrent occasion au roi d'y envoyer M. de Harlay pour en bannir le cartésianisme, et à Boileau de faire cet Arrêt burlesque, qui rend le péripatétisme si ridicule. Lorsque j'étais au collége de Clermont, à Paris, on tâcha de me décartésianiser en me mettant entre les mains une relation vraie ou fausse de ce qui s'était passé à ce sujet. Ne pourrait-on pas l'avoir? On

[1] Ce détail se trouve dans l'Avertissement, au sujet de l'Arrêt burlesque, *OEuvres de Boileau*, édition de Saint-Marc, tome III, p. 108.

ne me dit point qui est l'auteur du livre de *l'Action de Dieu* [1], ni le nom de certaines personnes citées dans les Mémoires, soit messieurs ou dames, etc. Il me paraît néanmoins à propos que je les connaisse pour les nommer si cela est nécessaire, et pour les désigner s'il n'est pas permis de les nommer ; car je n'aime pas à voir, dans les histoires, de ces messieurs à trois petits points qu'on ne sçaurait deviner, surtout quand on n'en dit que du bien. Voilà, Monsieur, bien de la peine que je vous donne, mais c'est pour vous faire plaisir, et il est bien juste que nous travaillions à frais communs à la gloire de notre commun père. Je suis, avec respect, en N.-S. J.-C., qui aura, comme il le mérite, la meilleure place dans notre ouvrage, comme il y aura la meilleure part,

« Monsieur,

« Votre très-humble et très-obéissant serviteur,

« ANDRÉ, J. »

AU MÊME. — 27 avril 1716.

« Monsieur,

« Si je vous ai demandé de plus amples informations de la vie du P. Malebranche, ce n'est point que les Mémoires du R. P. Lelong ne soient très-exacts et très-remplis de belles choses; ce n'est pas non plus que je veuille faire usage de tout ce que vous m'envoierez ; c'est avarice toute pure de ma part, mais une avarice dont je ne crois pas que vous me blâmiez ni l'un ni l'autre. Je me suis mis dans l'esprit que, lorsqu'on écrit sur une matière, on ne saurait trop avoir à

[1] C'est Boursier, né à Écouen en 1679, élevé aux colléges des Quatre-Nations et du Plessis, puis docteur de Sorbonne. *L'Action de Dieu sur la créature* est de 1713, 2 vol. in-4°. Boursier s'opposa au formulaire d'Alexandre VII et à la constitution de Clément XI, et fut un des partisans les plus chauds de l'*appel*. De là pour lui de longues disgrâces, au milieu desquelles il mourut, le 17 février 1749. (Voyez l'article BOURSIER, par le P. Tabaraud, dans la *Biog. univ.*)

dire, quoiqu'il ne faille pas tout dire ; car, comme dit Boileau dans son chef-d'œuvre de l'*Art poétique :*

> Qui ne sait se borner ne sut jamais écrire.

« En un mot, Monsieur, je veux avoir à choisir, et qu'on ne puisse pas nous reprocher d'avoir omis rien d'important... »

AU MÊME. — Du 6 juin 1716.

« J'en suis au premier volume de *la Recherche de la Vérité,* dont j'ai fait l'analyse assez longue. Je me suis attaché particulièrement à rassembler dans un discours suivi tous les principes du P. Malebranche qui ont rapport à son dessein, en laissant ses écarts. Ce serait être peu sincère que de vous dire qu'en cela il n'y a point de difficulté, et jamais je n'ai mieux compris la différence qu'il y a entre lire un livre pour l'abréger et le lire simplement pour l'entendre ; mais la méditation éclaircit tout, excepté les faits. En voici quelques-uns sur lesquels je vous prie de m'instruire :

« 1°. Sous quel général le P. Malebranche fut-il reçu à l'Oratoire? En deux mots, son caractère[1].

« 2°. En quelle année placerons-nous cette grande maladie dont il se guérit en buvant de l'eau, et celle qui fut suivie de ses *Entretiens sur la mort?*

« 3°. Peut-on savoir à peu près quand il commença à lire

[1] Malebranche, étant entré à l'Oratoire le 28 janvier 1660, dut y trouver, pour général, le P. Bourgoing, dont Bossuet a fait l'oraison funèbre. Voyez, sur le caractère du P. Bourgoing, l'ouvrage du P. Tabaraud, intitulé : *Histoire du P. de Bérulle,* suivie d'une Notice historique des supérieurs généraux de cette congrégation, 2 vol. in-8°, 1827. L'auteur d'un *Précis de la Vie de Malebranche,* en tête d'un traité de *l'Infini créé,* attribué à Malebranche (Amsterdam, 1769), prétend, d'après Grosley, dans l'Éloge du P. Lecointe, *Éphémérides,* Troyes, 1764, que le P. Bourgoing avait, pour la science des faits, une répugnance telle, que, pour distinguer un ignorant, il disait : C'est un historien. On suppose que cette tournure d'esprit du général de l'Oratoire ne fut pas sans influence sur Malebranche.

saint Augustin ou Ambrosius Victor, et en quelle année précisément son *Traité de la Nature et de la Grâce* fut censuré à Rome?

« 4°. Où est située l'abbaye de Perseigne, dont parlent ces Mémoires? Il y en a une de ce nom à trois lieues d'ici; serait-ce elle-même?

« 5°. Je ne me suis pas bien expliqué sur le fait de M. de Cambray. Le R. P. Lelong a cru que je voulais une attestation de M. de Polignac, qu'il a eu en main une lettre du P. Malebranche à cet archevêque, et qu'il n'a pas jugé à propos de la lui envoyer. Ce n'est point cela que je voulais, mais que l'on fît raconter à son Éminence (de Polignac) tout ce qui s'est passé entre lui et le P. Letellier à ce sujet, et que l'on m'envoyât un témoignage authentique; autrement, je courrais risque d'être démenti par nos pères, si j'avançais quelque chose d'incertain ou de faux. Ne pourrait-on pas aussi avoir la lettre en question?

« 6°. Quel était le caractère de M. de Chevreuse, du docteur Divois, etc.

« C'en est assez pour aujourd'hui. Je vous proposerai mes autres doutes à mesure que l'ouvrage avancera.... »

AU MÊME. — Sans date.

« Monsieur,

« Je vous suis fort obligé de vouloir bien m'envoyer le livre de M. de Cambray, et celui de *l'Action de Dieu ;* car je crois que, dans une histoire, il faut faire connaître à fond les choses dont on parle. J'entre fort dans ce que vous me dites sur le caractère que doit avoir la nôtre ; mais il est plus facile d'approuver vos pensées que de les exécuter. En tout cas, j'y ferai tout mon possible, et vous me ferez plaisir de m'envoyer vos critiques sur chaque endroit. Ainsi, vos bienfaits vous attireront de ma part de nouvelles peines. Je vous prie encore de m'éclaircir quelques faits :

« 1°. S'il y avait une préface[1] à la première édition du livre de M. de Cambray. N'en croyez que vos yeux. Le P. Lelong m'a écrit que non; mais il me paraît qu'il y en avait une; car le P. Malebranche n'accuse le P. de Tournemine que d'y avoir ajouté une addition.

« 2°. Qu'est-ce que le chevalier Renaud, qui fut d'avis que le P. Malebranche écrivît à M. de Cambray?

« 3°. Qui est ce magistrat qui engagea M. le comte de Polignac de la faire tenir au prélat?

« 4°. Est-il vrai que M. de Cambray a désavoué la préface que nos pères avaient mise dans son livre?

[1] La première édition de cet ouvrage parut, à l'insu de l'auteur, en 1712; elle ne contenait que la première partie, sous le titre de *Démonstration de l'Existence de Dieu tirée de l'Art de la Nature.* Je n'ai jamais rencontré cette édition, mais le savant éditeur des *OEuvres de Fénelon* (Versailles, chez Lebel) déclare, tome Ier, que le P. Tournemine avait mis à cette première édition une préface où se trouvent des observations sur les paragraphes 58 et 65 de la première partie, observations très-peu d'accord avec le texte; ce qui expliquerait l'assertion de la *Biographie universelle* (article FÉNELON), que cette préface déplut à Fénelon. La seconde édition parut trois ans après la mort de l'auteur, en 1718; la seconde partie y avait été jointe à la première, par les soins de Ramsay et du marquis de Fénelon, le petit-neveu de l'illustre archevêque. Dans cette seconde édition est une dissertation du même Tournemine sur l'*Absurdité de l'Athéisme et en particulier du Spinosisme*, dissertation qui n'est pas autre chose que le développement des réflexions que contenait déjà la préface de l'édition de 1712. Voilà ce qu'on appelle les deux premières éditions du livre de l'*Existence de Dieu.* Je ne comprends pas bien comment, en 1716, le P. André pouvait déjà parler de ces deux éditions. Il est possible qu'avant celle de 1718, qui renferme les deux parties, il ait paru une réimpression de la première, qu'André appellerait ici la seconde édition. C'est ce que nous porte à croire cette indication de la *Biographie universelle* (article de FÉNELON) : «*Démonstration de l'Existence de Dieu tirée de la connaissance de la nature et proportionnée à la faible intelligence des plus simples*, 1713, in-12, avec une préface du P. Tournemine, et réimprimée la même année.» Quant à la désapprobation de la préface de Tournemine par Fénelon, le savant éditeur des *OEuvres de Fénelon* la trouve naturelle; mais il déclare n'en avoir rencontré aucun témoignage positif.

« 5°. M. le comte de Polignac parla-t-il au P. Letellier ou à quelque autre jésuite pour obtenir une satisfaction du P. de Tournemine ?

« 6°. Est-il bien vrai que le P. de Tournemine écrivit au P. Malebranche que, s'il écrivait contre sa préface, il se défendrait ?

« Je voudrais encore avoir un plus grand détail de sa mort, ses dernières paroles, ses pensées, ses sentiments de piété à la vue des approches de l'éternité, la manière dont il reçut les derniers sacrements, s'il les demanda lui-même, les questions que vous lui fîtes et ses réponses ; s'il y eut bien des personnes qui le regrettèrent, car mon dessein serait de faire de sa mort le plus bel endroit de l'ouvrage. Vous pourrez sans doute là-dessus tirer des lumières de divers pères de l'Oratoire et des autres amis qui le visitèrent dans sa maladie.... »

AU MÊME. — Du 27 juillet 1716.

« Monsieur,

« J'attendais, pour vous écrire, que j'eusse achevé l'analyse du second volume de *la Recherche*. Cela est fait, et j'espère que le reste ira un peu plus vite, excepté néanmoins la dispute du P. Malebranche avec M. Arnauld, où je prévois encore de grandes difficultés. Mais quelque grandes qu'elles puissent être, tandis que je serai persuadé, comme je le suis, que le Seigneur me demande cet ouvrage, rien ne me rebutera. Si c'était une chose possible, je ne souhaiterais pas moins ardemment que vous de me voir dans votre hermitage ; car les distractions de mon emploi, la crainte qu'on ne se défie de moi avant que j'aie fini, l'éloignement des sources où je pourrais m'instruire en un moment, ne laissent pas de m'embarrasser ; mais il ne faut pas vouloir servir Dieu où il ne me veut pas. Voici quelques difficultés que je vous prie de m'éclaircir :

« 1°. Où sont maintenant les parents qui restent au P. Malebranche, neveux, nièces, alliés, etc.? ne serait-il pas bon de leur écrire pour en avoir quelque instruction sur sa famille[1]?

« 2°. Quel était le général de l'Oratoire, en 1675[2], lorsqu'on ordonna, dans l'assemblée générale de la congrégation, que l'on ferait des remercîments au P. Malebranche pour sa *Recherche?*

« 3°. En quelle année parut le livre de M. Huet, intitulé; *Censura philosophiæ cartesianæ*[3]? Je n'en veux savoir que la date.

« 4°. En quelle année M. de Harlay, archevêque de Paris[4], vint-il en Sorbonne, de la part du roi, pour interdire la philosophie de M. Descartes?

[1] Les renseignements que donne Fontenelle paraissent suffisants. D'après Fontenelle, le père de Malebranche était Nicolas Malebranche, secrétaire du roi, trésorier des cinq grosses fermes sous le ministère du cardinal de Richelieu, et sa mère, Catherine de Lauzon, qui eut un frère vice-roi du Canada, intendant de Bordeaux et enfin conseiller d'État. Il fut le dernier de dix enfants. Un des aînés mourut en 1703 conseiller de la grand'chambre, et fort estimé dans le parlement. L'auteur du *Précis de la vie du P. Malebranche* en tête du *Traité de l'Infini créé,* dit que la mère de Malebranche, Catherine de Lauzon, était d'une famille noble de Poitiers. A la Bibliothèque du Roi, dans le fonds de l'Oratoire, est un manuscrit in-4°, coté 168, portant au dos cette inscription : *P. Malebranche,* et sur la couverture, d'une écriture du XVIIIe siècle : *P. Malebranche, mathématiques et proverbes.* Parmi les papiers que contient ce volume, se trouve une procuration du frère de Malebranche qui autorise l'oratorien à traiter en son nom avec les héritiers de leur père. Cette procuration est de 1703. Le père de Malebranche y est appelé Nicolas *de* Malebranche, conseiller au parlement, et l'oratorien est aussi appelé *de* Malebranche.

[2] Le général de l'Oratoire en 1675 était le P. de Sainte-Marthe. Voyez l'ouvrage du P. Tabaraud.

[3] Elle est de 1689, Paris, in-12. Voyez l'Éloge historique de M. Huet en tête du *Traité philosophique de la faiblesse de l'esprit humain,* Amsterdam, 1723.

[4] Au mois d'août 1671. Voyez l'*Avertissement au sujet de l'Arrêt burlesque.*

« Tout cela me paraît nécessaire pour varier notre histoire, pour la relever, pour la rendre plus intéressante et même plus exacte.... »

AU MÊME. — Du 7 novembre 1716.

« Monsieur,

« Il y a bien longtemps que je vous dois une réponse, mais il y a six semaines que je me suis si fort appliqué à notre ouvrage, que je n'ai pu vous payer plus tôt. Abréger un auteur comme le P. Malebranche n'est pas une petite affaire, surtout quand on s'applique, en l'abrégeant, à lui donner plus de clarté qu'il n'en a dans toute son étendue. C'est à quoi je m'attache principalement; car je suis très-persuadé qu'on ne peut l'entendre et croire qu'il a tort, du moins sur la plupart des choses qu'il entreprend de prouver, sur la manière dont nous voyons les objets, sur la matière des causes occasionnelles, sur le fond de son système de la prédestination et de la grâce, sur la nature de l'ordre et de la loi éternelle, sur la manière dont nous connaissons notre âme, etc. Aussi je me borne presque toujours, dans mes analyses, à ces grands sujets, sans m'arrêter à le justifier sur certaines propositions incidentes, que je puis abandonner à la critique de nos adversaires sans faire tort à la vérité. Comme vous êtes curieux de savoir où j'en suis, je vais tâcher de vous satisfaire.

« J'ai achevé toute l'histoire des *Conversations chrétiennes,* de ses *Petites Méditations,* des premiers *Éclaircissements* qu'il donna sur *la Recherche de la Vérité,* en 1678, dont je n'ai pourtant pas une liste assez exacte, n'ayant que la dernière édition de cet ouvrage. Je lui ai fait battre M. de La Ville, dos et ventre, le plus honnêtement du monde. J'ai montré assez clairement tout ce qu'il y a de foi sur la matière de la sainte Eucharistie. Enfin, j'ai commencé l'histoire curieuse du *Traité de la Nature et de la Grâce,* où j'ai fait un caractère de M. Arnauld, dont les premiers traits plairont beaucoup aux jansénistes et les derniers aux jésuites, et tous ensemble aux personnes raisonnables qui ne cherchent que la vérité sans prévention ni pour ni contre. Je fais actuellement l'analyse du Traité dont j'ai fini ce matin la première partie du premier discours. Je vous avoue que rien ne m'a tant coûté, car je tâche, par la seule exposition des principes, de mettre les choses dans une évidence à laquelle un esprit attentif ne puisse rien opposer. J'y tâche, mais y réussirai-je? c'est la difficulté; car je ne trouve pas même que le P. Malebranche y ait réussi dans l'abrégé qu'il en a fait à la fin de sa dernière réponse aux lettres posthumes de M. Arnauld. Aussi, je ne m'en sers point du tout, ni d'aucun autre; car mon dessein est de donner du jour à la lumière même du P. Malebranche, en la rendant plus sensible et proportionnée aux yeux les plus faibles, pourvu seulement qu'ils veuillent s'ouvrir; et c'est pourquoi je ne puis me contenter des extraits de ses ouvrages que je trouve dans les journaux qui me paraissent trop superficiels. L'auteur des Mémoires de sa vie m'avait pourtant conseillé d'en profiter; mais je le prie de me dispenser en cela de suivre ses avis. Je gâterais notre ouvrage indubitablement en le rendant ainsi peu instructif et fort ennuyeux. Au reste, je vous y donnerai, à mon tour, un pouvoir despotique, lorsque je vous l'enverrai. Mais, par malheur, voici l'Avent et le Carême qui nous viennent un peu reculer. Ainsi, je ne suis point pressé de recevoir les éclaircissements que je vous avais demandés. Je crois même qu'il suffit que vous me les donniez lorsque j'aurai fini l'ébauche de notre histoire. Alors je vous prierai de me les envoyer rangés par ordre, et des nombres pour les distinguer, afin que j'y fasse plus d'attention. Voici encore quelques difficultés que vous aurez la bonté de me résoudre; je crains de les oublier :

« 1°. Les *Conversations chrétiennes* furent-elles d'abord imprimées à Paris? Le furent-elles sans privilége [1]?

[1] D'après tous les témoignages, les *Conversations chrétiennes* furent

« 2°. En quelle année M. Bossuet passa-t-il de l'évêché de Condom à celui de Meaux[1]?

« 3°. Combien y avait-il d'*Éclaircissements* dans l'édition de sa *Recherche* de 1678, et sur quoi étaient ceux qu'on a retranchés?

« 4°. L'abbé Faydit dit-il un mot de vrai en ce qu'il rapporte du P. Malebranche dans ses livres? Si cela est, il faut m'en envoyer des extraits.

« 5°. Combien de *Méditations chrétiennes* (je parle des grandes) le P. Malebranche avait-il composées en 1676? Nos Mémoires varient là-dessus.

« 6°. En quelle année le P. de Lagrange de l'Oratoire fit-il son livre contre les cartésiens[2]?

« 7°. Ne pourrions-nous point avoir l'histoire de l'affaire du P. Lami avec l'université d'Angers, pour le crime horrible de cartésianisme, et l'arrêt du conseil d'État porté le 2 août 1675, contre les entreprises de la raison, dame fort inconnue à la cour sous le règne précédent[3]?

« 8°. La maison de M. le marquis de Roussy, où se tint la conférence du P. Malebranche avec M. Arnauld, est-ce un hôtel à Paris ou une maison de campagne? Quel était le caractère et le mérite de ce marquis? Je sais seulement qu'il était de la maison de la Rochefoucauld.

« 9°. Qui sont ces auteurs qui ont fait voir la conformité des sentiments du P. Malebranche avec ceux de saint Augustin sur l'efficacité de la grâce?

« 10°. Ne pourrait-on point avoir un abrégé de la Vie et des vertus de l'abbé de Saint-Jacques, M. d'Aligre, qui fit imprimer la *Recherche*?

d'abord imprimées à Paris en 1676, in-12. N'ayant point entre les mains cette édition, j'ignore si elle porte un privilége.

[1] Bossuet fut nommé évêque de Meaux au mois de mai 1681. Voyez *Histoire de Bossuet* par M. de Bausset, t. II, p. 89.

[2] Je n'ai pu rencontrer nulle part le livre du P. de Lagrange contre le cartésianisme.

[3] Voyez les *Fragments philosophiques*, 3e édit., t. II, p. 197.

« 11°. Qu'est devenu le petit *Traité de la Grâce*[1] que le P. Malebranche donna, dit-on, au P. Levasseur, alors professeur de positive à Saint-Magloire? Ce qu'on en rapporte est-il bien avéré?

« 12°. Qui est ce monsieur à qui le P. Malebranche adresse la parole assez brusquement dans une addition du *Traité de la Nature et de la Grâce?*

« Je veux savoir, Monsieur, tout ce qui appartient à mon sujet, non pas pour tout dire, mais pour être en état de parler juste sur tout ce que je dirai. En un mot, je veux que la vérité règne dans mon ouvrage, dans les moindres choses comme dans les plus grandes. . . . . . »

AU MÊME. — 10 novembre 1716.

« J'ai fini l'analyse du *Traité de la Nature et de la Grâce.* Je ne sais si elle vaut quelque chose, mais je puis vous assurer qu'elle m'a beaucoup coûté. Je ne m'arrête qu'à ce qui est essentiel au système, laissant là toutes les propositions incidentes... Toutes mes analyses sont autant de petits traités avec tous leurs principes rapprochés les uns des autres, et les conséquences de leurs principes. Je tâche aussi d'y entremêler quelque ornement pour soutenir l'attention par le plaisir. . . . . . . »

A M. LARCHEVÊQUE. — Du 8 avril 1717.

« . . . . . Venons à nos affaires. J'ai repris mon ouvrage, qui me paraît avancer assez vite. J'en suis à l'analyse de la quatorzième des *Méditations chrétiennes.* J'en fais une par jour assez régulièrement. Ainsi, nous passerons bientôt à un autre livre du P. Malebranche : c'est le *Traité de morale* qui suit les *Méditations,* selon l'ordre de la chronologie de mon histoire, après quoi nous entrerons en dispute avec le

[1] Ce petit *Traité de la Grâce* était probablement une esquisse de celui que Malebranche publia plus tard sous le nom de *Traité de la Nature et de la Grâce*, Amsterdam, 1680, in-12.

grand Arnauld, etc. C'est ce qui me coûtera davantage; car ce n'est pas une petite entreprise que de débrouiller des matières aussi épineuses que la philosophie et la théologie de ces deux fameux adversaires, de tenir toujours la balance égale entre eux, de faire sentir à propos qui a raison, qui a tort, et enfin d'égayer une dispute fort sérieuse de part et d'autre. Priez le Seigneur que j'y réussisse pour la gloire de la vérité et sans blesser en rien ni la justice ni la charité. . . . . . . »

A M. DE MARBEUF. — 3 mai 1717.

« . . . . . J'avance toujours dans mon histoire, et me voilà bientôt à la fin de la première partie du *Traité de morale.* Je tâcherai d'en avoir fait toutes les analyses avant le commencement de juin, où mon emploi me demande une interruption d'un mois. Mais je reprendrai mon travail en juillet jusqu'à nouvel ordre, car on ne sait ce qui peut arriver. Vous pouvez assurer le R. P. Lelong que j'ai reçu la lettre qu'il me fit l'honneur de m'écrire au commencement de cette année, avec quelques éclaircissements pour notre histoire. . . . . . . »

AU MÊME. — Sans date.

« . . . . . Pour revenir à notre histoire, je finis hier l'analyse du *Traité de morale,* qui m'a tenu plus longtemps que je ne l'aurais cru, à cause du peu d'exactitude qui règne dans certains chapitres ou par trop oratoriens ou plutôt trop oratoires pour un philosophe.... Je vais décrire ses premières conférences avec M. de Meaux, le célèbre Bossuet, son voyage de Chantilly pour voir et convertir le grand Condé[1], sa conversation avec M. de Harlay, archevêque de

[1] C'est ici la seule trace à moi connue de conférences tenues entre Bossuet et Malebranche et de leur commune intervention dans la conversion du grand Condé. Tout à l'heure il sera fait mention de Lettres du grand Condé à Malebranche, page xxxiij.

Paris, et pour faire ensuite l'ouverture de la première campagne contre M. Arnauld. J'espère, Dieu aidant, que ce sera le meilleur endroit de l'ouvrage. . . . . . . »

AU MÊME. — 30 août 1717.

« . . . . . J'ai fini l'analyse des trois lettres du P. Malebranche, qui répondent au premier volume des *Réflexions* de M. Arnauld, sur le *Traité de la Nature et de la Grâce*. Cette lettre écrite, je commence à travailler sur celles qu'il a répondues aux neuf de son fameux critique. A mesure que j'avance, je trouve qu'il me manque encore bien des instructions pour faire un ouvrage complet et intéressant. En attendant, j'irai toujours mon train; car, toutes les analyses faites et le plan de la narration dressé selon l'ordre des temps, j'espère que le reste ne me coûtera pas beaucoup. . . . . . . »

AU MÊME. — 3 octobre 1717.

« . . . . . Je vous dirai que j'ai enfin achevé l'analyse du troisième volume des réponses du P. Malebranche à M. Arnauld. Si on me donne du temps, je commencerai bientôt l'histoire des *Entretiens sur la Métaphysique*. Ce qui est plaisant, c'est que l'on m'accuse de jansénisme dans le temps même que j'écris très-fortement contre les jansénistes. . . . »

AU MÊME. — Ce 11 octobre 1717.

« J'interromps avec plaisir l'analyse de la réponse du P. Malebranche au troisième volume des *Réflexions* de M. Arnauld pour vous remercier de votre obligeante lettre. Vous me faites beaucoup d'honneur d'avoir bien voulu être tenté de me venir voir. Si vous aviez été assez faible pour succomber à la tentation, je vous aurais montré à l'œil combien je suis avancé dans notre histoire; vous en eussiez rendu à vos amis un compte plus exact et plus juste; mais vous avez pourtant fort bien fait de ne vous pas détourner pour si peu de chose, car notre livre n'est encore qu'une ébauche. Ainsi, Monsieur, je vous prie de me dispenser de vous en rien envoyer jusqu'à ce qu'il soit fini. Ce que je puis vous dire, en général, c'est qu'il sera plein de vérités importantes, de faits curieux, de mœurs, de caractères, de réflexions chrétiennes, toutes propres, si je ne me trompe, à former la raison et le cœur des personnes qui le voudront bien lire. Outre les livres que vous m'avez envoyés, j'en lis moi-même une infinité d'autres dont je tire beaucoup de lumière. Je souhaiterais que vous et vos amis en fissiez autant pour me fournir les éclaircissements dont j'ai besoin, mais que je ne vous demanderai que lorsque j'aurai fini mon ébauche; par exemple: un plan fidèle de l'institut de l'Oratoire[1]; la succession des généraux de cette illustre congrégation sous lesquels a vécu le P. Malebranche, avec leurs caractères[2]; l'arrêt du conseil d'État donné, en 1675, sur le cartésianisme[3]; le concordat des jésuites et des pères de l'Oratoire, en 1678[4]; un détail de la part qu'y eut le P. Quesnel, et de celle qu'il eut à la querelle de M. Arnauld avec notre grand philosophe; l'histoire de ce qui se passa en Sorbonne, en 1690, touchant la nouvelle philosophie, lorsque le roi y envoya M. de Harlay, archevêque de Paris[5], etc., que je vous dirai en temps et lieu. En un mot, quoiqu'il ne faille pas tout dire, je crois néanmoins qu'il faut tout savoir pour parler en maître sur les matières dont on entreprend de traiter. . . . . . . »

[1] Voyez l'ouvrage déjà cité du P. Tabaraud.

[2] *Ibid.*

[3] *Fragments philosophiques*, t. II.

[4] Voyez l'ouvrage de Bayle, intitulé : *Recueil de quelques pièces curieuses concernant la philosophie de M. Descartes*, Amsterdam, 1684.

[5] Voyez le *Boileau de Saint-Marc*, l. I.

AU MÊME. — 16 décembre 1717.

« Monsieur,

« Vous avez deviné juste. J'ai toutes les peines du monde à réduire le dialogue du P. Malebranche dans la forme analytique. Il n'y en a pas un qui ne m'ait encore coûté trois ou quatre jours de fatigue. Mais enfin j'en viens à bout, et mon travail opiniâtre m'y fait remarquer avec beaucoup de satisfaction mille beautés, qui échappent à ceux qui n'en veulent être que purs lecteurs. Je ne suis qu'au septième entretien, et je ne puis vous dire quand je serai au dernier... »

AU MÊME. — 25 mai 17...

« Monsieur,

« Il y a bien longtemps que je vous dois une réponse. Deux raisons me l'ont fait différer jusqu'ici. La première, est que j'ai voulu auparavant terminer la guerre du P. Malebranche et de M. Régis ; car je sens bien qu'il faut se presser pour mettre au plus tôt le public en état de juger de la vraie philosophie et de la vraie théologie.................
Je vais bientôt recommencer l'histoire de la guerre du P. Malebranche et de M. Arnauld. Encore une fois, cherchez-moi des Mémoires de tous côtés, mais dans le dernier secret, je vous prie.... »

AU MÊME. — 23 juin 1718.

« Monsieur,

« Enfin me voilà au bout de notre histoire, ou plutôt de l'ébauche que j'en ai tracée. C'est à vous, Monsieur, et au P. Lelong de me chercher de quoi la finir. De mon côté je n'y oublierai rien. Je vais, en attendant vos remarques et vos nouvelles découvertes, faire des collections de tout ce qui peut avoir rapport à notre dessein, dans les papiers, livres, mémoires que l'on m'a communiqués. Je trouve beaucoup d'éclaircissements dans les lettres du P. Malebranche. Ne pourrait-on pas m'en trouver un plus grand nombre? J'avais proposé au P. Lelong d'en demander au public dans les journaux ou par quelque autre voie. Il ne l'a pas jugé à propos. Mais je crois toujours que cela serait utile. En tout cas, je me contenterai de ce que l'on me donnera. N'oubliez pas surtout ce qui regarde les personnes qui entrent dans notre histoire. On aime et on a raison d'aimer les caractères. Par exemple, je voudrais savoir :

« 1°. Si M. le comte de Tréville, ami de M. Arnauld, était le fils du comte de Tréville[1], capitaine des mousquetaires de la garde du roi, qui prit Cerbellon, prisonnier à l'attaque du Pas de Suze en 1620, éloigné en 1642, rappelé peu de temps après la mort du cardinal de Richelieu.

« 2°. Si M. d'Aligre, secrétaire du cabinet du roi, fils du chancelier de ce même nom, congédié en 1626, était le père de l'abbé d'Aligre qui fit imprimer la *Recherche de la Vérité* en 1674, tenant les sceaux à la place de son père : le testament de Colbert ne s'accorde pas avec cette chronologie.

« 3°. Si le comte de Roussy de Sainte-Preuve est le fils du comte de Roussy qui fut mis à la Bastille sous le ministère du cardinal de Richelieu.

« 4°. Si la mère du P. Malebranche était fille de M. de Lauzon, conseiller d'État et président au conseil en 1632. (*Journal de Richelieu*, pag. 89-113-130.)

« 5°. Sur quoi principalement roulait la dispute de M. Bayle et de M. Jacquelot; en quelle année elle commença. C'est que le P. Malebranche dit, dans ses *Réflexions sur la prémotion physique*, que son dessein a été, dans plusieurs de ses ouvrages, de répondre aux objections de ces deux protestants.

« 6°. Ce que c'était que M. Berrand, ami du P. Malebran-

[1] Assurément. Sur le comte de Tréville, voyez l'article de Moréri et les sources auxquelles il renvoie. A ces sources ajoutez madame de Sévigné (édition Montmerqué), t. I, p. 287; II, 274; VII, 160, 193; IX, 42; X, 81, 110.

che pendant cinquante années; science, vertus, qu'en peut-on dire?

« 7°. Ne pourrais-je point avoir la lettre tout entière du P. Malebranche sur la baguette divinatrice?

« 8°. Dois-je faire l'analyse de la lettre sur le spinosisme [1]?

« C'est maintenant, Monsieur, ou plutôt lorsque je retoucherai notre histoire, que je voudrais être à Paris. Je suis persuadé que j'y trouverais bien des lumières qui me manqueront toujours en province. Je vous prie, Monsieur, d'y suppléer vos éclaircissements; car, encore une fois, il faut faire un ouvrage solide et durable. Je n'ai pu m'empêcher de parler de ce que le P. Malebranche a pensé de la constitution *Unigenitus* devant et après son acceptation. Cela me paraît essentiel à son histoire, si le fait est tel que je l'ai ouï dire. J'aurais encore besoin de quelques-unes de ses dernières paroles pour remplir la narration de sa mort. J'en avais demandé au R. P. Lelong, qui n'a pas jugé à propos de me répondre. Assurez-le, je vous prie, de mes très-humbles respects.... »

Ainsi, vers le milieu de l'année 1718, le P. André avait terminé la *Vie de Malebranche*, ou du moins, comme il le dit, l'ébauche de cet ouvrage; et on verra plus tard qu'il l'envoya à ses amis de l'Oratoire pour avoir leur avis; de sorte que cette ébauche pourrait avoir été conservée dans les papiers de l'abbé de Marbeuf ou du P. Lelong, et avoir passé de là dans les mains de quelque oratorien. On a pu juger, par les nombreux extraits que nous venons de donner, combien de renseignements curieux de toute espèce devaient abonder dans cette *Vie de Malebranche*.

[1] Quelle était cette lettre sur le spinosisme? elle n'est pas dans les écrits publiés de Malebranche. Ne serait-ce pas une des lettres de Malebranche à Mairan, qui viennent d'être retrouvées? Voyez nos deux articles du *Journal des Savants*, 1842.

Nous trouvons, dans notre manuscrit, une pièce très-importante, qui donne un complet inventaire des matériaux qu'avait rassemblés le P. André. Transporté d'Alençon à Arras, il y était devenu l'objet d'une inquisition telle qu'il avait craint que ses papiers ne lui fussent enlevés, et que, pour éviter le malheur de les voir tomber entre les mains des ennemis de Malebranche, il avait pris le parti d'en envoyer le compte à M. l'abbé de Marbeuf, afin que celui-ci pût, au besoin, les réclamer tous comme lui appartenant. Voici cette pièce intéressante :

A M. DE MARBEUF. — 14 septembre 1718.

« Au désespoir de me voir obligé, par la situation où je me trouve, de faire cet acte, je reconnais avoir reçu, partie de M. l'abbé de Marbeuf, partie du R. P. Lelong, prêtre de l'Oratoire, les écrits et livres dont voici la liste, avec obligation de les rendre quand je les aurai lus ou qu'ils me les redemanderont :

1°. *La Recherche de la Vérité,* en 2 volumes, de l'édition de 1712 ;

2°. *Les Petites Méditations* du P. Malebranche ;

3°. Le second volume des *Entretiens sur la Métaphysique ;*

4°. Le *Traité de l'amour de Dieu,* avec les *Lettres* de l'auteur au P. Lami, bénédictin ;

5°. *L'Entretien d'un philosophe chinois et d'un philosophe chrétien ;*

6°. *L'Histoire du renouvellement de l'Académie des Sciences,* en 2 volumes, par M. de Fontenelle ;

7°. Le cinquième tome de *la Connaissance de soi-même,* du P. Lami, bénédictin ;

8°. Les *Lettres* du même auteur au P. Malebranche ;

9°. Trois volumes des *Nouvelles de la république des lettres,* par M. Bayle, deux de 1686, un de 1687, avec

10°. Celles du mois de juillet, en brochure, par M. Basnage ;

11°. Divers écrits de M. Arnauld sur la *Grâce générale,* en 1 volume, contre M. Nicole, etc. ;

12°. Le *Traité* de M. Nicole *sur la Grâce générale*, en 2 volumes;

13°. Nouvelles lettres apologétiques pour M. Arnauld, touchant son esprit géométrique;

14°. Recueil de quelques journaux de Paris, en 1694, depuis février jusqu'à juin;

15°. *Réponse du P. Malebranche à la troisième lettre de M. Arnauld*, etc., tome IV;

16°. *Défense de M. Arnauld contre le P. Malebranche;*

17°. *La vraie et la fausse Métaphysique de Lelevel*, etc., dans le même volume;

18°. *Réponse du P. Malebranche à M. Régis*, etc., dans le même volume;

19°. *Les Lettres philosophiques* du P. Lami, bénédictin;

20°. Deux journaux de Trévoux, juillet et décembre 1708.

« *Item*, divers papiers concernant le P. Malebranche :

1°. Deux Mémoires en papier coupé, dont l'un a trente-neuf feuillets in-4°, et l'autre cinquante-quatre de même grandeur;

2°. Diverses Lettres, tant du P. Malebranche qu'adressées à lui, avec divers ouvrages qui concernent ses écrits ou sa personne, au nombre de plus de cent; Objections, Réponses, Consultations, Éclaircissements :

1. Lettres de M. le prince, le grand Condé, au P. Malebranche;
2. Deux Lettres à la princesse Élizabeth; quelques-unes de madame l'abbesse de Maubuisson, sa sœur; quelques-unes aussi de la première;
3. Lettres à M. de Meaux (Bossuet), et deux de sa Grandeur;
4. Lettres à M. de Chevreuse; une de lui au P. Malebranche;
5. Lettres du P. Malebranche à M. Berrand, son ami depuis cinquante ans;
6. Diverses Lettres de jésuites au P. Malebranche; des PP. Letellier, Daniel, Tournemine;
7. Du Trévous, de Guergariou, de la Michodière, Rochon, Nicolas, etc.;
8. Lettres de deux religieuses malebranchistes au P. Malebranche;
9. Lettres du P. de Sainte-Marthe au P. Malebranche, et du

P. Malebranche au P. de Sainte-Marthe, avec plusieurs de quelques autres pères de l'Oratoire;

10. Diverses Lettres du marquis d'Allemans au P. Malebranche; de quelques étrangers;

des PP. Lami et Chevalier, bénédictins;
du marquis de Langeays;
de M. de Buysloll, qui a été ambassadeur en France;
de M. Pighini, de M. Loupé, de M. Coubart,
de M. de La Hire, de M. Leibnitz,
de M. Bayle, etc.,

que je représenterai aussitôt qu'on me les demandera, ou en cas de saisie par les personnes dont je dépends, dont j'indiquerai les usurpateurs; ce que je prie Dieu qui n'arrive pas, pour l'intérêt de la justice et de la charité.

« En foi et témoignage de quoi je signe et déclare le présent écrit à M. l'abbé de Marbeuf, pour s'en servir, autant que besoin sera, selon les voies de droit, et afin que les susdites pièces ne soient point impunément usurpées, ce qui serait pour le public une perte considérable et irréparable.

« A Arras, ce 14 septembre 1718.

« YVES ANDRÉ,
« de la compagnie de Jésus. »

Les deux Mémoires ci-mentionnés, dont l'un avait trente-neuf feuillets in-4° et l'autre cinquante-quatre de même grandeur, sont évidemment les Mémoires communiqués par le P. Lelong, et on voit, à leur étendue, qu'ils formaient déjà une sorte de vie de Malebranche. Mais les papiers les plus précieux, c'était cette immense correspondance de Malebranche avec tant d'éminents personnages; et ici, pour la première fois, nous apprenons qu'il ait jamais existé un aussi grand nombre de lettres de Malebranche; aujourd'hui, on n'en possède presque aucune; et, pour nous, nous n'en connaissons que deux que nous avons publiées, l'une fort insignifiante, l'autre sur l'immortalité de l'âme[1]. Nous allons voir tout à l'heure que, dans un de ces deux Mémoires, le P. Lelong affirmait que le P. Malebranche avait été en correspondance avec plus de cinq cent cinquante personnes. Où est maintenant cette correspondance? Certainement elle existe quelque part, comme le P. Tabaraud l'affirme. Janséniste ou jésuite, on ne brûle pas des lettres sorties d'une telle plume et signées d'un tel nom.

Le malheur que redoutait le P. André devait lui arriver, mais plus tard. Il emploie les années 1718 et 1719 à revoir soigneusement l'ébauche de son ouvrage et à rassembler de nouveaux documents pour en augmenter le prix. Il écrit à M. de Marbeuf, le 20 septembre 1718 :

« .... Malgré tous les orages qui m'accueillent ou qui me menacent, mon travail ne discontinue point. J'ai fini l'analyse du *Traité de l'amour de Dieu,* avec l'histoire des effets qu'il produisit par rapport à son auteur; sa réconciliation avec M. de Meaux, le fameux Bossuet, bien différent de son successeur; le commencement de la guerre que le P. Malebranche eut à soutenir contre le P. Lami, bénédictin, à cette occasion.... »

Il écrit encore à M. de Marbeuf, le 7 octobre 1718 :

« .... J'ai fini toutes les analyses qui regardent la guerre du P. Malebranche et du P. Lami.... Ce qui m'oblige de me presser si fort, c'est l'amour de la vérité qui ne souffre point de retardement; c'est la prévention où je vois le monde à l'égard du P. Malebranche, et qui semble se fortifier depuis sa mort; ce sont les sots discours que j'entends ou qui me reviennent tous les jours. Le croiriez-vous, Monsieur, si tout

[1] *Fragments philosophiques,* 3e édit., t. II, p. 167. Ajoutez la correspondance récemment découverte de Malebranche et de Mairan. *Journal des Savants,* 1842.

n'était croyable de certaines gens, ce qu'un jésuite écossais m'a dit à moi-même, qu'assistant à la mort un catholique de son pays, il lui fit abjurer le *malebranchisme?* Il s'en est vanté devant moi comme d'une belle action. Un autre m'a dit qu'on lui avait dépeint chez nous le P. Malebranche comme une espèce d'athée. On cite encore un certain M. de Surinam, si je ne me trompe, homme de qualité, demeurant à Paris, rue Saint-Honoré, qui a dit en face au P. Malebranche, en présence de deux de nos pères, l'un nommé le P. Leclerc, et l'autre le P. Urquart [1], que ses sentiments étaient, à la vérité, fort beaux, mais qu'après tout ils allaient à la ruine de la religion. N'est-il pas évident qu'il faut incessamment confondre tous ces gens-là et leurs pareils? Ainsi, Monsieur, ne négligeons rien, vous de votre côté, moi du mien, pour en venir à bout. »

15 novembre 1718 :

« . . . . . Je vous envoie les trois cahiers de notre histoire que je vous avais annoncés. Vous les trouverez marqués d'un nouveau chiffre. Il n'est pas besoin de vous dire la raison de ce changement, ma situation vous le dit assez. Je suis ravi que mon griffonnage ne vous arrête pas, et que vous soyez un peu content de mes analyses; bonnes ou mauvaises, elles m'ont bien coûté. Je vous envoie tout ce qui regarde le P. Lami. Je vais lire incessamment tout ce qui concerne notre affaire de la Chine, pour la sçavoir à fond avant que d'en venir à l'*Entretien avec un philosophe chinois*...»

Les lettres suivantes peuvent donner une idée du vaste cadre qu'embrassait la *Vie de Malebranche*, le plan de cet ouvrage et la manière de l'auteur.

A M. DE MARBEUF. — Du 26 novembre 1718.

« Je viens de recevoir les livres que vous m'aviez annoncés dans votre dernière lettre. Il faut avouer, Monsieur, qu'on ne

[1] Voyez plus bas.

peut rien ajouter à l'attention que vous avez, vous et le R. P. Lelong, pour rendre notre ouvrage le plus accompli qui se puisse. Ce que vous m'envoyez sur la grande affaire de la Chine n'y sera pas inutile, quoique je sois bien résolu de ne pas trop m'étendre là-dessus. Mais, vous le savez, on ne peut guère parler juste sur une affaire sans en avoir exactement lu le pour et le contre. D'ailleurs, je suis bien aise de faire entrer dans notre histoire tous les grands événements qui peuvent y avoir quelque rapport; sans cela, les faits ne seraient pas assez intéressants. C'est pourquoi je commence par exposer l'état où se trouvait la philosophie de M. Descartes, qui a changé la face de la république des lettres, lorsque le P. Malebranche parut dans le monde. Je parle du jansénisme, du thomisme et du molinisme, à l'occasion de la dispute avec M. Arnauld. Les contestations du quiétisme y entrent ensuite naturellement. J'ai cru que l'affaire de la Chine y devait aussi avoir sa place; vous en voyez sans doute la raison. Non pas que j'aie dessein de parler à fond des cérémonies chinoises, ce serait un pur écart; mais je ne puis me dispenser, ce me semble, d'en dire un mot en passant, pour m'arrêter un peu plus au système des Chinois sur la divinité, aux divers noms qu'ils y donnent, etc.; car il me paraît que, sans cela, il n'est pas possible de bien entendre ni l'entretien du P. Malebranche avec le philosophe chinois, ni sa dispute avec les journalistes de Trévoux. En un mot, un historien ne saurait être trop habile; surtout il doit être exact, non-seulement dans les faits, mais encore dans les termes dont il use pour les exprimer. Cette exactitude précise demande une science plus étendue qu'on ne pense. Au reste, si je viens à trop m'étendre, vous serez toujours les maîtres, vous et le P. Lelong, de me resserrer tant qu'il vous plaira. Je serai docile, car je connais votre bon goût. Celui de M. Saurin, que vous avez engagé à revoir la Vie du P. Malebranche lorsqu'elle sera en état, m'est aussi fort connu....... »

AU MÊME. — Du 31 décembre 1718.

« ..... Pour étrennes, je vous dirai que je finis hier l'histoire de la première guerre du P. Malebranche contre nos journalistes au sujet de son *Entretien d'un philosophe chrétien et d'un philosophe chinois*. Après quelques entre-deux, nous viendrons bientôt à la seconde, excitée par le P. de Tournemine à l'occasion du livre de M. de Cambray sur l'existence de Dieu; mais, pour en parler exactement, j'aurais besoin de quelques éclaircissements sur les mémoires du P. Lelong. Voici sur quoi :

« 1°. Y a-t-il une préface à la première édition du livre de M. de Cambray [1] ?

« 2°. La préface de la seconde est-elle tout entière du P. de Tournemine? Elle contient, ce me semble, des choses trop fines et trop bien pensées pour lui, surtout au commencement [2].

« 3°. Le P. de Tournemine y accuse-t-il véritablement et en propres termes le P. Malebranche de spinosisme [3]? Car je n'ai ni le livre, ni la préface, ni les journaux qui en parlent; cela me serait néanmoins nécessaire, ou du moins des extraits fidèles.

« 4°. Qui étaient ces amis communs par qui le P. Malebranche voulut faire tenir sa lettre à M. de Cambray, et qui le refusèrent par la crainte de certaines gens?

« 5°. Qui est ce magistrat qui engagea M. le prince de Polignac de la faire tenir?

« 6°. A-t-on l'original de cette lettre? ou ne pourrait-on pas le ravoir de M. de Polignac, s'il existe encore?

« 7°. Ne pourrait-on pas trouver la lettre que M. de Poli-

[1] Voyez plus haut, p. xix.

[2] Cette préface n'a jamais été désavouée par le P. de Tournemine, et elle est donnée sous son nom dans l'édition d'Amsterdam, de 1731. Elle ne contient rien de si remarquable et qui soit au-dessus du mérite du P. de Tournemine.

[3] Non, mais il parle légèrement des cartésiens et des malebranchistes.

gnac écrivit sur ce sujet à M. de Cambray, ou du moins la réponse de M. de Cambray à M. de Polignac, dans laquelle il désapprouve la préface du P. de Tournemine; ou, en cas que tout cela soit perdu, avoir une attestation en bonne forme de M. de Polignac que ces faits sont véritables?

« 8°. Ne pourrais-je pas avoir, en propres termes, la petite réparation d'honneur que le P. N. fit au P. Malebranche, soit de vive voix, ou par écrit, par le conseil, dit-on, du P. Letellier, ou par son ordre?

« Je vous demande, Monsieur, là-dessus, tous les éclaircissements et toutes les certitudes possibles; car je ne veux rien dire dans notre histoire que de vrai, que de sûr, que d'incontestable. Il faut aller, autant qu'il se pourra, au devant de toutes les critiques, et avoir en main de quoi se défendre en cas d'attaque. La grande lettre du P. Malebranche à M. de Cambray, où il est parlé de mon affaire de Rouen [1], me donnera occasion de dire bien des choses qui pourront ôter toute créance aux ennemis de la vérité; car, à ne vous rien dissimuler, je ne leur trouve pas le sens commun par rapport au P. Malebranche. Ils avouent presque tous, les uns qu'ils ne l'ont pas lu, les autres qu'ils ne le comprennent pas, et cependant ils en parlent presque tous comme des papes. Assurément, c'est une insolence qu'il faut réprimer. . . . . . . »

AU MÊME. — Du 16 février 1719.

« Je vous envoie, pour excuse de mon long silence, quatre petits cahiers que j'ai ajoutés à notre histoire. Vous ne sauriez croire combien le dernier m'a coûté à faire, surtout l'article qui me regarde. J'ai tâché de n'y rien dire que le public n'ait pu ou ne puisse apprendre par un autre canal que le mien. J'ai supprimé mon nom, ne le trouvant pas digne d'un tel ouvrage. Vous l'exprimerez, si vous le jugez à propos. Je vais commencer l'affaire du P. Malebranche

[1] Voyez plus bas, 2e partie.

avec le P. de Tournemine au sujet du livre de l'existence de Dieu par M. de Cambray, dont je finirai le portrait à cette occasion. Je ferai usage de tout ce que le P. Lelong m'a envoyé. Continuez, je vous prie, l'un et l'autre, à m'enrichir de vos découvertes; ne m'épargnez pas non plus vos critiques, ce sera le moyen de faire un bon ouvrage de l'essai d'histoire que vous avez. . . . . . »

AU MÊME. — 11 mars 1719.

« . . . . Je recommence demain l'endroit de notre histoire qui regarde le livre de M. de Cambray. J'y trouve de quoi autoriser presque tout le système du P. Malebranche, surtout en philosophie; ce qui ne sera pas peu utile à la vérité; car ce grand prélat, si fameux par son bel-esprit, me paraît avoir une grande autorité, non-seulement chez nous, mais dans le monde, quoi qu'en veuillent dire messieurs les jansénistes. . . . . . »

AU MÊME. — Du 3 mai 1719.

« Je profiterai soigneusement de tous les avis que vous me donnez sur notre histoire. Ne me les épargnez pas; car il s'agit de faire, s'il est possible, un ouvrage accompli à la gloire de Dieu et de sa sainte vérité. N'ayez égard qu'à ses intérêts, sans penser à moi. Pour ce qui est d'une première édition de l'ouvrage en pays étranger, vous me permettrez de vous dire que cela n'est nullement à propos, et qu'il vaut mieux en retrancher sans façon tout ce que les approbateurs ou plutôt les censeurs de livres n'y trouveront pas à leur goût. Mais ne pourrait-on pas leur faire entendre raison sur les points dont il s'agit? Peut-on écrire la vie d'un auteur sans y faire entrer le caractère de ceux qu'il a eu à combattre? Et si ceux qu'il a eu à combattre sont gens à craindre par leur hardiesse à soupçonner les autres, surtout en matière de religion, à les décrier par toutes sortes de voies, à les calomnier sans pudeur, n'est-il pas à propos, pour l'Église, de leur ôter toute créance par la simple narration des faits?

Ç'a été mon dessein, je l'avoue, non pas pour offenser ni désobliger personne; j'aime, Dieu merci, tout le monde; mais pour faire aux hommes le bien que j'estime le plus grand, qui est de les garantir de la séduction et de la crédulité à la médisance. Je crois qu'il doit suffire que je ne dise que la pure vérité, que je ne dise simplement que ce qui est nécessaire, ou du moins que je supprime tout ce qui est inutile, tout ce que je puis taire sans être infidèle. Car je puis vous assurer que je ne dis pas le quart de ce que je pouvais dire des jansénistes ou de leurs adversaires. Vous en savez tant, Monsieur, que vous n'aurez pas de peine à me croire. Cependant je suis prêt d'en passer par où il vous plaira. Mais aussi prenons garde à ne rien gâter à force de ne vouloir déplaire à personne, ce qui est absolument impossible, surtout dans le cas présent. Le P. Malebranche a eu affaire à des gens de parti et de cabale, prévenus, injustes, outrés en toute manière; il en a reçu mille affronts publics et secrets; on a fait jouer contre sa doctrine, quoique très-saine dans tous ses points fondamentaux, les ressorts les plus violents. Peut-on écrire son histoire sans entrer dans ce détail? Je vous prie, Monsieur, de faire considérer à ceux qui ne sont pas de notre avis qu'il y a bien de la différence entre les historiens qui ne racontent que des guerres ordinaires et les historiens qui écrivent des guerres d'esprit et de raison. Dans le récit des premières, on peut garder la neutralité, à moins que la violence ou l'injustice ne soit trop visible de part ou d'autre. Mais, dans une guerre d'esprit ou de raison, il n'est pas permis, ce me semble, de se tenir dans l'indifférence, et de raconter les choses comme si la vérité ne vous touchait pas. Je sens bien, Monsieur, que je ne puis exprimer tout à fait bien ce que je veux dire, mais vous y suppléerez facilement. Je continue l'analyse des *Réflexions* du P. Malebranche *sur la prémotion physique*. Il me paraît bien difficile de les réduire à une certaine unité de dessein. J'espère néanmoins qu'à force de méditer, je trouverai quelque point de réunion pour tant de choses différentes. Je ne crois pas que la Sorbonne puisse ni doive entrer dans notre histoire. . . . . . . »

AU MÊME. — 10 juillet 1719.

« . . . . . . . . . Sur ce que vous me dites que je pense à faire annoncer mon histoire, je vous répons, Monsieur, que je n'en ai nulle envie, mais seulement d'avoir tous les éclaircissements, lettres, mémoires, etc., qui m'y peuvent servir avant qu'elle soit imprimée; car il ne sera plus temps alors, ce me semble, de faire des recherches. C'est maintenant qu'il y faut travailler de toutes ses forces. Je puis vous dire que je lis, par rapport à notre dessein, une infinité de livres, journaux, mémoires, histoires, anecdotes, chronologies du dernier siècle, etc.; mais je sens bien qu'un seul homme ne peut suffire à faire toutes les découvertes nécessaires pour réussir parfaitement, surtout dans une ville comme celle-ci, où je ne trouve aucun secours. Je prends donc, encore une fois, la liberté de vous le dire, Monsieur, qu'il serait à propos de prier, par quelque voie publique, toutes les personnes qui ont reçu des lettres du P. Malebranche de les envoyer au R. P. Lelong, ou en original, ou du moins des copies bien collationnées. Je trouve tant d'éclaircissements dans celles qu'on m'a communiquées, que cela m'en fait souhaiter un plus grand nombre. Le P. Lelong, dans ses Mémoires, parle d'une liste de plus de cinq cent cinquante personnes qui avaient écrit au P. Malebranche. Vous voyez bien, Monsieur, qu'il est difficile que toutes les réponses qu'il y a faites soient perdues. Au reste, si, pour les avoir, la voie des journaux ne vous plaît pas, ne pourriez-vous point mettre vos amis en campagne? Ceux du P. Lelong, ceux du P. Malebranche, M. Saurin, M. Varignon, M. Remond de Montmort, s'il est encore en vie; M. Renaud [1], plusieurs pères de l'Oratoire, que sais-je, moi? Il me paraît qu'il est facile de faire

[1] Voyez son Éloge dans Fontenelle.

ce que je vous propose ; mais il faudrait se remuer, et les philosophes n'aiment pas beaucoup le mouvement. . . . . .

. . . . . . . . . . . . . . . . . . . . . . . . . . . . . .

. . . . Je puis vous assurer que j'ai entendu dire ce que j'ai avancé dans notre histoire du sentiment du P. Malebranche au sujet de la constitution, ou du moins l'équivalent, car je ne me souviens pas des propres termes, ce qui n'est pas nécessaire pour la fidélité de l'histoire. Le fait, d'ailleurs, me paraît tout à fait conforme au caractère de son esprit soumis et docile pour tout ce qui avait l'apparence d'une décision reçue [1]. Or... donc... j'ajoute que cela lui fera certainement

[1] Quant à la bulle *Unigenitus*, nous ignorons la conduite et l'opinion de Malebranche ; mais nous connaissons l'une et l'autre dans l'affaire toute semblable du formulaire d'Alexandre VII, d'après un document enfoui dans un recueil de pièces in-4° relatives au formulaire. Parmi ces pièces s'en trouve une intitulée : *Relation de la captivité de la sœur Anne-Marie de Sainte-Eustoquie de Flecelles de Bregi, religieuse de P. Royal des Champs, écrite par elle-même*, à la fin de laquelle est cette note : « On a entre les mains des originaux d'un grand nombre de rétractations du formulaire qui se sont trouvées parmi les papiers de « Port-Royal. Elles y avaient été envoyées pour y être conservées « comme en dépôt jusqu'à ce que le bien de l'Église demandât qu'on les « rendît publiques. On les donnera à la suite de ces relations, puisqu'elles « font partie du manuscrit que les religieuses ont donné avant leur « dispersion et qu'elles sont une preuve de la vénération et de la confiance que leur fermeté leur avait attirées de la part des personnes du « premier mérite. Il y en a une fort longue du P. Mauduit de l'Oratoire. « On donne ici celle du P. Malebranche sans l'accompagner d'aucune « réflexion. Ceux qui sont instruits des disputes que ce Père a eues avec « M. Arnauld en connaissent l'importance. »

« Après avoir reconnu devant Dieu la faute que j'ai faite en signant deux ou trois fois, en différents temps, le formulaire contre M. Jansénius, évêque d'Ipres, contre ma conscience, sans connaissance et, ce me semble, avec une croyance contraire à l'action que je faisais ; et après avoir été, depuis ma dernière signature, assez souvent dans le trouble et dans l'inquiétude pour cette action ; quoique j'aie été délivré en partie de mes peines par les personnes auxquelles je me suis ouvert là-dessus, à cause que la paix ayant été rendue à l'Église, ils ont cru que je n'étais pas obligé de me dédire publiquement ; cependant j'ai cru que je devais faire ce désaveu, ne sachant pas si les choses ne honneur dans l'Église, au lieu que je crois que ses amis appelants lui feront beaucoup de tort et à sa philosophie, et par conséquent à la vérité. Enfin je suis persuadé que nous ne perdrons rien en perdant les jansénistes appelants et nous gagnerons beaucoup en gagnant les molinistes; à demi-mot, bien entendu. Je prie Dieu, par N.-S. J.-C., de m'accorder ce que je souhaiterais de vous à cet égard : *Nolite jugum ducere*

changeront pas de face, et souhaitant de tout mon cœur de ne point contribuer à la condamnation de M. Jansénius.

« Je rétracte donc par cet écrit le témoignage que j'ai rendu par ma signature contre ce prélat, en le confessant auteur des cinq propositions condamnées par le pape et les évêques, défenseur des hérésies qu'elles renferment, et corrupteur de la doctrine de saint Augustin; et je confesse aujourd'hui que j'ai signé contre M. Jansénius des faits dont je ne suis point persuadé et qui me paraissent au moins fort douteux et fort incertains. Je proteste donc que je n'ai souscrit aux formulaires simplement et sans restriction, principalement la dernière fois, qu'avec une extrême répugnance, par une obéissance aveugle à mes supérieurs, par imitation, et par d'autres considérations humaines qui ont vaincu ma répugnance; qu'ainsi j'ai signé par faiblesse la nouvelle formule, comme on a voulu, sans excepter les faits qu'elle atteste contre cet auteur, bien que je ne fusse pas persuadé qu'ils fussent vrais.

« Si je ne puis faire passer cet acte pardevant notaire, à cause des déclarations du roi, j'entends qu'il soit considéré comme la principale et la plus importante partie de ma dernière volonté, et pour cet effet je l'écris et le signe de ma main propre, afin que ceux qui le verront ne puissent prendre mes souscriptions qui sont au bas des formulaires pour un témoignage de ma créance, quant aux faits énoncés contre M. Jansénius, mais qu'ils regardent au contraire cet écrit comme une réparation de l'injure que j'ai faite à la mémoire d'un grand évêque, en lui attribuant par ma signature des erreurs en la foi, lesquelles je ne pense pas qu'il ait enseignées, quoiqu'alors je n'eusse jamais rien vu de son livre intitulé : *Augustinus*. Je prie ceux entre les mains desquels cet écrit tombera, par ce qu'il y a de plus saint dans la religion, je leur commande, selon le pouvoir que j'ai sur eux en cette rencontre, enfin je les conjure en toutes les manières possibles, s'il est nécessaire pour la défense de la vérité et de l'honneur de M. Jansénius, de faire que ce témoignage ait tout l'effet que je souhaite.

« Fait à Paris, rue du Louvre, le samedi 15 juillet 1673.

« N. Malebranche, prêtre de l'Oratoire. »

*cum infidelibus*. Les dernières paroles de votre lettre, où vous me parlez d'un accommodement sur la constitution, me donnent lieu de concevoir de grandes espérances. *Fiat, fiat.*

« Voilà ma réponse, Monsieur, trop longue peut-être, et trop ennuyeuse en tous sens. Voici maintenant des interrogations, toujours par rapport à notre histoire; car je ne la perds point de vue.

« 1°. Le P. Malebranche, dans une de ses lettres datées de 1699, parle d'un petit écrit de cinq ou six pages, fait pour désabuser M. le cardinal de Noailles, au sujet de son *Traité de la nature et de la grâce*. Qu'est-il devenu?

« 2°. Que sont devenus les premiers entretiens qu'avait faits M. Lelevel contre le second volume des *Réflexions philosophiques et théologiques de M. Arnauld?*

« 3°. Ne pourrais-je point avoir la deuxième lettre posthume de M. Arnauld contre le P. Malebranche? car il ne m'est pas permis d'ignorer ce que c'est, puisque j'en dois parler. Le P. Malebranche, dans une de ses lettres, promet d'y faire une réponse, qui ne paraîtrait qu'après sa mort: a-t-il tenu parole?

« 4°. Le P. Lelong dit qu'il a trouvé, parmi les papiers du P. Malebranche, une liste de plus de cinq cent cinquante personnes qui lui avaient écrit. N'y aurait-il pas moyen d'avoir cette liste?

« 5°. Milord Wadrington[1], ami du P. Malebranche, de quelle religion était-il?

« 6°. Qu'est-ce que M. Remond de Montmort[2]?

« 7°. Qui sont ces dames philosophes dont parlent les Mémoires du P. Lelong?

« 8°. Le P. Lelong m'avait mandé que M. le marquis d'Allemans devait être bientôt à Paris. Y est-il venu? Il était

[1] Les uns le nomment Quadrington, les autres Codrington. Il est mort vice-roi de la Jamaïque.

[2] Voyez son Éloge dans Fontenelle.

grand ami du P. Malebranche, et nous pourrait apprendre bien des particularités de sa vie.

« 9°. *L'Histoire ecclésiastique du dernier siècle,* par M. Dupin, ne pourrait-elle pas me servir pour la mienne?

« J'ai relu les Mémoires du P. Lelong. Je vais lire vos lettres et les siennes, après quoi je ferai des extraits de celles qu'il m'a confiées. J'y trouve de petits faits assez curieux, surtout par rapport au génie des Romains d'à présent. Je voudrais bien savoir les règles et les coutumes de la congrégation de l'Index ; ce que c'était que M. Pighini, qui écrit de Rome au P. Malebranche ; M. Loupé, qui me paraît aussi étranger, peut-être Espagnol. Je souhaiterais de lui pouvoir trouver des amis dans toutes les nations, mais catholiques. Surtout, Monsieur, je vous prie, dans les éclaircissements que vous me donnerez, de me marquer les dates précises des faits. Vous savez que la chronologie et la géographie sont les deux yeux de l'histoire. . . . . . »

AU MÊME. — Du 27 juillet 1719.

« . . . . . . . . . . . . . . . . Envoyez-moi, s'il vous plaît, incessamment tous mes papiers avec vos remarques, avec celles du P. Lelong, et les nouveaux mémoires qu'il peut avoir. Voilà maintenant l'essentiel. Au reste , je suis prêt de retrancher ce que j'ai avancé au sujet de la constitution, quoique la personne dont je tenais ce fait ne me soit nullement suspecte d'être excessivement constitutionnaire ; mais vous me permettrez aussi de ne rien dire contre ; car je suis résolu, en corrigeant notre histoire, de la purger entièrement de tout ce qui peut offenser qui que ce soit, sauf toujours néanmoins les droits de la vérité. Le P. Lelong m'écrit qu'il vous a donné pour moi plusieurs livres que vous lui avez demandés, avec divers papiers, lettres du P. Malebranche, de M. Coubard , etc. Je voudrais bien que M. Saurin, M. l'abbé Catelan et M. le marquis d'Allemans y pussent joindre quelques-unes de leurs lumières. En tout cas, nous nous en passerons, car je viens de faire bien des découvertes en relisant les papiers originaux qui m'ont été communiqués par le P. Lelong. J'y ajouterai tout ce que j'ai trouvé ailleurs, et qui me paraîtra devoir être utile à notre dessein. Faites-moi la grâce de me mettre au plus tôt en état d'y travailler. . . . . . . . . . . . . . . . . . . . . . . . . »

A MONSIEUR LARCHEVÊQUE. — Du 28 août 1719.

« . . . . . J'ai commencé ce matin, jour de saint Augustin, à retoucher notre histoire. . . . »

A MONSIEUR DE MARB. — 10 novembre 1719.

. . . . . . . . . . . Je suivrai, dans la révision de notre histoire les autres conseils que vous me donnez, autant que la vérité le peut permettre; car de supprimer entièrement le fait de Rouen et le fait du P. du Tertre [1], qui ont éclaté au dehors, cela me paraît tout à fait contre le bon sens, d'autant plus qu'il faut bien remplir la vie du P. Malebranche. Vous en serez pourtant les maîtres, car je n'ai point là-dessus de volonté bien forte. Ma santé, grâces au Seigneur, me paraît aussi bonne qu'elle a jamais été. Je l'emploie tous les jours à continuer notre histoire; j'ajoute, je retranche; en un mot, je la refonds tout entière, du moins à l'égard des premiers cahiers, que j'ai trouvés bien négligés en plusieurs endroits. Je commence à revoir l'analyse de la *Recherche*. . »

AU MÊME. — Du 1er avril 1720.

« . . . . Je travaille sans relâche à notre histoire. Vous savez que j'en suis au troisième livre. Je fais actuellement l'analyse de la troisième *Conversation chrétienne*. Plus je relis les ouvrages de notre grand philosophe, plus j'y découvre de beautés. Je ne vois que ceux de M. Descartes qui leur puissent être comparés; mais il me semble que rien ne les

[1] Voyez plus bas, 2e partie.

surpasse. C'est ce qui me console dans mon travail, qui est maintenant plus pénible que jamais, car je ne me presse plus comme au commencement. »

AU MÊME. — Du 12 mai 1720.

« .....J'ai reçu votre lettre avec des nouvelles des deux livres de notre histoire que je vous ai envoyés. Vous me faites plaisir de ne m'en rien dire ni en bien ni en mal, puisque vous ne l'avez pas encore assez bien examinée. Pour en bien juger, il me semble qu'il faut en comparer sans cesse l'exécution avec le dessein et avec les ouvrages du P. Malebranche. A l'égard de la copie que vous en faites faire, ayez soin, je vous prie, qu'elle soit bien correcte pour la ponctuation et pour l'orthographe, aussi bien que pour les alinéas que j'ai tâché de mettre à leur place fort exactement. »

AU MÊME. — 16 juillet 1720.

« Avant que de vous répondre, j'ai voulu avoir de quoi vous écrire. J'ai fini l'endroit qui regarde la princesse Élisabeth, où vous trouverez des choses fort curieuses et fort édifiantes. Avec la grâce du Seigneur, nous commencerons demain celui du P. Le Valois. Je vous avais demandé s'il était à propos de faire le portrait de la compagnie des jésuites, comme j'ai fait, en son lieu, le caractère de la congrégation de l'Oratoire. Vous ne m'avez rien répondu, et je ne puis plus attendre votre réponse, car je crois que c'est ici la place naturelle de ce portrait. Vous m'aviez écrit, avant ma maladie, que vous eussiez souhaité que je fisse ou que je réformasse toutes nos analyses avant tout le reste. Le P. Lelong était de votre avis. Mais vous me permettrez de vous dire que, si vous aviez tout mon dessein dans la tête avec ses tenants et aboutissants, vous verriez que cela n'est nullement à propos. Ainsi, vous ne trouverez pas mauvais que je suive la méthode que je n'ai prise qu'après y avoir bien pensé. Il semble aussi que vous voudriez que je fisse une narration sèche, car vous me faites entendre que je cours après l'esprit. Non, Monsieur, je vous assure que je ne cours qu'après la vérité. Il est vrai que je tâche de lui donner tous les ornements que je puis, sans néanmoins la rendre méconnaissable. Il me semble que le bon goût le veut ainsi. Je n'écris ni pour des anges ni pour des géomètres ; j'écris pour les lecteurs ordinaires, qui veulent dans un livre quelque chose qui les réveille et qui les pique. Si j'ai tort, je vous prie, avant que de me condamner, de faire le procès à Tite-Live, à Salluste, à Tacite, à Thucydide, à Xénophon et à tous les héros de l'histoire tant ancienne que moderne. Je prends surtout pour modèle les *Mémoires du cardinal de Retz*. Il écrit dans le vrai goût de la narration. Vous conviendrez même, Monsieur, que j'ai plus de raison que tous ces auteurs de chercher quelques ornements dans notre histoire. La plupart des faits qu'ils rapportent se peuvent soutenir par eux-mêmes, au lieu que les miens n'ont rien qui attache un lecteur toujours prêt à bailler à la vue d'un philosophe ou de la philosophie. Conclusion, Monsieur : j'irai toujours mon train jusqu'à ce que l'histoire soit finie. Alors je vous écouterai avec plaisir et avec docilité dans toutes les choses où la raison et le bon goût seront de votre côté ; car je suis convaincu qu'il y a encore bien des défauts dans ce que je vous ai envoyé de notre histoire..... »

Ici périt tout vestige du travail du P. André sur la *Vie de Malebranche*. Vers l'année 1721, arrêté, jeté à la Bastille, comme nous le verrons, tous ses papiers furent saisis, et, ainsi qu'il l'avait appréhendé, tombèrent entre les mains de la société. Parmi ces papiers étaient la *Vie de Malebranche* dans sa dernière forme. Cet ouvrage a donc fini par se trouver à la fois à l'Oratoire et chez les Jésuites. L'Oratoire ne possédait que la première ébauche, et il paraît que, telle qu'elle était, on songeait à la publier ; car, au milieu de notre correspondance, se trouve une lettre anonyme adressée à M. l'abbé de Marbeuf de l'Oratoire : elle est datée d'Orléans, du 10 janvier 1721.

« Je vous envoie, dit le correspondant anonyme à M. de Marbeuf, une lettre du P. André : je la reçus hier. Je n'ai pu la lire sans laisser couler quelques larmes. Si ses ennemis connaissaient sa vertu et son courage, je ne puis m'empêcher de croire qu'ils seraient eux-mêmes sensibles à ses malheurs. »

Et ailleurs :

« Je vous prie de me faire savoir s'il n'est pas possible d'adoucir un peu certains traits de l'histoire de Malebranche, qui ne peuvent avoir d'autre effet que d'aigrir de plus en plus la société contre l'auteur. »

Par égard pour la situation d'André, l'abbé de Marbeuf s'abstint de publier l'écrit qui lui avait été confié. On ne sait plus aujourd'hui ce qu'il est devenu. Est-ce celui que le P. Tabaraud de l'Oratoire paraît avoir connu et déclare avoir été mutilé par son possesseur actuel ? Il est certain que la bonne édition, s'il est permis de parler ainsi, de la *Vie de Malebranche*, fut saisie par les supérieurs du P. André. En effet, dans une lettre de ce dernier, datée d'Amiens, 18 juillet 1722, et adressée à un M. Mazure, du collége de Laon, à Paris, on trouve ces mots :

« J'avais entrepris l'histoire du P. Malebranche ; Dieu n'a pas permis que je l'aie achevée. A la bonne heure ; il l'a voulu mettre en de meilleures mains. Je le prie seulement d'inspirer à l'auteur qui la réformera et qui la finira un certain esprit d'équité qui lui fasse faire justice à tout le monde, sans respect humain ; sans cela, ce ne serait qu'une histoire de parti. »

Et quelles étaient ces meilleures mains ? Celles d'un jésuite : c'est ce qui résulte d'un passage d'une lettre anonyme et sans date qui se rencontre au milieu de notre manuscrit, et où le correspondant inconnu rend compte, à une personne dont le nom manque également, de l'embarras où il est de quitter la société des jésuites dont il fait partie, ou d'y rester pour y subir de perpétuelles tracasseries.

« .....Le P. André parle du recteur d'Amiens lorsqu'il dit que la *Vie du P. Malebranche* est restée entre les mains du père recteur..... Et ce recteur est le P. Frogerais [1]; qui fut envoyé à Arras pour notre délivrance. »

Quant aux Mémoires et papiers communiqués au P. André par ses amis de l'Oratoire et dont nous avons donné la liste, il put les sauver sous la promesse formelle de ne plus correspondre avec de pareils amis. Dans une lettre datée d'Amiens, du 23 avril 1722, adressée à M. Larchevêque, et dans laquelle il raconte la persécution dont il a été l'objet, le P. André s'exprime ainsi :

« Il a donc fallu céder à la force. Pour tirer de leurs mains les livres et les Mémoires qu'on m'avait prêtés pour faire l'histoire du P. Malebranche, il m'a fallu, contre mon inclination, leur promettre que je n'écrirais plus à ceux dont je les tenais, gens suspects à notre compagnie, mais qui n'en sont pas, à mon avis, moins honnêtes gens. »

Tels sont les renseignements de toute sorte qui nous sont fournis par le manuscrit de Lille sur la *Vie de Malebranche*, que tant de documents authentiques, une si vaste correspondance et le talent du P. André auraient infailliblement rendue bien supérieure à la *Vie de Descartes* par Baillet.

Avant de quitter cet important sujet, nous voulons adresser encore une fois, avec toute la force qui est en nous, notre publique et instante réclamation à celui qui possède encore aujourd'hui les matériaux de ce grand ouvrage. Qu'il sache qu'il ne lui est pas permis de retenir

[1] Voyez plus bas, 2e partie.

le précieux dépôt tombé entre ses mains, encore bien moins de l'altérer. Tout ce qui se rapporte à un homme de génie n'est pas la propriété d'un seul homme, mais le patrimoine de l'humanité. Malebranche aujourd'hui, élevé par le temps au-dessus des misères de l'esprit de parti, n'est plus l'ami de Port-Royal et le confrère de Quesnel; ce n'est plus que le Platon du christianisme, l'ange de la philosophie moderne, un penseur sublime, un écrivain d'un naturel exquis et d'une grâce incomparable. Retenir, altérer, détruire la correspondance d'un tel personnage, c'est dérober le public, et, à quelque parti qu'on appartienne, c'est soulever contre soi les honnêtes gens de tous les partis.

Mais il est temps de laisser là l'histoire de Malebranche pour entrer dans celle d'André. Nous allons la parcourir pas à pas à l'aide de nos manuscrits. Jusqu'ici, nous n'avons puisé que dans le manuscrit de Lille; maintenant nous ferons usage de nos deux manuscrits, mais surtout de celui de Caen, qui embrasse un espace plus considérable de la vie d'André.

## DEUXIÈME PARTIE.

### HISTOIRE DU P. ANDRÉ.

#### I. André à Paris, au collége de Clermont, année 1706.

La correspondance renfermée dans le manuscrit de Lille commence en 1707, et nous montre le P. André déjà relégué au collége de La Flèche. Nos nouveaux papiers de Caen remontent un peu plus haut, à la moitié de l'année 1706, et le peignent faisant sa théologie à Paris, au célèbre collége de Clermont, et, pendant ce temps, s'échappant de son collége pour aller assister aux conférences de M. l'abbé de Cordemoy[1], entrant en relation avec Malebranche, et déjà suspect par son goût mal dissimulé pour le cartésianisme. Il paraît que le père recteur du collége de Clermont instruisit le père provincial de la conduite d'André. On résolut donc, dans les conseils de la compagnie, de l'éloigner de Paris, et de l'envoyer dans quelque collége éloigné. Dès qu'André eut connaissance de cette résolution, il fit tout au monde pour la conjurer et obtenir de ses supérieurs de rester à Paris, en apparence pour achever sa dernière année de théologie, en réalité pour poursuivre ses études philosophiques et les relations qu'il avait commencées avec l'école cartésienne. Le 6 juillet 1706, il écrit au père provincial une lettre où, sans avouer ni désavouer les opinions qu'on lui impute, il s'applique à dissiper les mauvaises impressions qui déjà se répandaient contre lui.

« Mon très-révérend père,

« J'apprends depuis quelques jours qu'on m'a étrangement décrié dans votre esprit; mais, étant persuadé que vous avez gardé une oreille pour l'accusé, je ne veux point m'abandonner moi-même ni mériter, si je puis, d'être condamné et peut-être puni sans être entendu. Ce n'est pas d'aujourd'hui, mon révérend père, que je commence à éprouver les traits de la calomnie; il y a longtemps que j'y suis en butte. En voici quelques preuves choisies entre mille. On m'a accusé de rejeter les habitudes spirituelles, et je les ai toujours crues de foi et soutenues comme telles, contre le sentiment de la

[1] Elles avaient pour objet la réfutation et la conversion des hérétiques. L'abbé de Cordemoy était fils du cartésien de Cordemoy, conseiller d'État, lecteur ordinaire du Dauphin, membre de l'Académie française, et dont les œuvres philosophiques forment un in-4° en deux parties; il y en a une quatrième édition. Paris, 1704.

plupart des théologiens. On m'a imputé de nier la tradition des Pères, et j'ai toujours maintenu que la religion ne peut exister sans elle, quoique absolument elle puisse subsister sans l'Écriture. Enfin, mon révérend père, mes calomniateurs me faisaient, au commencement de cette année, donner dans le système du père Hardouin[1], et ils m'accusent aujourd'hui d'en vouloir un tout à fait contraire. J'étais harduiniste, lorsque cela pouvait me perdre, et, parce que la protection de Dieu m'a sauvé de leurs mains, malheur à moi! Me voilà tout à coup devenu malebranchiste. Ouït-on jamais parler d'une si étrange métamorphose! Vous voyez, mon révérend père, que l'un ou l'autre est certainement une calomnie. Mais je puis vous assurer que l'un et l'autre l'est dans le sens qu'ils l'entendent, et apparemment je sais mieux qu'eux ce que je pense. Quel est donc mon crime? Car enfin ces gens de bien, des prêtres qui disent tous les jours la messe, n'auront point accusé un prêtre sans quelque espèce de raison. Il faut donc vous le confesser, mon révérend père, ce crime abominable, indigne de tout pardon : c'est que jamais je n'ai su l'art de jurer sur la foi d'un maître; c'est que je ne reçois sans examen que ce qui part d'une autorité infaillible; c'est que je prends la liberté d'examiner tout le reste à la lumière de la raison et de la foi; c'est que je tâche de distinguer ce qui est du ressort de l'une de ce qui est du ressort de l'autre; c'est que je mets de la différence entre les dogmes de la religion et les explications des Pères et des théologiens, et qu'à leur exemple j'en cherche de meilleures quand les leurs ne me satisfont pas; c'est que j'ose distinguer dans les Pères ce qu'ils disent en qualité de témoins de la foi de leur temps, et ce qu'ils avancent en qualité d'auteurs particuliers; c'est qu'après avoir tout lu sur une matière, je tâche ensuite, pour la posséder, de faire plus d'usage de mon esprit que de ma mémoire ou de l'esprit d'autrui; c'est enfin, mon révérend père, que je parle quelquefois d'idées claires, et que, pour

[1] Le fameux P. Hardouin, qui reviendra bientôt dans ce récit.

bien apprendre la théologie, j'égale presque la méditation des vérités chrétiennes à la lecture des mêmes vérités. Voilà tous mes crimes, mon révérend père; voilà les dangereuses nouveautés qu'on peut m'imputer justement, mais nouveautés sans lesquelles je crois que la recherche des antiquités ne peut que charger la mémoire, sans éclairer, sans étendre, sans perfectionner l'esprit. Et il est si vrai que mes accusateurs n'ont rien de plus fort à m'imputer, qu'ils n'osent entrer dans aucun détail; ou, si quelquefois ils s'y hasardent, ils y réussissent de la manière que j'ai déjà eu l'honneur de vous exposer, c'est-à-dire si heureusement que de leurs accusations vagues et générales ils concluent toujours le contraire de mes sentiments : et, preuve encore qu'ils se défient de la bonté de leur logique, c'est que, lorsqu'on les presse, ils laissent là leurs accusations et se jettent sur mes manières, qu'ils disent être méprisantes, ce qui ferait croire que c'est le feu de la vengeance qui allume leur zèle. Cependant, mon révérend père, j'avoue en cela que j'ai tort, s'ils ont la moindre raison de se plaindre. Mais, grâce au Seigneur, j'ai toujours su distinguer, dans la conversation et ailleurs, les personnes de leurs opinions et les auteurs de leurs ouvrages; et, en tout cas, votre révérence sait assez qu'il ne faut point juger du fonds par la manière, et que ce ne fut jamais une hérésie ni une nouveauté dangereuse que de n'avoir point bonne grâce à parler.

« Excusez, mon révérend père, si je parle avec cette liberté, c'est votre bonté et mon innocence qui me l'inspirent. Je ne crains rien, parce que ma conscience ne me reproche rien; si je vous écris cette espèce de justification, c'est plutôt pour ne pas paraître insensible à la perte de votre estime que pour éviter l'effet des sourdes pratiques de mes bons amis. Votre révérence est trop éclairée et trop équitable pour s'y laisser prendre. Je suis, etc. »

Le père provincial auquel s'adressait André s'appelait

Delaistre[1]. Il ne lui répondit point, et, après deux mois de silence, il se contenta de lui signifier que la résolution de lui faire quitter Paris est arrêtée et qu'il doit s'y soumettre, lui marquant que la raison de sa disgrâce est, en effet, son attachement aux nouvelles opinions, et lui conseillant d'y renoncer.

A MON RÉVÉREND PÈRE LE P. ANDRÉ DE LA COMPAGNIE DE JÉSUS.

« Mon révérend père,

« *Pax Christi.*

« Je n'ai point fait réponse à la lettre que vous me fîtes l'honneur de m'écrire, il y a environ deux mois, parce que dès lors la résolution étoit prise de vous oster de Paris. Il n'y a point d'autre raison que celle que votre révérence toucha dans sa lettre, trop d'attachement à de certaines nouvelles opinions. Je ne sçaurois vous donner un conseil qui vous soit plus avantageux que de renoncer à tout cela. Et à Paris et à Rome on est résolu de ne point souffrir de pareilles nouveautés. Votre révérence a de l'esprit, et elle aime l'estude. Si elle veut tirer de ces deux choses l'avantage qu'elle doit

[1] La *Bibliotheca scriptorum societatis Jesu,* de l'édition de Soutwhell, étant de 1676, et les deux suppléments de Caballero (*Bibliothecæ scriptorum societatis Jesu supplementa*, Romæ, 1814 et 1816) ne comprenant que les auteurs qui ont écrit après la condamnation et la dispersion de la société, tout secours nous a manqué pour l'époque intermédiaire, qui est précisément celle d'André. Heureusement nous avons pu nous aider quelquefois de notes sur les confrères du P. André empruntées aux manuscrits de M. de Quens, et que M. Mancel a bien voulu nous communiquer. Ces notes ne contiennent rien sur le P. Delaistre, et il n'est fait aucune mention de ce père jésuite ni dans Moréri ni dans les Mémoires de Trévoux ni ailleurs. Seulement nous rencontrons son nom, *Charles Delaistre*, comme provincial de la compagnie de Jésus dans la province de France, au bas de la permission accordée au P. Bretonneau d'imprimer les sermons de Bourdaloue pour l'avent et le carême, Paris, le 3 janvier 1707. Voyez le Bourdaloue de Rigaud, 1707.

souhaitter, il faut nécessairement qu'elle travaille à effacer de l'esprit des (supérieurs) les impressions qu'on a conçues d'elle. C'est ce que je lui souhaite et à quoi je la prie de tout mon cœur de travailler. Croyez-moi, mon révérend père, c'est le seul moyen que votre esprit, cultivé par beaucoup d'études, produise, dans la suitte, des fruits qui vous soient agréables et qui fassent honneur à la compagnie. Je me recommande à ses saints sacrifices, et suis plus que personne, avec beaucoup de respect, de votre révérence, le très-humble et très-obéïssant serviteur,

« Rouen, 5 septembre 1706.

« DELAISTRE. »

Nouvelle lettre du P. André, plus vive que la première, où, insistant sur la forme plus que sur le fond de l'affaire, il se plaint avec énergie d'être puni comme s'il était coupable, sans avoir été admis à se justifier. André avait alors une trentaine d'années, et il en comptait déjà dix ou douze de service parmi les jésuites.

« 10 septembre 1706.

« Mon révérend père,

« Je sçai trop bien le prix des croix pour murmurer de celle que Dieu m'envoie par vos mains; je m'en tiens honoré, et le remercie de tout mon cœur de la part qu'il me donne au calice de son fils. Mais je ne suis point plus patient que mon maître; vous savez combien de fois il demanda (grâce) à son père, et qu'un coup reçu d'un valet insolent lui sçut arracher une plainte; c'est, mon révérend père, la même que je prends la liberté de vous faire aujourd'hui. Si j'ai mal parlé, si j'ai de mauvais sentiments, que mes accusateurs montrent en quoi; mais, si je n'en ai point d'autres que ceux de la raison et de la foi la plus pure, oserois-je le démander à votre révérence, pourquoi prêter vos mains paternelles à l'injustice des coups qu'ils me portent? Encore si l'on avoit observé quelque forme de justice à mon égard ; mais à peine ai-je été accusé à votre tribunal, dès ce moment j'ai été coupable et condamné. Votre révérence ellemême m'en est un sûr garant ; car, si vous n'avez point fait réponse à la lettre justificative que j'eus l'honneur de vous écrire il y a près de deux mois, *c'est*, dites-vous, parce que, *dès lors*, la résolution étoit prise de m'ôter d'ici ? Quoi, *dès lors*, mon révérend père ? J'ai donc été condamné avant que vous m'eussiez communiqué les accusations de mes ennemis, avant que je sçûsse que j'étois accusé ? Est-ce là le procédé d'un père, d'un supérieur, d'un juge ? Quel est donc mon crime, ce crime si énorme, qu'il mérite qu'on viole, à mon égard, les droits les plus naturels ? Je veux bien m'en rapporter à votre révérence, c'est trop d'attachement à de certaines nouvelles opinions. Voilà, dites-vous, la seule raison de ma disgrâce. Mais, premièrement, quelles sont ces certaines nouvelles opinions ? qu'on m'en marque une seule parmi les miennes en matière de foi, ou qui y ait le moindre rapport aux yeux du bon sens ; qu'on m'en montre en philosophie même une seule que j'aie tellement embrassée que je ne sois pas prest de l'abandonner à la première lueur de la vérité. Mais, en second lieu, mon révérend père, quand j'aurois ces prétendues nouvelles opinions, puis-je demander à votre révérence d'où elle peut savoir que j'y ai trop d'attachement ? M'en avez-vous jamais parlé ou fait parler par vos subalternes ? Vous avez passé par ici à votre retour de Rome ; m'avez-vous mandé pour m'en avertir charitablement ? Et cependant c'est dès lors que ma perte a été résolue. Que le Seigneur en soit loué ! Mais je le prie de nous juger tous deux, et de vous pardonner cette violente résolution aussi bien qu'à ceux dont les calomnies vous l'ont arrachée.

« Cependant, mon révérend père, malgré leur crédit et leurs instances, j'ai bien de la peine à croire que vous l'eussiez prise s'ils ne vous avoient empêché d'examiner : 1°. le tort que vous faites à ma réputation, qui est une chose si difficile à réparer, et si nécessaire dans l'emploi auquel j'espère me destiner avec l'agrément de mes supérieurs ; 2°. les circonstances dans lesquelles vous m'ôtez d'ici, je veux dire pendant que vous en ôtez d'autres pour certaines choses qui ont fait bruit, et dont le soupçon pourra bien retomber sur moi par concomitance ; 3°. le tort que vous faites à mes études en me privant d'un des meilleurs moyens d'avancer dans les sciences, qui est la conversation des habiles gens que j'avois l'honneur de voir à Paris ; 4°. l'injustice et peut-être l'ingratitude de ce procédé, après dix ou douze années du service le plus rude, sept années de régence et quatre années de chambre commune.....

« Voilà, mon révérend père, à peu près toutes mes raisons, et je me flatte qu'il n'y a que des esprits vendus à la prévention qui puissent ne s'y pas rendre ; mais par malheur pour moy, et plaise à Dieu que ce n'en soit pas un pour votre révérence, vous m'avez condamné sans m'avoir entendu ; de sorte que, quand même je serois coupable, j'aurois toujours droit de me plaindre. Mais, bien loin de l'être, mon révérend père, j'en atteste mon Dieu et mon juge, je maintiens que je n'ai point de sentiments en matière de foi qui ne soient entièrement conformes à l'Écriture, à la tradition, aux définitions des conciles généraux et aux décisions des papes généralement reçues, et qu'en matière même de philosophie j'embrasse toujours les opinions qui me paroissent les plus favorables à la religion catholique.

« C'est à votre révérence à juger maintenant si, en ce qui regarde mes pensées, je suis plus croyable que ces délateurs téméraires que je sais ne m'avoir accusé que sur des ouï-dire ou sur des malentendus ; en tout cas, la chose est bien aisée à vérifier. Falloit-il donc, mon révérend père, flétrir, en matière de doctrine, un prestre, destiné apparemment à enseigner ou à prêcher, sur le seul témoignage de ses ennemis? Falloit-il au moins, je le répète encore, me condamner sans me convaincre, et résoudre ma perte sans m'avoir entendu? En vérité, mon révérend père, ce procédé me paroît si irrégulier que j'ai peine à le croire, malgré même le témoignage de votre lettre. En effet, on ne m'a point encore intimé les ordres de votre révérence. Ainsi, je vous prie de trouver bon que j'attende encore une réponse de votre part avant que je me résolve à vous croire capable d'une pareille injustice.

Je suis, en attendant, avec tout le respect possible, aux ordres du Seigneur, etc. »

La réponse ne se fit pas attendre. Quoique toujours emmiellée dans les termes, elle est, au fond, péremptoire et décisive : le P. André doit quitter Paris.

« A MON RÉVÉREND PÈRE, LE R. P. ANDRÉ, DE LA COMPAGNIE DE JÉSUS.

« Mon révérend père,

« *Pax Christi.*

« Je souhaiterois que votre révérence n'eust point pris les engagements qu'elle m'a mandé qu'elle a pris avec certaines personnes; j'espère, néanmoins, que cela ne l'empeschera pas de se rendre à la Flèche au temps ordinaire. Puisque Dieu lui envoye une croix, il ne manquera pas de lui donner les forces nécessaires pour la porter. Je prie nostre Seigneur qu'il la comble de bénédictions dans tous les lieux où elle sera. Je me recommande à ses SS. SS. et je suis, plus que personne, avec beaucoup d'estime et de respect, de votre révérence, le très-humble, etc.

« A Brest [1], le 17 de septembre 1706.

« DELAISTRE. »

[1] On voit, par les lieux mêmes d'où le père provincial écrit à André et par un autre passage de la lettre latine d'André au père général (*dum ipse huc* (Paris) *ex provinciæ lustratione redux*), que le P. Delaistre, provincial de France, et résidant ordinairement au centre de la province, à Paris, au collége de Clermont, était alors en tournée dans

André tente un dernier effort ; il demande une dernière fois justice au père provincial, et toujours inutilement.

« Mon très-révérend père,

« Je vois bien que votre révérence a des affaires plus pressées que celle de me faire justice, ou plutôt de se la faire à elle-même en justifiant le procédé qu'elle suit à mon égard. Je vous en conjure encore une fois au nom de Jésus-Christ, et pour votre honneur autant que pour le mien : vous m'avez condamné sans m'avoir convaincu, sans m'avoir averti, sans m'avoir entendu, et pour avoir, dit-on, violé une loi qui n'étoit pas encore portée. N'ai-je pas droit de vous demander de deux choses l'une, ou de me justifier, ou de me convaincre? Entrez, je vous prie, dans le détail des accusations formées contre moi, marquez-le-moi, au nom de notre commun juge ; et, pour vous faciliter ma conviction, je ne demande qu'à être convaincu de faux ou de nouveauté dangereuse dans une seule de mes opinions théologiques ou philosophiques, pour passer condamnation sur toutes les autres. Encore une fois, mon révérend père, je ne demande point

sa province, d'abord à Rouen, puis à Brest, d'où cette dernière lettre est écrite. La province de France proprement dite n'était qu'une des provinces dans lesquelles la compagnie de Jésus avait divisé pour elle le royaume de France, à savoir, la province de France proprement dite, *Franciæ provincia*, qui possédait les colléges de Paris, Pont-à-Mousson, la Flèche, Bourges, Verdun, Nevers, Eu, Rouen, Rennes, Moulins, Amiens, Reims, Nancy, Caen; la province d'Aquitaine, *provincia Aquitaniæ*, qui comprenait les colléges de Bordeaux, Agen, Périgueux, Limoges, Poitiers, Saintes; la province de Lyon, *provincia Lugdunensis*, Lyon, Avignon, Tournon, Chambéry, Dijon, Dol, Besançon, Vienne, Embrun, Carpentras, Sisteron; la province de Toulouse, *provincia Tolosana*, Toulouse, Billom, Mauriac, Rodez, Auch, le Puy, Béziers, Cahors, Albi. Tel est, du moins, le dénombrement que donne le *Catalogus* de Ribadeneira, 2e édit., Antwerpiæ, 1613. Depuis, jusqu'en 1706, la compagnie avait fort augmenté le nombre de ses colléges, et la France jésuitique s'était accrue de plusieurs provinces.

grâce; il vous seroit libre de me refuser; je vous demande justice, justice pure, telle qu'on l'accorde aux plus scélérats dans la plus inhumaine barbarie; mais que je sois justifié si je ne suis point criminel. C'est ce que j'attens de votre révérence avant que de partir, etc. »

« A MON RÉVÉREND PÈRE, LE R. P. ANDRÉ DE LA COMPAGNIE DE JÉSUS.

« Mon révérend père,

« *Pax Christi.*

« Je n'ay rien fait sur ce qui regarde votre révérence qu'après une meure délibération et avec conseil de gens fort sages; c'est tout ce que je puis vous dire quant à présent. Je croyois que le révérend père recteur avoit dit à votre révérence que c'estoit à la Flèche où elle devoit achever sa théologie. C'est avec regret que je la voy dans une disposition si contraire à la parfaite obéissance. Je la prie d'y faire une sérieuse réflexion. Je me recommande à ses SS. SS. et je suis plus que personne, avec beaucoup d'estime, de votre révérence, le très-humble, etc.

« DELAISTRE. »

Dans cette extrémité, André prend le parti de porter plus haut sa plainte et de s'adresser à Rome, au général même des jésuites. Il lui écrit en latin, le 29 septembre 1706, une lettre où il demande hardiment justice de la conduite du P. provincial à son égard, et, en l'accusant de partialité, déclare au père général et nous apprend à nous-mêmes qu'il y avait, dans la société de Jésus, plus d'un membre qui, comme André, inclinait aux nouvelles opinions et les professait même. Il indique un de ses confrères qui avait encouru la même accusation et une plus forte encore, mais qui s'en était tiré à l'aide de puissants protecteurs. Quel était ce jésuite encore plus cartésien qu'André? Quels étaient ces professeurs de philosophie et de physique qui enseignaient la doctrine de Descartes et de Malebranche? La charité du P. André ne lui permet pas de les nommer. La latinité de cette lettre est peu sévère, mais facile, et le ton en est remarquablement énergique.

Une plainte aussi vive ne dut pas plaire beaucoup à Rome. Le général des jésuites[1], Michel-Ange Tamburini, se contenta de faire avertir le P. André de se tenir tranquille et d'obéir à ses supérieurs, qui d'ailleurs pouvaient avoir encore d'autres motifs que son attachement à des nouveautés dangereuses pour l'envoyer de Paris à la Flèche. Cette lettre, que nous n'avons pas, parut au P. André une injustice nouvelle, contre laquelle il réclama de nouveau auprès du général lui-même. Cette réclamation est plus vive encore que la première. Elle abonde en détails curieux; elle renferme une défense de l'orthodoxie de Descartes et de Malebranche, et, quoique toujours d'une latinité peu sévère, elle s'élève quelquefois jusqu'à l'éloquence.

Tout fut inutile, et pourtant André croyait bien avoir pris toutes les mesures nécessaires pour réussir. En même temps qu'il s'adressait au père général, il avait eu soin d'écrire à un de ses confrères et amis le P. Deschamps[2],

[1] Élu tout récemment dans la quinzième assemblée générale, le 31 janvier 1706, et mort en 1730. Nous retrouverons plusieurs fois ce personnage dans la suite de l'histoire d'André.

[2] Ce ne peut être le P. Étienne Deschamps, auteur du livre *de Hæresi Janseniana ab apostolica sede merito proscripta* (la dernière édition par le P. Souciet est de Paris, in-fol., 1728) et de plusieurs autres ouvrages célèbres dans leur temps, né à Bourges en 1613, mort à la Flèche au mois d'août 1701. Voyez les Mémoires de Trévoux, janvier 1702, et le Dictionnaire de Moreri, art. Champs (des).

qui était alors en Italie, et de lui demander son appui auprès du révérend père assistant pour le royaume de France, le P. Daubenton [1], qui ne pouvait manquer d'avoir du crédit sur l'esprit du général de la compagnie. Par les mains du P. Deschamps, il envoya au P. Daubenton une relation de toute l'affaire, intitulée *Relation fidèle*, où il fait connaître toute sa correspondance avec le révérend père provincial Delaistre, et reproduit à peu près tout ce que nous avons vu dans les lettres précédentes.

Il suffira de donner les deux passages de cette relation où le P. André fait allusion aux deux cartésiens de la compagnie qu'on épargnait tandis qu'on le frappait, et où il nous apprend que le recteur du collége de Clermont, qui l'avait dénoncé sans l'avertir, était le célèbre Letellier [2].

[1] Le P. Guillaume Daubenton était né à Auxerre en 1648, entré dans la compagnie en 1665, recteur du collége de Strasbourg quand la France acquit l'Alsace, puis confesseur d'Anne-Victoire, mère de Philippe V, ce qui le conduisit à devenir celui de ce prince quand il monta sur le trône d'Espagne. Il partit, en 1700, pour aller remplir cet emploi; mais il se forma bientôt contre lui un parti puissant, et il revint en France. En 1706, il fut deputé à Rome pour la quinzième congrégation générale de sa compagnie, et il y fut élu assitant général pour la nation française; peu s'en fallut même, dit Moreri, qu'il ne fût élu général au lieu du P. Tamburini. C'est en ce poste que nous le rencontrons dans cette partie de l'histoire du P. André. En 1716, Philippe V le rappela en Espagne, et il fut de nouveau le confesseur de ce roi. Il mourut à Madrid le 7 août 1723. Voyez dans Moreri la liste de ses ouvrages, qui ne sont pas fort importants.

[2] Michel Tellier ou Letellier, l'un des plus grands ennemis du jansénisme (voyez dans Moreri l'énumération des ses ouvrages contre Arnauld et contre Quesnel) et aussi du cartésianisme; car on lui a attribué des Réflexions sur la vie de Descartes, qui pourtant, d'après Moreri, sont réellement de son confrère le P. Boschet. Letellier était né à Vire en Normandie, en 1643; il fit ses études à Caen, au collége des Jésuites, entra dans la compagnie en 1661, et passa successivement par les emplois de régent, de recteur et de provincial. C'est comme recteur du collége de Clermont (depuis collége de

« Le père provincial retient à Paris plusieurs personnes dont deux notamment ont, l'année dernière, enseigné publiquement plusieurs points de la doctrine de M. Descartes et du P. Malebranche ; leurs cahiers et leurs thèses en font foi, et surtout les cahiers et les thèses de celui qui finissoit son cours, et qui par conséquent pouvoit être envoyé en province plus honnêtement et plus justement que moi. Or, mon révérend père, si ces deux personnes ne sont point coupables pour soutenir la doctrine de M. Descartes et du P. Malebranche, je ne suis point coupable d'estimer les personnes de ces deux auteurs.

« . . . Que veut dire ce silence affecté des supérieurs à mon égard, et ce soin extrême d'éviter l'éclaircissement des faits avancés contre ma doctrine ? Mais surtout que veut dire le silence du père Le Tellier ? J'ai vécu une année entière avec lui ; il a été mon recteur pendant six ou sept mois ; il m'a vu en particulier, et je l'ai vu de même assez souvent ; et cependant, mon révérend père, ce grand ennemi de tout ce qui s'appelle nouvelles opinions pourra dire à votre paternité qu'il ne m'en a jamais ouvert la bouche ; silence d'autant plus remarquable que c'est au temps seul de son rectorat qu'on rapporte tous mes crimes, qu'il étoit informé de tout et qu'il n'épargnoit personne. Tout cela, mon révérend père, est bien convaincant en ma faveur. Mais, nonobstant la justice de ma cause, je ne sais encore ce que je dois espérer. Je vois beaucoup d'innocens accusez, mais je n'en vois point de justifiez ; ou si, quelquefois on en justifie, ce n'est que de bouche et non d'effet. Je porte mes plaintes à trois cents lieues de moi, et l'on sçait assez que, de loin, la peine dont on se plaint diminue toujours aux yeux du juge, et le crime qu'on impute augmente encore davantage........

Louis le Grand) qu'André paraît l'avoir connu. A la mort du P. La Chaise, en 1709, Letellier fut nommé confesseur de Louis XIV, et, après la mort de ce monarque, il fut envoyé à Amiens et ensuite à la Flèche, où il est mort en septembre 1719.

Dieu m'est témoin que je les aime et respecte ( ses accusateurs ) en Jésus-Christ. Je prie Dieu pour eux chaque jour à l'autel, et, si je suis exaucé, ils seront plus heureux que moi. J'aurois pu, mon révérend père, user de récriminations à leur égard ; mais à Dieu ne plaise que je me justifie en les accusant ! A peine ai-je pu me résoudre à nommer dans ma lettre ceux que je ne pouvois me dispenser de nommer sans trahir la justice ou mon innocence. J'ai toujours appréhendé de leur faire le mal qu'ils m'ont fait, et pour lequel je voudrois qu'une entière justification me pût mettre en état de leur rendre mille biens. Ni la collusion des supérieurs, ni l'acception de personnes dont ils ont usé en me maltraitant, ni le refus qu'ils m'ont fait des chefs d'accusation formés contre moi, ni leur dureté, ni leurs artifices, ne m'obligeront jamais à rompre la charité. »

La Relation fidèle est accompagnée d'une lettre, datée du 20 septembre 1706, où l'on remarque le passage suivant sur ses accusateurs :

« Il ( le P. provincial ) m'a puni sur la seule foi de mes accusateurs, dont je sçai, en général, que la plus part ont bien de la peine à voir autre chose que du blanc et du noir dans les livres, dont quelques-uns avoient l'esprit envenimé contre moi par certains rapports que des personnes charitables ont faits du peu d'estime qu'il m'est échappé de témoigner pour leurs écrits, dont enfin le principal notoirement ne connoît ni antiquités ni nouveautés, n'ayant pas mis le nez dans un livre depuis plus de trente ans, excepté peut-être dans des registres et dans son bréviaire. Voilà cependant, mon révérend père, l'habile homme dont une seule parole justifie et condamne [1], fait venir à Paris et chasse qui bon lui semble, ce qui fait dire dans la province que, depuis 15 ou 20 ans, il n'y a point eu de provincial

[1] Nous ne soupçonnons pas quel peut être ce personnage.

en France, et ce qui fait dire au R. P. Delaistre même, pour consoler ceux qu'il laisse à la Flèche ou qu'il y envoie, qu'il a les bras liés et qu'il est bien fâché de n'être pas maître de rendre justice à leur mérite..... Grâce à cette injustice et à la précipitation de mon juge, je vais passer dans la province pour un esprit dangereux, indocile, entêté, et pour tout ce qui plaira à la médisance et à la passion de mes ennemis. C'est de quoi, mon révérend père, je demande justice au révérend père général, et je vous conjure, au nom de Jésus-Christ, de solliciter auprès de lui le rétablissement de ma réputation. Le P. Deschamps, avec qui j'ai eu l'honneur de vivre, pourra bien vous dire si je suis tel qu'on veut le faire accroire.... »

Nous rencontrons ici un honnête homme, modéré, bienveillant, plein d'affection pour André, qui s'offre de lui être utile et lui donne au moins d'excellents conseils; nous voulons parler du P. Deschamps. A peine a-t-il reçu la lettre d'André qu'il se met en campagne pour le servir, et s'empresse de l'informer du résultat de ses démarches.

« Lorette, le 2 décembre 1706.

« Mon révérend père,

« .... Vous me faites plaisir de me croire parfaitement de vos amis et dans vos interests; je le suis en effet, et je ferai toujours mon possible dans la suitte pour vous en convaincre. J'ay pris toute la part possible à la peine qu'on a faite à votre révérence; il est certain qu'elle méritoit un autre traitement et qu'on devoit plus d'égard à l'application que je sçay qu'elle a toujours eue à ses devoirs. Aussitost sa lettre receue, comme j'étois à Lorette alors, et que je ne pouvois pas bien agir par moy même, j'écrivis aussitost au R. P. Malescat [1] en luy envoyant aussi votre lettre, et le

[1] *Sic*. Ce père jésuite nous est entièrement inconnu.

priois de la lire, après quoi je le conjurois de voir avec le révérend père assistant ce qu'on pouvoit faire pour vous rendre service; que vous estiez de mes amis, et qu'ainsi j'avois à cœur ce qui vous regardoit comme si c'estoit moi mesme. J'écrivis en mesme temps au révérend père assistant que celuy dont le P. Malescat luy parleroit étoit de mes amis, et que je le priois de lui donner sa protection comme à moy mesme. Le mercredi dernier, premier décembre, je reçus sur tout cela une lettre de l'un et de l'autre. Le premier, étant en retraite, n'avoit pu encore parler au P. Daubenton, estant fort éloigné de la pénitencerie de Saint-Pierre, mais il m'assure qu'il le fera de tout son cœur pour me faire plaisir. Voici la lettre du second, qui apparemment avoit desja entendu parler de votre affaire:

« Je voudrois bien pouvoir rendre service à vostre amy, « mais la chose n'est pas possible, les études estant déjà « commencées. Notre père veut absolument exterminer les « nouvelles opinions, et un père qui est icy, qui connoît « votre ami, a confirmé qu'il a du penchant pour les nou« veautés (je ne sçay pas quel est cet homme qui a parlé « ainsi). D'ailleurs le père achève sa théologie; il ne con« vient pas, pour quelques mois de séjour à la Flesche, de « chagriner votre provincial qui l'y a envoyé. Si, dans la « suitte, je puys luy estre bon à quelque chose, je tascheray « de le servir avec ardeur; c'est de quoy vous pouvez l'as« surer. »

« Par cette lettre vous voyés, mon révérend père, quelles sont mes diligences pour vostre service, et combien je suis porté à vous faire plaisir. Le R. P. Daubenton fera ce qu'il promet, n'en doutez pas. C'est un homme fort judicieux, qui ne peut souffrir qu'on pousse un homme pour quelques fautes qui peuvent luy estre échappées. Je croy que, sur la lettre que j'ay l'honneur de vous écrire, votre révérence fera bien de lui en écrire une pour le remercier de sa bonne volonté et luy demander sa protection. Car, entre nous, de la manière dont je vois que les choses vont à Rome, cela va quelquefois plus loin qu'on ne voudroit. Les objets les plus petits, quoyque éloignés, s'y grossissent fort souvent; j'espère cependant qu'il n'en arrivera rien de plus fascheux à votre révérence. Je la prie de m'écrire ce qui se passera sur cela, et de croire que j'auray un soin particulier de ce qui la regardera. Si vous écrivés au P. Daubenton, taschez de faire une lettre honneste qui n'ait aucune aigreur contre le père provincial. Contentez-vous seulement de justifier doucement vostre conduite, et de parler toujours avec beaucoup de soumission; car le P. Daubenton ne manquera de lire vostre lettre à nostre père, qui se faira un plaisir de voir de vostre part une justification douce et honneste. »

Le P. Deschamps ajoute quelques détails sur la manière dont il passe sa vie en Italie, et il montre des sentiments tout français, ce qui fait voir que dans la société même de Jésus il y avait des membres en qui l'esprit de corps et l'absolue obéissance à un chef étranger n'avaient point étouffé la conscience de la patrie.

« Je suis icy dans un lieu où l'on respire la sainteté, par rapport à la sainte maison de la Vierge qu'on y possède, mais où il est aisé de s'ennuyer et de se dégouster, si on ne sçait charmer et son ennuy et son dégoust. On y est parmy les Italiens presque tous ordinairement ennemis des François, et qui n'ont pas plus de joye que quand ils en apprennent les mauvais succès; je n'en excepte pas nos jésuites, qui, dans leur cœur, en sentent une vraye joye, quoyqu'à l'extérieur ils la dissimulent à cause de moi. Outre qu'il n'est pas permis de parler de nouvelles à cause des différentes nations, ils sont bien convaincus que je ne serois pas homme à souffrir qu'ils parlassent désavantageusement de la nation. Nos tristes expéditions d'Italie les rendent tout fiers, et, si les succès de Philippe V en Espagne ne diminuoient leur joye, ils seroient insupportables. On se figure en France une tout autre idée de l'Italie que ce n'est en effet. C'est un pays plus vilain qu'il n'est beau.....

« Adieu, mon cher père, une autre fois davantage. Croyez-moi avec toute la sincérité possible votre, etc.

« DESCHAMPS S. J. »

Il paraît que le P. Daubenton intervint en effet en faveur d'André, et, sans changer la résolution arrêtée de l'envoyer à la Flèche, obtint du moins qu'on l'y laisserait un peu tranquille. D'après le conseil du P. Deschamps, André s'empressa de remercier le P. Daubenton. Cet homme, qui se révoltait si fièrement contre l'injustice, s'adoucit tout à coup dès qu'il entend des paroles d'affection : il se résigne au mal que lui font ses ennemis et remercie avec tendresse du bien qu'on a voulu lui faire.

« Je prie Dieu, écrit-il au P. Daubenton, je prie Dieu, qui sonde les cœurs, de vous découvrir tout le mien et de vous faire sentir toute la douceur qu'il y a à obliger un homme reconnoissant. C'est un plaisir dont il se contente lui-même, et le seul fruit qu'il attend de ses bienfaits. Je le conjure par Jésus-Christ d'ajouter par ma reconnoissance autant de bien que vous m'en avez voulu faire et autant de plaisir que vous avez pris de peine pour me tirer de l'oppression. Il est vrai que j'aurois bien plus de satisfaction à m'acquitter moi-même de ce que je dois à votre révérence, mais l'état où elle est et l'état où je suis me rendent insolvable; j'ai recours à celui qui s'est chargé de payer les dettes des pauvres; je le prie de répondre pour moi parce que je souffre violence. »

Le P. Daubenton envoya de Rome au P. André le billet suivant, plein de bonté et de sagesse.

« A Rome, ce 29 mars 1707.

« Mon révérend père,

« *Pax Christi.*

« Je n'ai pas mérité le remerciement que votre révérence a la bonté de me faire, si ce n'est qu'elle compte pour quelque chose la volonté que j'ai eue de lui rendre service. Je vous conseille, mon révérend père, de vous en tenir à votre dernière lettre, et de passer tranquillement quelques mois qui vous restent de votre théologie. La meilleure apologie est la bonne conduite que je suis assuré que vous tiendrez. Je doute que notre père réponde à votre lettre, qui a paru ici aussi vive qu'elle est spirituelle. Ne pouvant vous servir dans la conjoncture présente, je souhaite de trouver d'autres occasions où je puisse vous mieux marquer l'estime particulière avec laquelle je suis, dans l'union de vos SS. SS., mon révérend père, votre, etc.

« G. DAUBENTON, S. J. »

André répond immédiatement au P. Daubenton : il suivra les conseils qu'on lui donne ; il renonce à l'appel qu'il avait adressé à Rome, il renonce à la philosophie et à la théologie, il renonce même aux mathématiques et aux sciences ; il se propose d'entrer dans la carrière de la prédication. En même temps il écrit à son ami le P. Deschamps pour lui annoncer les mêmes résolutions ; mais le ton de cette dernière lettre n'est pas tout à fait celui d'une résignation absolue : il pardonne à ses ennemis, mais il s'en moque un peu, et, dans son exil de La Flèche, il conserve les sentiments qui l'animaient au collége de Clermont à Paris.

LETTRE AU P. DAUBENTON.

« Mon très-révérend père,

« Je suivrai le conseil que votre révérence me fait l'honneur de me donner ; et, quoique le silence du révérend père général me paroisse encore plus choquant que sa précédente réponse, je ne m'en plaindrai qu'au Seigneur; il sait si j'ai tort; mais, bien loin de lui demander justice, je lui demanderai toujours grâce pour mes accusateurs et pour mes juges. Je ne veux plus défendre mon innocence aux dépens de la leur. J'abandonne mon appel que je croyois être dans les formes, comme mon bon droit que je croyois être incontestable : je sacrifie tout au bien de la paix et à la déférence que je dois à vos conseils. Si mes ennemis en veulent davantage, ils n'ont qu'à parler : je suis prêt, mon révérend père, à tout ce que la raison et l'Évangile me permettront de faire pour leur satisfaction. Désormais je veux bien renoncer à la philosophie et à la théologie, de peur que l'ardeur que je pourrois avoir pour approfondir la nature et la religion ne me suscite encore quelque méchant procez. Je laisse à d'autres l'emploi d'écrivain, où, dans la mauvaise réputation que l'on m'a faite, on ne manqueroit pas de chicaner toutes mes syllabes. Je renonce aux mathématiques à cause du rapport naturel qu'elles ont avec ce qu'on appelle la nouvelle philosophie, et plus encore à cause du mauvais penchant qu'elles donnent pour une autre méthode que la scholastique. Enfin, mon révérend père, je suis résolu d'entrer dans la prédication avec l'agrément des supérieurs, et de sacrifier toutes les sciences à la simplicité de la foi. Je ne veux plus savoir que Jésus-Christ ni enseigner autre chose que son amour. C'est, si je ne me trompe, le seul parti qui me reste à prendre dans la compagnie. Si votre révérence juge que mon dessein puisse tourner à la gloire de Dieu, je la prie de m'y aider. Depuis ma disgrâce, je n'ai trouvé de bonté qu'en vous; la douceur de vos lettres m'a consolé des rigueurs de la persécution. Parmi les coups qu'on m'a portés à Rome et de Rome, j'ai trouvé dans votre révérence un asile à mon malheur. Grâces à Dieu par Jésus-Christ, je n'ai pas tout à fait été abandonné à ma foiblesse. Le Seigneur, en m'affligeant, m'a préparé un consolateur et le plus capable d'adoucir mes peines. Je le remercie, mon révérend père, de me l'avoir donné, et votre révérence de l'avoir été.

« Je suis, etc. »

LETTRE AU P. DESCHAMPS.

« Mon révérend père,

« Je suis très-sensible aux bontés que votre révérence me témoigne dans sa lettre, et très-reconnoissant des peines qu'elle a bien voulu prendre pour mes intérêts. Le révérend père assistant m'en a rendu témoignage dans celle qu'il m'a fait l'honneur de m'écrire. Je fais aujourd'hui réponse à ce révérend père pour le remercier du bien qu'il m'a voulu faire en votre considération, et principalement de la promesse qu'il m'a faite d'écrire en ma faveur à notre révérend père provincial. Je n'ai pas jugé à propos de joindre une apologie à mon remercîment : je suis las d'être toujours en posture de criminel. Ajoutez, mon révérend père, que, tandis qu'on ne m'accuse qu'en général, je ne puis me justifier que d'une manière vague, et par conséquent d'une manière inefficace. Cependant j'ai cru devoir répondre à une lettre fort cavalière que l'on m'a écrite au nom du révérend père général. J'ai inséré un mot dans ma réponse pour cet homme officieux qui m'a montré tant de charité à Rome..... Je finis par quelques nouvelles. Nous avons ici le P. Duclos [1], qui y est venu se rétablir d'un mal de poitrine et d'une extinction de voix, qu'il a gagnés, dit-on, en travaillant avec trop d'application à ses Cas de conscience. Nous avons déjà reçu trois lettres de notre révérend père général [2] : la première contre le cartésianisme; la seconde contre les cheveux longs; la troisième, qui commence par *Non sine stupore et indignatione audivimus,* est contre un de nos pères qui avoit avancé en récréation qu'il n'étoit point de foi que l'Église fût infaillible dans les faits non dogmatiques. »

[1] Nul renseignement sur ce père ni dans Moréri ni dans les *Mémoires de Trévoux* ni ailleurs.

[2] Tamburini.

### II. André à la Flèche, année 1707 et 1708.

Voilà donc le P. André établi, au commencement de l'année 1707, dans ce même collége de la Flèche qui avait servi de berceau à Descartes, et qui servait maintenant de lieu d'exil à un de ses derniers disciples. C'est dans cette situation que nous le montre la première correspondance. Il y cultive en paix ses études et ses amitiés de Paris. Dans trois lettres à Malebranche, du 12 février, du 9 mars et du 30 avril 1707, il lui rend compte des lettres qu'il a reçues d'Italie, et de celles qu'il a écrites, de l'éloge qu'il y a fait de Descartes et de Malebranche, des petites conquêtes qu'il ménage autour de lui à la philosophie, ici dans un jeune jésuite de la Flèche, appelé de La Pillonière, là dans une demoiselle de la Pidoussière, « jeune personne, dit le P. André, fort sage et fort spirituelle, qui, depuis cinq ou six ans, n'a de goût que pour l'Évangile et la recherche de la vérité, » enfin de la résolution qu'il a prise de se livrer à la prédication, comme il l'avait annoncé au père Daubenton ; et il paraît qu'il avait commencé à exécuter cette résolution, si on en juge par le volume de sermons inédits trouvés parmi ses papiers [1].

A MON RÉVÉREND PÈRE LE TRÈS-RÉVÉREND P. MALEBRANCHE, PRÊTRE DE L'ORATOIRE, RUE SAINT-HONORÉ, A PARIS.

« Mon très-révérend père,

« La bonté que vous ne vous lassez point de me témoigner m'oblige à vous faire une confidence que je ne ferois à nul autre. J'ai reçu depuis peu trois lettres d'Italie, deux de Rome et une de Lorette, qui m'ont mis dans la nécessité

[1] Voyez plus haut, p. iv.

d'écrire à notre révérend père général, pour me justifier des nouveautéz prétendues dangereuses dont vous sçavez que l'on veut bien m'accuser. Mais, comme les accusations n'ont été jusqu'ici que générales, ma défense l'a été de même, à un article près, qui regarde l'estime que j'ay toujours marquée pour deux célèbres auteurs, et qui de tous mes crimes est le seul que j'avoue : je n'ay pas cru que la vérité m'obligeât encore de parler, ni que la justice me permît de me taire. Je vous envoie, mon révérend père, cet article de ma lettre [1], et vous prie de me dire ce que vous en pensez, afin que je sache, à l'avenir, la conduite que je dois tenir à cet égard. Après avoir montré, par le silence affecté de mes juges et par les défaites de mes accusateurs, qu'on ne peut avec sujet m'imputer de nouvelles opinions, je continue de cette sorte :

« At certe, inquiunt, magnam de Cartesio, magnam de « Malebrancio opinionem habes. At, R^de adm. pater, quo in « Europæ angulo nova æstimari hæc opinio potest? Quis « eam nescit tam antiquam esse quam libros autorum illo- « rum, tam communem quam viros eruditos? Sed quoniam « huc demum recidit tota accusatorum meorum criminatio, « ac proinde totum meum crimen, videamus, quæso, qui- « nam homines illi sint, quos aliquanti facere tantum est « scelus.

« 1°. Autores sunt ita catholici, ut Cartesius quidem in « Batavia degens a ministris calvinianis pro dissimulato je- « suita haberetur; Malebrancius autem contra Arnaldum « aliosque jansenistas multa scientiæ mediæ evidenter fa- « ventia de gratia et libertate conscripserit. Ergo illos lau- « dare nec suspectum apud nos videri debuit, nec invi- « diosum.

« 2°. Ita docti sunt, tantumque luminis in omnes discipli- « nas intulerunt, ut constet apud Europæ totius eruditos

[1] La lettre latine du 29 septembre 1706 que nous avons supprimée.

« per methodum Cartesii, quam perfecit Malebrancius, intra « annos sexaginta plures inventas esse veritates, saltem in « physicis ac mathematicis, quam per antiquam methodum « intra duo annorum millia. Quid ergo periculi videtur esse, « si de illis bene sentiendo toti Europæ non dissentias?

« 3°. Quis dicat in cæteris etiam disciplinis tantam eos « famam apud philosophos, non dico istos vulgares, sed ma- « thematicos, gratis et sine ullo veritatis auxilio comparasse? « Imo quis tam hospes in philosophia est, qui multa ab ipsis « ingeniose et vere inventa esse nesciat? Ita, R^de^ adm. pater, « si qua apud illos autores falsa ac nova reperiuntur, multa « apud eosdem vera atque adeo multa antiqua sunt. Non « ergo scelus videtur homines eruditis omnibus approbatos, « ab Ecclesia adhuc indemnatos, alicujus pretii æstimare; et « si quid in eorum libris veri affulgeat, non autoribus, sed « veritati injuriam facit, qui verum illud, quia fortasse cum « falsis mistum est, recusat agnoscere. Nemo igitur eo dun- « taxat nomine reus fieri potest, quia cum domino Descartes « aut cum patre Malebranche aliquas habet communes sen- « tentias, sed tantum, si forte communes defendat errores. « Hoc erat, R^de^ adm. P. quod de me accusatores meos osten- « dere oportebat. »

« Vous voyez, mon révérend père, que je n'ai rien voulu dire dont l'envie même et la médisance ne puissent tomber d'accord. Mais je vous avoue que j'ai eu bien de la peine à me tenir dans ces bornes, et à m'empêcher de donner un article tout entier au mérite de l'un de ces auteurs et à la reconnoissance que je dois à ses bontez. Il a fallu pourtant me faire violence, de peur que, si une fois j'eusse entamé la matière, mon zèle n'oubliât les lois de la prudence, pour n'écouter que celles de la justice. C'est pourquoi j'ai suivi la règle *noli esse nimium justus,* et je suis persuadé que j'ai eu plus de peine à faire cette faute, que vous n'en aurez à me la pardonner. Je vous prie, mon révérend père, d'être aussi persuadé que, si je vous ai peu distingué dans ma lettre, je vous distingue infiniment dans mon estime et que je suis, avec toute celle qu'on peut avoir,

« Mon très-révérend père,

« Votre très-humble et très-obéissant serviteur,

« A la Flèche, ce 12 février 1707.

« ANDRÉ,

« de la compagnie de Jésus. »

A MON RÉVÉREND PÈRE, LE R. P. MALEBRANCHE, PRÊTRE DE L'ORATOIRE, RUE SAINT-HONORÉ, A PARIS.

« Mon très-révérend père,

« La vérité vient de faire ici une conquête qui tient du miracle. Un de nos jeunes pères, d'un esprit et d'une vertu rares, avait eu le malheur de tomber, au commencement de sa théologie, entre les mains d'un certain savant, le plus entêté anti-cartésien qui fut jamais. Les leçons d'un si bon maître l'avoient tellement prévenu contre la raison, qu'il la regardoit comme l'ennemie mortelle de la foi. De là vous pouvez juger quelle opinion il avoit de vos écrits. Il y voyoit clairement établies toutes les erreurs que vous y combattez; et, parce que saint Augustin est manifestement des nôtres, il auroit juré, sur la foi de son maître, que l'on prête à ce Père tous les ouvrages qu'on lui attribue. Ce n'est pas tout, mon révérend père : il avoit commencé un grand poëme françois [1], dont vous étiez le héros à contre-sens, afin, disoit-il, de désabuser agréablement le monde des erreurs prétendues où l'agrément de vos livres l'avoit précipité. Mais enfin, ayant

[1] Parmi des papiers achetés à la vente de M. Milon, ancien professeur de philosophie à la Faculté des Lettres, je trouve une *Épître au R. P. Malebranche,* avec cette note : *Discours satirique à l'auteur de la Recherche de la Vérité, par le P. Pillonière, jésuite.* Dans cette épître, au-dessous du médiocre, l'auteur vante beaucoup Malebranche. Est-ce admiration sincère? Est-ce persiflage? est-ce de La Pillonière avant ou après sa conversion au malebranchisme? C'est ce qui n'est pas bien clair, et ne vaut pas la peine d'être examiné. La pièce commence ainsi :

« *J'en suis, cher Malebranche, à ton dernier volume,* etc. »

entrepris de me convertir, il s'est converti lui-même. Il a relû vos livres pour réfuter mes préjugés, et, moyennant quelques explications que je lui en ai données, il s'est insensiblement défait des siens; si bien, mon révérend père, qu'il me déclara hier qu'il rendoit ses armes à la force invincible de vos raisons. Je ne pus d'abord me résoudre à croire qu'il parlât sérieusement; mais il abjura ses erreurs en termes si clairs et si forts, il m'en marqua la source avec tant de justesse et de précision, il se condamna lui-même et vous fit réparation d'honneur avec tant de franchise et de générosité, que je vis bien que la vérité lui avoit parlé. Quelle fut ma joie, mon révérend père, je vous le laisse à penser. Tout ce que j'en puis dire, c'est qu'elle fut égale à l'estime que vous savez que j'ai pour vous, et au désir extrême que j'ai toujours eu qu'on vous rendît justice. Faites-moi, je vous supplie, celle de me croire, avec tout le respect et tout le dévouement possible,

« Mon révérend père,

« Votre très-humble et très-obéissant serviteur,

« A la Flèche, ce 9 mars 1709.

André,

« de la compagnie de Jésus. »

Le jeune jésuite de la Flèche, converti par le P. André au cartésianisme, s'appelait de La Pillonière. Nous trouvons dans notre recueil deux lettres adressées par lui au P. Malebranche, l'une du 2 avril 1707, l'autre du 8 mai de la même année, et qui font voir combien le cartésianisme était redoutable au jésuitisme, puisque La Pillonière, en devenant cartésien, pense à cesser d'être jésuite le plus tôt qu'il le pourra.

« Quand pourrai-je, écrit-il à Malebranche, me former l'esprit et le cœur auprès de vous, et prendre des leçons de christianisme, de raison et de politesse? J'attends avec bien de l'impatience l'honneur de vous embrasser. J'espère que ce sera bientôt : car je pense à me tirer des mains du pédantisme, avec qui depuis longtemps je ne m'accommode pas, et avec qui je ne vois pas de jour à m'accommoder. Je crois que le père André feroit fort bien d'y penser aussi : il est dans une situation un peu meilleure que moi, mais bien souffrante et bien gênée. Je le connois depuis longtemps, mais il en vaut la moitié mieux d'avoir passé par vos mains. Qu'on est heureux de si bien tomber ! »

Qu'est devenu ce La Pillonière? Est-ce l'auteur d'une traduction fort médiocre de la *République* de Platon, imprimée à Londres en 1726, in-4°, et très-inférieure à celle d'un autre savant et estimable jésuite, le P. Grou? C'est une recherche que nous abandonnons volontiers pour revenir à la correspondance du P. André et du P. Malebranche.

A MON RÉVÉREND PÈRE, LE TRÈS-RÉVÉREND P. MALEBRANCHE, PRÊTRE DE L'ORATOIRE, RUE SAINT-HONORÉ, A PARIS.

« Mon très-révérend père,

« J'ay sans doute plus de peine à me justifier à mes yeux d'avoir été si longtemps sans vous écrire, que je n'en aurai à me justifier aux vôtres. La bonté que vous avez pour moi me pardonne aisément tout ; mais l'attachement que j'ai pour vous ne me pardonne rien. Voici néanmoins les raisons qui, depuis deux mois, autorisent en quelque sorte ma négligence. J'ay attendu près de six semaines que vous me fissiez l'honneur de répondre à la lettre où je vous mandois la conversion d'un de mes amis. Ensuite j'ay bien pris pour réponse les compliments dont vous m'honoriez dans celle que vous lui avez écrite : mais j'ay eu une mission de quinze jours à préparer et à faire, qui m'a fait passer, pour la première fois, des journées entières sans penser à vous, excepté à l'autel, où je ne vous oubliai ni ne vous oublierai jamais. A mon retour, j'ay reçu une lettre de Rome sur mon affaire; c'est du R. P. Daubenton, autrefois confesseur du roi d'Espagne, et présentement ce qu'on appelle chez nous assistant de France. Il paroît, par sa lettre, que N. P. général lui a montré la mienne, aussi bien qu'à plusieurs autres, et qu'ils sont tous assez embarrassez à trouver que me répondre. Voici ses propres termes, que je ne vous écrirois pas, s'il étoit possible d'avoir la moindre vanité quand on vous a devant les yeux. *Je doute,* me dit-il, après quelques compliments, *je doute que notre père réponde à votre lettre, qui a paru ici aussi vive qu'elle est spirituelle.* Voilà, mon révérend père, où en est mon affaire. On m'oblige de parler; je parle, et l'on refuse de me répondre. Je bénis Dieu de tout; mais néanmoins pensez-vous qu'il soit de sa gloire que je sois toujours réduit à souffrir pour la vérité, sans pouvoir jamais agir pour elle? Ce n'est pas que la persécution ait encore lassé ma patience. Je souffre moins du présent que de l'avenir. Mais, ayant jusqu'ici tâché de me rendre capable de servir la bonne cause autrement que par mon silence, c'est une pensée bien chagrinante de prévoir qu'on m'arrêtera dans tout ce que je voudrai faire pour elle. Je vous prie, mon révérend père, de me dire en ami, s'il m'est permis d'user de ce terme, mais en ami chrétien, ce que vous me conseilleriez dans la circonstance où je me trouve. Je ne puis enseigner dans la société ni théologie, ni philosophie : le peu de connoissance que j'ai de la vérité m'y rend inhabile. Je ne sçaurois non plus rentrer dans les humanitez : les idées dont on s'y occupe sont désormais trop profanes pour une imagination que vos livres ont rendue chrétienne. Je ne puis pas aussi me charger du soin de nos affaires temporelles : elles répandent un homme trop au dehors. L'emploi d'écrivain m'accommoderoit assez; mais, à moins que je n'entreprisse quelque belle et grande compilation, nos gens ne s'en accommoderoient pas. Il n'y a donc plus de salut pour moi que dans la prédication; mais, si une fois je m'y engage, adieu pour longtemps et la philosophie et tous mes beaux projets. Cependant, mon révérend père, je vous avoue que ce métier ne me déplairoit pas. On y rend de grands services à Dieu et au prochain; on y coopère avec Jésus-Christ au grand dessein du temple éternel; et j'ay même imaginé une manière de prêcher, où je pourrai, sans choquer personne, enseigner ce que notre théologie a de plus sensible et de plus incontestable, et ce qu'elle peut fournir de plus pathétique, et principalement toutes les grandes idées qu'elle nous donne de Jésus-Christ. Mais, d'un autre côté, je n'ai ni apparence ni fonds, excepté peut-être un peu de voix, assez de force, un grand amour pour le travail et quelque usage dans la composition. Enfin, mon révérend père, que sçai-je, si Dieu me veut davantage dans un pays où la vérité est si fort persécutée, et où je ne puis guère espérer de calme après la tempête? Encore une fois, mon révérend père, je vous prie de me donner quelque ouverture sur le parti que j'ay à prendre dans la présente conjoncture, et de n'avoir en vue, à votre ordinaire, que mon salut et l'intérêt de la vérité. Je l'ai consultée elle-même assez souvent là-dessus; mais elle m'a toujours laissé dans une extrême irrésolution. C'est que la manière dont je l'ai interrogée n'a point mérité de réponse, ou qu'elle veut m'instruire par son principal organe. Parlez donc, mon révérend père, vous êtes tout mon conseil, et je suivrai vos décisions comme autant d'oracles de la sagesse. Rien ne me coûtera, pourvu que Dieu y trouve sa gloire, moi mon salut, et vous, mon révérend père, quelque satisfaction. J'ay encore une grâce à vous demander : c'est d'avoir quelques bontés pour deux jeunes messieurs, autrefois mes disciples, et maintenant mes amis, qui ont pris la liberté de vous aller voir, et pour un troisième qui ne tardera pas beaucoup à le faire. Ils ont tous trois de l'esprit et du naturel. Mais je vous recommande, entre autres, le petit-neveu du grand Descartes,

M. de Rosnyvinen. Je n'ay guère vu tant de sagesse et tant d'esprit ensemble dans un jeune homme. Je vous demande pour lui, pour moi et pour les deux autres, un peu de part dans l'honneur de votre bienveillance. Je suis, avec une estime et un respect indicibles,

« Mon très-révérend père,

« Votre très-humble et très-obéissant serviteur,

« A la Flèche, ce 30 avril 1707.

« André,

« de la compagnie de Jésus. »

« Mon adresse, pour cette fois, sera, si vous le jugez à propos, au P. Malbran, jésuite, aux pensionnaires de la Flèche, ou bien à mademoiselle de la Pidoussière; c'est une jeune personne fort sage et fort spirituelle, qui, depuis cinq ou six ans, n'a de goût que pour l'Évangile et pour la recherche de la vérité. Elle vous estime infiniment, et avec connaissance de cause; mais je ne la vois que deux fois en six mois, *propter metum judæorum.* »

La première correspondance ne nous a fourni que ces trois lettres de l'année 1707; puis elle s'interrompt, et ne recommence qu'en 1713 par une lettre datée de Rouen, où André était chargé de l'enseignement de la philosophie. Que s'était-il passé dans cet intervalle? Les sentiments d'André n'avaient point changé : on le voit par cette même lettre de 1713, adressée à Malebranche; mais avait-il su les contenir? la persécution s'était-elle ralentie, ou s'était-elle appesantie sur lui? était-il resté longtemps à la Flèche avant d'être envoyé à Rouen? La notice de l'abbé Guyot ne nous donne aucunes lumières à cet égard. Mais nos nouveaux papiers nous en fournissent d'abondantes à la fois et de bien tristes : ils nous montrent le P. André fidèle à Descartes et à Malebranche, et la société fidèle aussi à l'inimitié qu'elle leur a vouée. Après l'avoir envoyé de Paris à la Flèche, on le relègue de ce collége important dans l'obscur collége d'Hesdin en Artois; de là il passe à Amiens, et d'Amiens à Rouen. Pour être juste, il faut dire que sa circonspection n'était pas toujours très-grande, et qu'il dissimulait assez mal le sentiment des injustices dont on l'accablait. Ainsi, d'après les trois lettres écrites à Malebranche qu'on vient de lire, il semble que, dans les premiers mois de l'année 1707, il était assez tranquille à la Flèche. Tout à coup il apprend que, parmi les membres du conseil du père provincial, qui, en 1706, avaient été d'avis [1] de l'envoyer de Paris à la Flèche, se trouvait un homme qui lui avait autrefois témoigné beaucoup d'amitié et qui, dans cette occasion, se serait tourné contre lui. André s'anime à cette idée et lui écrit pour lui demander une explication. Ce père jésuite, si sévère envers André, s'appelait Hervé Guymond, homme alors considérable dans sa compagnie, et qui joignait à des vertus réelles très-peu de lumières et un zèle outré [2].

[1] D'après la constitution de la société, comme il y avait à Rome, auprès du général, des représentants des diverses nations sous le nom d'*assistants,* de même, au centre de chaque province, il y avait auprès du père provincial des conseillers, *consultores;* dont il devait prendre l'avis dans toute question importante. *Regulæ societatis Jesu, Romæ, in Collegio ejusdem societatis,* 1582, p. 27. « Regulæ provincialis. *Consultores quatuor habebit a generali designatos in iis locis ubi frequentius residet, quoad fieri poterit, cum quibus res graviores communicabit..... quorum unus ab eodem generali constitutus erit ejus admonitor et socius.* »

[2] Extrait des manuscrits de M. de Quens. « Le P. Guimon (*sic*), d'Orléans, avoit été le maître des novices du P. André, qui en parloit avec grande estime..... d'une singulière piété; très-austère dans sa vie; il en perdit le bout du nez, n'ayant pas voulu se chauffer dans un hiver très-rude.... avoit professé la théologie à Paris; penchoit vers le thomisme, persuadé que, dans l'autre système, on donnoit trop à la prévision et trop peu à la prémotion, ce qui ne plut pas trop à la compagnie : on

« J'ai su depuis peu, lui écrit André, que le procès qu'on me fit l'année dernière avoit passé à la consulte de la province, et que votre révérence a été un des juges qui m'ont condamné. Tandis que je n'en ai eu que des soupçons, je me suis tu, quelque bien fondés qu'ils me parussent; maintenant que j'en ai des preuves certaines, je vous prie, mon révérend père, de me tirer de peine sur une chose que l'on ne m'a jamais voulu bien éclaircir. De quoi est-ce que j'ai été accusé, et sur quoi m'avez-vous condamné? Il est assez étrange que j'aie été si rigoureusement puni, et que je ne sache pas encore pourquoi; cependant il n'est rien de plus vrai. Je ne sçai pas encore les accusations qui ont été formées contre ma doctrine; je sçai seulement, en général, que l'on m'a fait un grand crime d'un peu de bonne opinion que j'ai toujours eue de M. Descartes et du P. Malebranche; mais, comme je ne crois pas que ce soit là une hérésie ni une nouveauté dangereuse, je ne crois pas non plus que ce soit la seule cause de mon exil. On peut estimer ces auteurs sans suivre leurs opinions. Je ne crois pas qu'il y ait en France un homme assez stupide pour ne point convenir qu'il s'y en trouve de fort raisonnables. D'ailleurs, mon révérend père, mes accusateurs sont trop habiles pour m'avoir accusé seulement en général, et mes juges trop équitables pour m'avoir condamné sur une accusation si peu sensée. Sans doute on aura marqué en détail mes erreurs, cité mes propositions et cité contre moi les faits les plus circonstanciés; c'est ce que la charité m'oblige de croire : mais, mon révérend père, au

lui ôta la régence de théologie. Envoyé à Nantes, il y fut de grande édification dans les retraites..... appelé à Caen par M. de Nesmond, évêque, il rétablit le calme dans une communauté de religieuses qui avoit éprouvé quelques troubles par rapport à leurs directeurs..... étant vieux, à la Flèche, à l'hôtel des invalides, fait un voyage à pied, et s'asseoit dans le chemin sans pouvoir marcher. Un homme charitable le rapporte sur ses épaules avec grande peine : Eh! mon père, lui dit-il, ne vaudroit-il pas bien mieux vous faire porter par une bête que par un homme? »

nom de la même charité, faites-moi la grâce de me dire quelles sont ces erreurs, ces propositions et ces faits. J'ai eu beau, jusqu'ici, prier mes juges et défier mes accusateurs de me convaincre de la moindre faute en matière d'opinion, les uns et les autres ne m'ont répondu que par un grand silence ou par des discours vagues ou généraux. Je vois bien ce que c'est : mes accusateurs ne se soucient pas que je me corrige, et mes juges ne veulent point que je me justifie. En cela, mon révérend père, j'ai toujours excepté votre révérence ; je crois seulement que l'autorité de mes accusateurs, dont je sais que deux ont aussi été de mes juges, vous auront arraché ma condamnation, et que le mot de *nouveautés*, prononcé avec force par d'aussi bons connoisseurs que le P. F. et le P. M. (*sic*), vous aura tellement effrayé, que le péril de la compagnie vous aura paru trop pressant pour examiner s'il étoit réel. Je suis même persuadé que vous avez cru rendre service à Dieu en me condamnant, et je le prie de tout mon cœur de vous en tenir compte, aussi bien que des anathèmes qu'on m'a rapporté que le zèle vous a fait prononcer contre moi, un peu après ma condamnation. Vos intentions étoient saintes, cela me suffit. Et, d'ailleurs, mon révérend père, je suis plus sensible au bien qu'au mal qu'on me fait. Je me souviendrai toujours avec reconnoissance de toutes les bontés que vous m'avez autrefois témoignées. Je crois même que les calomnies de mes accusateurs, en m'ôtant votre estime, ne m'ont point tout à fait ôté votre amitié. C'est dans cette persuasion que je m'adresse à vous, mon révérend père, pour vous demander le détail des crimes dont on m'a chargé à votre consulte provinciale, et sur lesquels vous avez conclu mon exil. Si le révérend père provincial a mieux aimé me faire excuse de m'avoir maltraité que de me donner là-dessus l'éclaircissement que je me suis cru obligé de lui demander, je serois bien fâché que mes autres juges fissent de même ; ce seroit m'ôter le moyen de me corriger, si j'ai tort, et de me justifier, si j'ai raison. Je prie votre révérence d'en user à mon égard avec plus de droiture, et de me déclarer, en détail, de quoi il faut que je me corrige ou que je me justifie. Ce sera mettre le comble aux obligations que je vous ai. Je suis avec respect, etc. »

A cette récrimination assez inutile et médiocrement prudente, le R. P. Guymond ne répond ni oui ni non sur la part qu'il aurait prise à la disgrâce d'André, mais il lui rappelle le précepte de l'humilité et surtout celui de l'absolue obéissance. Il ne lui cache pas le tort qu'on lui impute, à savoir, son inclination pour la nouvelle doctrine; il lui déclare que la société a résolu de ne point souffrir cette doctrine : elle veut non-seulement qu'on ne la loue pas, mais qu'on la combatte. Le cartésianisme est aujourd'hui aux yeux de la société ce qu'était le calvinisme avant le concile de Trente; de sorte que dire qu'on estime Descartes et qu'il a des opinions raisonnables, c'est dire qu'on a de l'estime pour Calvin, que Calvin a des opinions raisonnables. Cette lettre peint si bien, avec la bonhomie du P. Guymond, l'entreprise de la compagnie, que nous la rapporterons tout entière.

« A Paris, ce 9 juillet 1707.

« Mon révérend père,

« *Pax Christi.*

« Je suis bien aise que votre révérence ait voulu s'adresser à moy en ce qui la regarde; elle sçait que j'ai eu de l'amitié pour elle, et je l'assure que j'en ay encore plus que jamais. C'est dans un sentiment de l'amitié la plus sincère que je luy diray tout ce que je pense, et je la prie de le recevoir du même cœur que je le dis.

« Il me paroist, mon cher père, que vous avez l'esprit un peu aigri. Vous parlez d'accusateurs, de juges, de condamnations, d'exil. Entre ces accusateurs que vous trouvez si injustes vous mettez deux personnes assurément des plus sages et des plus vertueuses. Vous dites aussi que le R. P. provincial vous a fait des excuses de vous avoir maltraité; tout cela est-il de ce divin maistre qui nous dit : *Prenez de moy que je suis doux et humble de cœur?* De plus, à prendre au fond le sujet de votre chagrin, il ne s'agit que d'un changement de collége. Hé quoi! faut-il tant de mystère pour vous envoyer d'un lieu dans un autre? où est cette volonté toujours preste à obéir en tout ce qui n'est point péché? où est, comme parle saint Ignace, le baston du vieillard? où en sont les (supérieurs), si, à chaque disposition, il faut rendre tant de raisons et entendre tant de justifications? Il suffit que les pensionnaires ne soient pas contents de vos soins envers les enfants ni de la manière de les conduire.

« Vous direz que c'est encore une autre cause qui vous fait de la peine, savoir l'attachement qu'on croit que vous avez à ces deux auteurs, Descartes et Malebranche. Ce point est de conséquence, et c'est sur quoy il faut tâcher, avec la grâce de Dieu, de vous persuader que vous avez tort plus que vous ne pensez, et que vous n'avez point sujet de vous plaindre.

« Premièrement, il est certain que très-souvent, en pleine récréation, devant tous les préfets, vous avez fait leur éloge, que vous avez soutenu avec chaleur plusieurs de leurs sentiments; que vous avez parlé avec mépris d'Aristote et des théologiens qui le suivent avec saint Thomas; que tous ceux qui n'admirent pas ces gens-là vous font pitié, et qu'ils n'ont, à vous entendre, point d'esprit en comparaison des autres; que vous avez donné à plusieurs escholiers tant de dégoust de leurs écrits qu'ils ne daignoient les lire et les étudier. Ces faits-là sont notoires, et tous les préfets avec d'autres pères âgez en donnent témoignage. Ce bruit et cette réputation ne suffist-elle pas à un supérieur pour éloigner un homme, et pour montrer qu'on ne veut pas souffrir chez nous cette nouvelle doctrine?

« En second lieu, si vous prenez garde à la lettre que vous m'écrivez pour vous justifier, vous verrez vous-même qu'elle vous condamne. Vous avouez *que, de tout temps, vous avez eu de l'estime pour ces deux auteurs, que leur doctrine n'est point une hérésie et une nouveauté dangereuse, qu'il n'y a point d'homme en France assez stupide pour ne pas convenir que parmi leurs opinions il y en ait de fort raisonnables*. Ce langage m'étonne extrêmement; car la vérité est que cette doctrine est en toute sa substance opposée à la bonne théologie, et même en plusieurs articles à la foy. Vous savez qu'elle a été réprouvée à Rome, par M. de Paris et par quelques universitez. Vous ne pouvez ignorer que le père général et les supérieurs la défendent, que la compagnie prétend non-seulement qu'on ne l'approuve point, mais encore qu'on la combatte, ainsi qu'on combattoit celle de Calvin avant le concile. Après cela, mon cher père, comment vous séparez-vous du sentiment de Rome, de tous les théologiens bons catholiques et de notre compagnie? Comprenez, je vous prie, que dire que vous les estimez et qu'ils ont des opinions bien raisonnables, c'est comme qui diroit : J'ay de l'estime pour Calvin, et il a des opinions très-raisonnables.

« Au reste l'affaire est sérieuse; car on est résolu de ne point souffrir dans la compagnie, non-seulement ceux qui suivent ces auteurs ou qui les louent, mais ceux qui ne les blâment pas et qui n'ont pas de zèle contre leur doctrine. C'est pourquoy, je vous prie, mon cher père, désabusez-vous, et reconnoissez que vous avez eu grand tort de louer ces gens-là, et de passer pour un de leurs disciples. Si j'étois à votre place, je dirois au révérend père recteur et j'écrirois au révérend père provincial : Il est vray que j'ay eu de l'estime pour Descartes et pour Malebranche, et que je n'ay point cru leur doctrine dangereuse; mais, puisque la compagnie les condamne, je vois maintenant que je me suis trompé; j'ai eu tort de les louer et j'en demande pardon à votre révérence et à tous nos pères. Je proteste que, loin de les approuver maintenant, je les regarde comme des auteurs très-dangereux dans la religion et très-contraires à la bonne théologie.

« Faites, je vous prie, réflexion que je vous parle avec une vraye amitié, et que ce que j'ay l'honneur de vous dire ne peut avoir qu'un très-bon effet et devant Dieu et devant les hommes. Certainement le sujet que vous avez donné de croire que vous étiez sectateur de ces nouveaux philosophes, demande une rétractation. Je prie le Seigneur et sa sainte mère de vous inspirer ces sentiments; je le souhaite du même cœur dont je suis, dans l'union de vos SS. SS., votre, etc.

« HERVÉ GUYMOND, S. J. »

En recevant cette lettre si naïvement intolérante, et où la bonhomie le dispute au fanatisme, le P. André dut comprendre toute la gravité, tout le danger même de sa situation. Il reconnut qu'il y avait un parti pris, contre lequel se briseraient tous les raisonnements. Comment éclairer un pareil aveuglement, et donner un peu de raison à l'esprit de parti, surtout à l'esprit de corps, si opiniâtre et si ardent, parce qu'il se compose et se nourrit de toute la vivacité de l'intérêt personnel fortifié de la noble apparence de l'intérêt général? Devant de tels adversaires, quand ils ont en main la puissance, ce qu'il y a de mieux à faire est de mépriser intérieurement et de se taire. C'est ce que fit pendant un an le P. André; mais, quand on a de la grandeur et de la force dans l'âme, on ne se résigne pas longtemps à une sagesse qui ressemble à la pusillanimité; quand on croit à la vérité et quand on l'aime, on la préfère à soi et on se risque un peu pour elle. Bientôt donc le sentiment de la justice surmonta la prudence dans le généreux et intrépide jésuite, et, le 15 juillet 1708, après un an d'efforts sur lui-même pour retenir son indignation, il la laisse éclater, et, au lieu de la rétractation qu'on lui demande, il adresse au P. Guymond une apologie régulière et complète du cartésianisme, au point de vue religieux et chrétien. Cette apologie, écrite il y a un siècle et demi par un jésuite, a prévenu celle qu'ont entreprise le cardinal Gerdil (*Opere edite ed inedite del cardinale Gerdil*, in Roma, 1806, passim) et M. l'abbé Eymery, supérieur de Saint-Sulpice, au commencement du XIX^e^ siècle (*Pensées de Descartes sur la religion et la morale, Discours préliminaire*, Paris, 1811). Aujourd'hui encore elle est malheureusement de mise et pourrait être adressée aux mêmes personnes : il n'y a guère à changer que les noms propres.

« 15 juillet 1708.

« Mon très-révérend père,

« Vous serez sans doute surpris que je m'avise aussi tard de répondre à la lettre que vous me fites l'honneur de m'écrire l'année dernière. Plusieurs raisons très-fortes m'en ont empêché jusqu'ici; mais, après avoir tout examiné, j'ai cru que la justice et la charité ne me permettoient plus de me taire. Je ne veux point que ma conscience ait davantage à me reprocher que je souffre sans réponse l'outrage que vous faites, en m'écrivant, à deux auteurs très-catholiques, de les placer au rang des plus infâmes hérésiarques, et que je laisse une personne qui me doit être aussi chère que votre révérence dans une erreur si contraire à la vérité et par conséquent si préjudiciable à son salut. Souffrez donc, mon révérend père, que l'espérance de vous être utile l'emporte sur la crainte de vous déplaire, et que je tâche de vous désabuser au sujet de ces deux illustres calomniés; c'est ce qui ne sera pas fort difficile, pour peu que vous soyez capable d'en juger sans prévention.

« En effet, le préjugé à part, la comparaison que vous faites de leur doctrine avec celle de Calvin est-elle soutenable? Est-il une page dans cet hérésiarque qui ne montre à découvert l'esprit hérétique dont il étoit animé? Et en est-il une dans les auteurs en question qui ne respire un air de catholicité qui ôte aux lecteurs équitables tout sujet de douter de leur religion? Ont-ils jamais fait une démarche ou produit un ouvrage qui n'en soit la preuve?

« Commençons par M. Descartes. Que ce nom, je vous prie, ne vous prévienne point contre mes raisons. Quel attachement ne montre-t-il pas, dans sa Méthode, pour la religion de ses pères? A qui adresse-t-il ses *Méditations métaphysiques*, où l'on prétend trouver tout le venin de sa doctrine? N'est-ce point à l'université la plus catholique de l'Europe, et qui le fit bien voir en cette occasion même, n'ayant accepté la dédicace de ce livre qu'après l'avoir fait examiner par ses plus habiles et plus zélés docteurs? Pouvez-vous ignorer qu'il a soumis ses *Principes* à la censure de l'Église? A-t-il fait un livre, a-t-il presque écrit une lettre qui ne porte des marques évidentes de sa religion? Le pèlerinage qu'il fit à Notre-Dame-de-Lorette est-il d'un hérétique? Vous savez qu'il aima toujours notre compagnie, et que jusqu'à la mort il entretint un commerce de lettres avec les plus saints et les plus savants jésuites de son siècle, et qui apparemment l'eussent bientôt abandonné, si, comme votre révérence, ils l'eussent tenu pour un Calvin. Mais ils avoient trop d'esprit et trop d'équité pour en porter ce jugement. Ils n'avoient garde de réprouver sa doctrine comme opposée à notre sainte foi, tandis que le ministre Voet, à la tête de l'université d'Utrecht, la poursuivoit comme tendant à la ruine entière du calvinisme; tandis que ses sentiments et sa conduite le faisoient regarder en Hollande comme un émissaire du pape et comme un jésuite déguisé; tandis qu'il y étoit persécuté comme un papiste trop hardi à professer sa religion; tandis qu'il écrivoit avec tant de zèle à une princesse calviniste pour justifier la conversion d'un prince de sa maison. Voici un trait de sa lettre qui sera un témoignage éternel de son catholicisme et de la malice de ses calomniateurs : *Tous ceux*, dit-il, *qui sont de la religion dont je suis approuvent son changement; pour ceux qui sont d'une autre créance, s'ils considèrent qu'ils ne seroient pas de la religion dont ils sont, si eux ou leurs pères ou leurs aïeux n'avoient point quitté la romaine, ils n'auroient pas sujet de se moquer ni de nommer inconstants ceux qui quittent la leur*[1]. Après cela, mon révérend père, permettez-moi de le dire, quelle est votre charité de mettre M. Descartes en parallèle avec Calvin? Par quel endroit a-t-il mérité un si indigne traitement? Il a toujours (respecté) l'Église; il y a vécu; il y est mort en paix. Peu de jours avant sa dernière maladie il communia de la main du P. Viogué[2]. M. Chanut, un des hommes les plus sincères et les plus religieux de son temps, a rendu plusieurs témoignages authentiques à la pureté de sa foi et à l'innocence de ses mœurs[3]. La reine Christine a déclaré par écrit de sa main que M. Descartes avoit plus que personne contribué à sa glorieuse conversion[4]. Voilà certainement un Calvin bien différent du premier, un Calvin qui s'applique à étendre la foi de l'Église romaine!

« A l'égard du P. Malebranche, il est encore plus étonnant que vous compariez sa doctrine avec l'hérésie calvinienne. Si vous vous êtes donné la peine de lire ses ouvrages, n'y avez-vous point remarqué un extrême éloignement pour l'esprit de cabale? Quelle piété répandue dans ses livres! Quelle bonne foi! Quelle humilité à confesser son ignorance

[1] Voyez notre édition de Descartes, t. IX, p. 371.

[2] *Vie de Descartes*, par Baillet, II^e part., chap. 22, p. 414.

[3] *Ibid.* Baillet cite des lettres manuscrites de M. Chanut à la princesse Élisabeth et à l'abbé Picot. Nous possédons les premières, que nous publierons peut-être un jour.

[4] *Ibid.*, chap. 23, p. 433.

et à convenir de ses erreurs aussitôt qu'on les lui découvre! Quel amour pour Jésus-Christ! Quel attachement à l'Église! Quel fléau du jansénisme! Peut-on combattre plus solidement le système de M. Arnauld sur la grâce, la prédestination et la liberté? Mais surtout avec quelle charité (faites-y attention, mon révérend père, c'est la marque à laquelle notre aimable maître veut qu'on reconnoisse ses disciples), avec quelle charité il répondit à ses adversaires et à celui même qui l'avoit attaqué avec moins de raison et plus d'insolence [1]! Tout cela est-il d'un Calvin? Je puis vous assurer que sa personne est encore moins hérétique que ses ouvrages. Si vous vouliez en faire l'épreuve, que vous verriez de différence entre le véritable P. Malebranche et le fantôme ridicule que vous combattez! Vous verriez un homme doux, simple, pacifique, droit, ouvert, toujours prêt à rendre raison de sa foi. Vous y trouveriez un modèle de piété, d'abnégation, de prudence et de zèle; je ne dis pas d'un zèle aveugle, amer et turbulent, mais d'un zèle véritablement chrétien, éclairé par la science et adouci par la charité. C'est la justice que lui rendent toutes les personnes qui ont le bonheur de le connaître, et que vous lui rendriez sans doute vous-même, si vous aviez pris la peine d'étudier sa doctrine et sa personne.

« Voilà, mon révérend père, quels sont en effet M. Descartes et le P. Malebranche, bien différents de ce qu'ils sont dans votre imagination. Voilà ces Calvin de nos jours qu'on ne peut estimer sans crime, qu'on ne peut louer sans encourir l'indignation des gens de bien, et dont les sentiments sont si abominables que c'est une hérésie de dire que

[1] Le P. André fait ici probablement allusion à l'écrit du père jésuite Le Valois, caché sous le pseudonyme de Louis de la Ville : *Sentiments de M. Descartes touchant l'essence et les propriétés des corps, opposés à la doctrine de l'Église et conformes aux erreurs de Calvin sur le sujet de l'eucharistie*, par Louis de la Ville, Paris, in-12, 1680. Dans cet ouvrage, ce n'est pas seulement Descartes qui est pris à partie, mais tous les cartésiens et surtout Malebranche.

parmi *leurs opinions* il s'y en trouve *quelques-unes de raisonnables*. Mais encore, puisqu'il vous plaît de les comparer à Calvin, où sont les nouveaux dogmes qu'ils ont avancés, ou les anciens qu'ils ont combattus? En un mot, où sont leurs hérésies? Montrez-m'en une seule dans leurs ouvrages, et je les déclare anathèmes.

« Ils ont des erreurs, j'en conviens; où est l'auteur qui n'en a pas? Peut-être même que de ces erreurs on peut tirer des conséquences fâcheuses pour la foi; mais ils nient ces conséquences, et prétendent qu'elles ne suivent pas de leurs principes. Disons plus : je veux qu'ils raisonnent mal, et que leur prétention soit tout à fait insensée : mais l'Église n'a encore rien décidé contre leur doctrine. Comment donc votre révérence ose-t-elle assurer qu'on la doit combattre comme celle de Calvin, avant le concile? Êtes-vous assez peu instruit dans l'histoire pour ignorer que cet hérésiarque ne fit que donner une nouvelle forme à de vieilles erreurs déjà mille fois condamnées, qu'il n'attendit point les foudres de l'Église pour rompre ouvertement avec elle; que, longtemps avant le concile, il s'étoit retiré à Genève pour y établir le siége de l'anti-papisme? Donc, avant le concile, on pouvoit sans témérité le traiter comme un hérétique. Mais un peu d'équité, mon révérend père; pouvez-vous traiter de la même sorte deux auteurs que la plus grande et la plus saine partie des catholiques tiennent pour orthodoxes; qui n'ont jamais attaqué ni directement ni indirectement aucun article de notre foi; qui ont même tâché, à l'exemple de saint Augustin, de saint Thomas, etc., de trouver de nouvelles raisons pour en appuyer les fondements et pour en éclaircir les mystères; deux auteurs dont l'un est mort dans le sein de l'Église romaine, et dont l'autre y vit encore avec édification?

« Mais enfin, dites-vous, *leur doctrine a été réprouvée à Rome*. Qu'un peu de bonne foi siéroit bien avec un grand zèle! Il semble que vous vouliez parler d'une censure authentique, fulminée contre eux par le pape, et il ne s'agit que de l'*indice*. Je sais que quelques-uns de leurs ouvrages y ont été mis, et pourquoi, et comment. Mais, mon révérend père, pensez-vous qu'il faille combattre la doctrine de tous les auteurs qui sont dans cette liste comme celle de Calvin? Il faut donc dire anathème au P. Langlois [1], au P. Letellier [2], à combien d'autres bons catholiques [3] ! Et, si quelqu'un est assez hardi pour avancer qu'il les *estime*, et que *parmi leurs opinions il y en a de fort raisonnables*, il faudra s'étonner de ce *terrible langage*, et lui faire entendre sérieusement que c'est comme qui diroit : *J'ai de l'estime pour Calvin, et il a des opinions bien raisonnables!* Dites-moi, mon révérend père, quel seroit dans le monde l'effet d'un pareil zèle? N'exciteroit-il point d'abord la risée publique, la pitié ensuite, et enfin l'indignation de tous les honnêtes gens? Et, dans la vérité, qui sera jamais à couvert du reproche d'hérésie, s'il est permis à chaque particulier, sur des conséquences bien ou mal tirées, d'accuser de ces crimes le premier qui s'avisera de contredire ses opinions? thomistes, scotistes, molinistes, nous serons tous hérétiques, et pis encore, s'il plaît au caprice de nos adversaires.

[1] S'agit-il ici du P. Jean-Baptiste Langlois, né à Nevers en 1663, entré dans la société en 1679, et mort en 1706, auteur de quelques écrits assez insignifiants, *la Journée spirituelle à l'usage des villages*, *du Respect humain*, *Histoire des Croisades contre les Albigeois*, 1703, in-12, et des divers ouvrages composés par les jésuites contre l'édition de saint Augustin des bénédictins? Moréri ne dit point qu'aucun de ces écrits ait été mis à l'*index*.

[2] Certainement celui dont il a été question plus haut. Sa *Défense des nouveaux chrétiens et des missionnaires de la Chine, du Japon et des Indes*, Paris, 1687, tant attaquée par Arnauld, fut sauvée à grand'peine d'une condamnation formelle à Rome, et plusieurs fois blâmée. Voyez Moréri, art. *Tellier*.

[3] C'est à peu près la même réponse que fait au P. Ventura (*De methodo philosophandi*, Romæ, 1828, *Dissert. prélim.*, §. 25, p. 1, §. 64) M. l'abbé Gosselin, dans son excellente dissertation : *Fénelon considéré comme métaphysicien*, p. 82, dernier volume des *OEuvres de Fénelon*, édit. de Versailles.

« Au reste, mon révérend père, je ne suis point sectateur aveugle de M. Descartes et du P. Malebranche. Si j'embrasse les vérités qu'ils démontrent, je tâche de suspendre mon jugement sur celles de leurs opinions qui ne sont que vraisemblables, et je suis prêt de combattre les erreurs qu'ils avancent, non pas, je l'avoue, comme des hérésies, mais comme des méprises qui échappent à la foiblesse de l'esprit humain. C'est le nom que la justice m'oblige de leur donner, et que la charité, qui adoucit tout, devroit, ce me semble, vous faire approuver. Vous sçavez que sans cette vertu ni la foi qui transporte les montagnes, ni l'aumône qui rachette les péchés, ni le martyre qui les efface, ne servent de rien pour le salut. Vous sçavez que l'esprit de Jésus-Christ est un esprit de douceur. Est-ce cet esprit, mon révérend père, qui vous a dicté les atroces injures dont vous accablez deux pauvres auteurs qui vous sont assurément inconnus? Croyez-vous que ce zèle soit fort agréable à notre charitable maître? Plût à Dieu que vous ne les eussiez pas encore condamnés! Je vous dirois de sa part : *Nolite condemnare et non condemnabimini*; mais, puisque vous avez déjà porté leur arrêt, souffrez que je vous dise avec lui-même : *Si sciretis quod misericordiam volo et non sacrificium, nunquam condemnassetis innocentes.* Pardonnnez-moi, mon révérend père, ces réflexions en faveur d'une infinité d'autres que je vous épargne; car je pourrois encore vous montrer que, dans votre lettre, vous prêtez à la compagnie des vues qu'elle n'a pas; que les termes que vous reprenez dans la mienne sont les plus soumis et les plus modérés qui soient en usage pour exprimer les choses dont j'avois à parler, que les accusations que vous citez contre moi sont toutes fausses ou ridicules, que la formule de rétractation que vous m'envoyez est tout à fait contraire à la charité, etc. Mais, parce que je crains de blesser cette vertu en plaidant pour elle, je m'abandonne volontiers pour ne songer qu'à votre salut. Peut-être ce zèle ne me convient pas : mais, quand il s'agit de l'intérêt éternel d'un père, doit-on s'arrêter à des bienséances dont l'observation y mettroit obstacle? Je prie donc votre révérence, au nom de notre Sauveur et de votre salut, d'examiner si le jugement injurieux qu'elle a porté jusqu'ici de M. D. et du P. M. n'y pourra point préjudicier, et si ce défaut de charité n'y rend point inutile ce martyre continuel dans lequel vous vivez. Je suis avec respect, etc. »

On croit peut-être que, pour répondre à une pareille lettre, où toutes les accusations faites au cartésianisme sont réfutées avec tant de force, le P. Guymond va faire quelques frais d'esprit, et rassembler au moins quelques arguments plus ou moins plausibles. Nullement; il se borne, dans un très-court billet du 31 juillet 1708, à répéter ce qu'il a déjà dit :

« La doctrine de Descartes et de Malebranche est condamnée dans la compagnie, et on la trouve mauvaise dans ses principes et dans ses conclusions. Si vous me croyez, vous abandonnerez ces deux auteurs, et ne vous attacherez qu'à ceux de notre compagnie. Le parti que je vous conseille ne vous peut nuire ni devant Dieu ni devant les hommes; l'autre vous nuira toujours. »

Ces derniers mots étaient prophétiques; car, quelques mois après cette lettre, André est envoyé du collége de la Flèche au petit collége d'Hesdin en Artois, comme régent d'une classe inférieure. Et encore il y est mal vu et tracassé jusque dans les moindres détails de la vie : par exemple, nous rencontrons parmi nos papiers, daté du commencement de 1709, un billet adressé à André par le P. Le Tellier, de recteur devenu provincial avant d'être nommé confesseur du roi, billet où se trouve cette phrase :

« Je fais écrire au révérend père recteur pour qu'il trouve bon que vous ayez des rideaux à vos fenêtres. Pour ce qui est de la porte, je ne sache pas que cela soit d'usage [1]. Il y a d'autres moyens d'empêcher les vents coulis. »

Mais un chagrin tout autrement sérieux attendait à Hesdin le P. André.

### III. André à Hesdin et à Amiens, année 1709, 1710 et 1711.

Il était arrivé à l'époque où, ayant parcouru les grades inférieurs de la compagnie, il devait faire les derniers vœux et devenir profès, ce qui donnait accès aux emplois un peu élevés. Mais la doctrine d'André ne parut point assez sûre au général des jésuites pour l'admettre à faire profession. André s'émut de ce refus; il s'imagina qu'on voulait le chasser de la société; et, pour prévenir cette extrême disgrâce, il se décida à écrire au père général une lettre longue et développée où, recherchant les motifs du refus qui lui est opposé, il n'en trouve qu'un seul, son attachement à la doctrine de Descartes et de Malebranche; sur quoi il déclare que, si ce motif est le vrai, il est insurmontable et l'empêchera à jamais de devenir profès, parce qu'il est bien résolu à ne point trahir sa conscience et à ne point abjurer la doctrine cartésienne. Il pose donc au père général cette alternative, ou de l'admettre à faire ses derniers vœux à présent malgré ses opinions, ou de lui permettre de se retirer librement de la compagnie. Il désire ardemment y rester; mais s'il doit y vivre toujours soupçonné, mal vu, maltraité, il aime mieux en sortir, quoiqu'il soit sans aucune ressource,

[1] Probablement d'après la règle : *Nullus ita cubiculum suum claudat quin aperiri extrinsecus possit*, p. 19. Regulæ communes. Regul. Soc. J.

sans patrimoine, sans asile, incapable de tout excepté de la prière et de l'étude. Cette lettre, écrite en latin, est un modèle à la fois d'humilité et de courage.

Comme une affaire aussi importante que celle de la démission d'un membre de la compagnie devait passer par le conseil provincial, André écrivit à un des membres de ce conseil, qui avait la réputation d'être plus éclairé et plus modéré que ses confrères, une lettre plus détaillée encore que la précédente, pour qu'elle fût mise sous les yeux du conseil. Il s'y explique catégoriquement sur les points de la doctrine de Malebranche qu'il est résolu de ne pas abandonner. Celui qui était alors le plus agité était l'origine des idées. Fidèles à Aristote, les jésuites mettaient dans les sens l'origine de toutes les idées. André, avec Descartes et Malebranche, soutenait la théorie platonicienne qui rapporte à la force de l'entendement toutes les idées générales, seules appelées du nom d'idées; et ces idées ou vérités, que l'entendement humain conçoit mais qu'il ne fait pas, André, comme Platon et comme Malebranche, comme aussi Fénelon et Bossuet, les faisait remonter jusqu'à Dieu lui-même. Ainsi les jésuites, ces défenseurs si vigilants du catholicisme, étaient pour l'école empirique, et ils persécutaient André comme trop peu orthodoxe et trop peu catholique, parce que celui-ci tenait pour l'école idéaliste de Descartes et de Malebranche, c'est-à-dire pour l'école de Fénelon et de Bossuet, celle que plus tard défendit contre les péripatéticiens modernes Gassendi, Hobbes, Locke et Condillac, le cardinal Gerdil, avec les plus fidèles interprètes de la religion chrétienne. Jamais accusation d'hérésie anticatholique ne fut donc plus mal fondée que celle qu'on faisait alors au

P. André; jamais persécution en matière de doctrine n'alla plus directement contre le but même qu'elle se proposait.

« Hesdin, le 21 juin 1709.

« Mon très-révérend père,

« Ayant une affaire qui doit bientôt passer à la consulte de province, j'ai cru qu'il étoit à propos d'en écrire à quelqu'un de ceux qui la composent, afin de parler par son entremise à tous les autres. Comme je sçais que votre révérence a de grandes lumières, et que j'ai toujours ouï dire qu'elle y joint une équité à l'épreuve de la prévention, c'est à elle que je m'adresse. Vous pardonnerez cette liberté à la fâcheuse nécessité où je me trouve. Voici le fait : Il y a trois ans qu'on me renvoya de Paris, sur l'accusation vague et générale que je donnois dans des *nouveautés dangereuses,* et qu'en plusieurs occasions j'avois témoigné beaucoup d'estime pour M. Descartes et pour le P. Malebranche. Comme je ne croyois pas qu'il y eût au monde une personne assez déraisonnable pour condamner ces deux auteurs en toutes choses, je priai le révérend père provincial de me marquer en détail les opinions dangereuses que l'on m'accusoit d'avoir prises d'eux, afin que je pusse me justifier si j'avois raison, ou me corriger si j'avois tort. Me voyant refusé, et prévoyant bien toutes les suites de cette affaire, et d'ailleurs persuadé qu'un prêtre, accusé en matière de doctrine, ne pouvoit se taire sans prévarication, j'en écrivis à notre révérend père général pour le conjurer de me faire signifier par mes supérieurs immédiats quelles étoient ces nouveautés dont on me faisoit un si grand crime. Mais j'eus beau prier, on me refusa toujours cette grâce, et par là tout moyen de me défendre. Depuis ce temps-là je me suis tenu en paix, attendant en patience le dernier coup de la persécution, c'est-à-dire, mon révérend père, le retardement de mes derniers vœux. Je ne ferai point ici le philosophe : quoique j'y fusse préparé, je n'ai point laissé de le sentir, et j'avoue même que je n'ai point été fâché d'y être sensible, parce que de cette sorte j'y ai trouvé la matière d'un sacrifice que j'ai offert au Seigneur avec joie et que je lui offre encore tous les jours par notre adorable pontife.

« Cependant, mon révérend père, quoique Dieu m'ait donné cette patience, et que ses consolations soient beaucoup plus douces que ses coups ne sont rudes, il m'est toujours resté une peine : j'ai comparé la sincérité de ma conduite (pardonnez-moi, mon révérend père, cette comparaison ; un homme réduit à se défendre est obligé de dire bien des choses odieuses et qu'il voudroit bien pouvoir taire), j'ai donc comparé la sincérité de ma conduite avec le procédé plein de dissimulation que les supérieurs ont suivi à mon égard depuis la première accusation qu'on leur fit de ma doctrine jusqu'à la dernière punition qu'ils en font. Je vous en épargne le détail, que je puis démontrer par leurs lettres et plus encore par leur silence. Je m'arrête à la seule manière dont on m'a signifié le retardement de ma profession. On ne m'en écrit rien à moi-même, quoiqu'il semble que la charité le demandât ainsi, et que la justice le permît. On prie seulement notre père recteur de me déclarer que le révérend père général a jugé à propos de me différer mes derniers vœux, *à cause de mon attachement aux opinions de M. Descartes;* et que si dans la suite il y avoit *quelque autre chose à me dire,* on m'en feroit avertir. De tout ce procédé, et principalement de ces dernières paroles, je conclus, mon révérend père, qu'outre le délai de ma profession il pourroit bien y avoir *quelque autre chose* que l'on me cachoit et qu'on étoit pourtant bien aise que j'entrevisse, que leur *charité* me retenoit encore dans la compagnie, mais qu'enfin cette charité pourroit bientôt céder à la justice. Je crus même qu'ils ne seroient point fâchés que je les prévinsse et que je leur épargnasse la peine qu'ont naturellement de si bons pères à chasser de la maison paternelle des

enfants qui n'y ont pas été tout à fait inutiles. C'est, mon révérend père, ce qui m'a déterminé à écrire à notre révérend père général, non pas pour lui demander ma démission, je n'ai pas jugé que cela fût nécessaire, mais pour le supplier très-humblement d'examiner les raisons qu'il a de me la donner, et de s'y rendre s'il les trouve bonnes, sans aucun égard à mes intérêts particuliers, que je sacrifie de bon cœur à l'intérêt général de la compagnie. Je l'ai prié en même temps d'envoyer aux pères consulteurs de la province une copie plutôt qu'un extrait de ma lettre, afin qu'ils y puissent voir mes sentiments tels qu'ils sont, et non pas tels qu'il plairoit à un abréviateur de les montrer. Vous y verrez, mon révérend père, que je regarde comme un grand malheur la séparation que je lui annonce, et que je la crains autant que mes amis la désirent. Vous y verrez combien j'honore et combien j'aime en Jésus-Christ ceux qui m'ont accusé ou condamné ; et que, si j'ai eu le malheur d'en offenser quelqu'un, je suis prêt de lui faire toute la satisfaction qu'il pourra souhaiter. Je les conjure même ici de me pardonner si je leur ai souvent demandé un détail de ces *nouveautés dangereuses* qu'ils m'ont imputées ; j'ai cru le devoir faire parce qu'il m'a paru qu'il falloit connoître les erreurs dont on m'accusoit avant que de m'en défendre. Je savois de plusieurs endroits qu'on m'en avoit attribué de fort impies et de fort extravagantes ; j'avois lieu d'en conclure que tout le reste étoit de même. Le déchaînement public de certaines personnes et la conduite violente de quelques autres fortifioient mes conjectures. Je devois donc, si je ne me trompe, demander une liste de mes prétendues *hérésies,* afin de m'en justifier avant toutes choses, me réservant à déclarer mes véritables sentiments quand les supérieurs jugeroient à propos de me l'ordonner. Mais, si néanmoins j'ai fait en cela quelque peine ou donné quelque embarras à mes accusateurs ou à mes juges, je vais réparer ici ma faute par une déclaration, qu'ils prendront sans doute pour une apologie de toutes leurs démarches. Je veux bien leur faire ce plaisir, et les assurer en même temps que, quand j'aurois tout le pouvoir du monde, je ne pourrois jamais leur en faire autant que je leur en souhaite. Cette déclaration me paroît d'ailleurs nécessaire, afin que nos pères consulteurs sachent précisément sur quoi ils me renverront, ou, ce qui me plairoit davantage, avec quoi ils m'admettront.

« Je vous déclare donc, mon révérend père, et à toute la compagnie, que je tiens pour indubitable que Jésus-Christ, en tant que Verbe éternel et sagesse personnelle, est, comme parle saint Jean, la lumière véritable qui éclaire tous les hommes, et, comme parle saint Augustin, la vérité essentielle qui renferme dans sa divine substance toutes les vérités immuables, et, comme parle le P. Malebranche, la raison universelle des esprits, dans laquelle nous voyons les idées de toutes les choses que nous connoissons, les mêmes que Dieu voit, sur lesquelles il a formé cet univers, et sur lesquelles il le gouverne. J'admets ce grand et vaste principe avec toutes ses véritables conséquences; et, par une suite nécessaire, je tiens que ce que nous appelons nos idées ou l'objet immédiat de nos esprits est réellement distingué des perceptions que nous en avons, et qui seules nous appartiennent effectivement. Je tiens cette opinion plus évidemment démontrée qu'aucune proposition de géométrie ou d'arithmétique, puisqu'il n'y a point de démonstration qui ne suppose des idées éternelles, immuables, nécessaires, universelles, et par conséquent bien différentes de nos pensées, qui toutes ont commencé d'être, sont passagères, contingentes, particulières. Je tiens enfin que la doctrine de la distinction des idées et de nos perceptions est le fondement de toute la certitude humaine dans la religion, dans la morale, dans toutes les sciences; et, si quelqu'un pouvoit se vanter d'avoir là-dessus solidement réfuté les raisonnements de saint Augustin et du P. Malebranche, je ne crains point de le dire, pour peu qu'il eût d'esprit et qu'il suivît ses propres principes, il pourroit se vanter en même temps d'avoir solidement établi le pyrrhonisme.

« Je vois bien, mon révérend père, que cet endroit de ma lettre ne sera pas trop favorablement écouté de la plupart de nos pères consultants. Mais je les conjure, par la douceur de Jésus-Christ, de suspendre un peu les mouvements de leur indignation, et surtout de m'épargner le nom d'opiniâtre qui retomberoit sur le plus célèbre des saints Pères. Car vous sçavez mieux que moi, mon révérend père, que ce grand docteur de la vérité et de la grâce, si pénétrant, si habile, si judicieux et si éloigné du soupçon d'entêtement, est si plein de cette opinion qu'il n'a presque point un ouvrage, presque point une lettre, qui soit de quelque étendue, où il ne la prouve et ne la suppose. C'est une des clefs de sa doctrine; c'est là-dessus que roule presque toute sa théologie, que personne n'entendra jamais parfaitement s'il n'entend cette matière. Vous sçavez les conséquences si saintes et si chrétiennes qu'il en tire; et, quoiqu'il fût si rempli de charité qu'il épargnoit les injures aux hérétiques mêmes, si raisonnable qu'il n'accusa jamais d'obstination ceux qui avoient des sentiments contraires aux siens dans les matières qui n'étoient point tout à fait incontestables, vous sçavez comme il traite ceux qui ne reconnoissent point avec lui la doctrine des idées distinguées de nos connoissances : « His « et talibus documentis coguntur fateri quibus disputantibus « Deus donavit ingenium et pertinacia caliginem non ob- « ducit, rationem veritatemque numerorum et ad sensus « corporis non pertinere et invertibilem sinceramque con- « sistere, et omnibus ratiocinantibus ad videndum esse com- « munem [1]. » Et dans ses *Soliloques*, l. II, c. 18 [2] : « Quis « mente tam cæcus est qui non videat istas figuras, quæ in « geometria docentur, habitare in ipsa veritate? »

C'en est assez, mon révérend père, pour faire connoître à

[1] *De lib. arbitr.*, l. II, c. VIII, edit., Benedict., t. I, p. 595.

[2] Edit. Benedict., t. I, p. 393.

tout le monde que je suis inébranlable dans une opinion qui me paroît démontrée en toutes les manières par les livres de l'Ancien et du Nouveau Testament, par les écrits des plus sçavants Pères de l'Église, grecs et latins, par une infinité de raisons évidentes à quiconque y réfléchit de bonne foi, sans passion et sans préjugés. C'est pourquoi, suivant toujours les règles inviolables de la sincérité chrétienne, je vous déclare que, si c'est un obstacle à ma profession, c'est un obstacle insurmontable, un obstacle aussi éternel que la vérité que je défends. Je vous l'avoue néantmoins, mon révérend père, quelque nécessaire que m'ait paru cette déclaration, j'ai eu bien de la peine à m'y résoudre. Le Seigneur m'a fait la grâce de me donner sa crainte, et je n'appréhende rien tant que d'être un sujet de scandale à mes frères, pour qui Jésus-Christ est mort. Mais j'en fais juge tout esprit non préoccupé et qui voudra bien prendre la peine d'examiner le fond de cette affaire, de quel côté vient le scandale? de celui qui ne soutient que des opinions aussi reçues dans l'Église que celles de ses adversaires, et, ce qu'il n'est pas difficile de prouver, infiniment plus favorables à notre sainte religion, ou de ceux qui le persécutent parce qu'en des matières qu'eux-mêmes avouent n'être point de foi, il préfère la raison qui vient de Dieu à l'autorité qui vient des hommes, et une philosophie toute chrétienne et toute sainte dans ses principes à une philosophie toute payenne et toute charnelle, compatible avec l'idolâtrie et avec le mahométisme, comme il a paru dans ses principaux auteurs, réprouvée par les premiers Pères de l'Église comme donnant trop aux sens, condamnée universellement dans un concile de Paris où présidoit, si je ne me trompe, un légat du saint-siége, et où les livres d'Aristote furent jugés dignes du feu comme des sources d'hérésies et la lecture en fut défendue sous peine d'excommunication; condamnée en particulier dans sa Métaphysique par une assemblée d'évêques sous Philippe Auguste, et dans sa Physique par le souverain pontife Grégoire neuvième [1], à une philosophie enfin dont le grand principe, qu'il n'y a rien dans l'esprit qui n'ait passé par les sens, renverse évidemment toutes les sciences et surtout la morale, et dont les autres maximes, qui la plupart ne sont pas meilleures, ont formé tant d'hérétiques, tant de libertins, et répandu tant de ténèbres dans l'ancienne scholastique; en un mot, parce qu'il préfère la philosophie de saint Augustin à celle d'Aristote.

« Au reste, mon révérend père, je ne prétens point rejeter ici sur les disciples de ce prince de l'École les conséquences de leurs opinions ou des siennes, dès lors qu'ils nient ces conséquences. Dieu me préserve d'une conduite si contraire à l'esprit de la charité, et d'imiter en cela nos adversaires! je n'en veux qu'à l'erreur, et je respecte, je révère les personnes qui de bonne foi la soutiennent pour la vérité. Mais si, malgré un procédé si juste et si équitable, je ne puis éviter de leur être une occasion de scandale, où en suis-je réduit, et quel parti veulent-ils que je prenne? Qu'ils en jugent eux-mêmes par ce mot de saint Augustin, que je les supplie de me permettre d'estimer comme un grand philosophe et comme un grand théologien, s'ils me refusent cette grâce à l'égard de M. Descartes et du P. Malebranche : « Nonne [2] in multis si non secundum carnem homo sapiat, « quam mortem dicit esse apostolus, magno scandalo erit ei « qui adhuc secundum carnem sapit, ubi et dicere quid sentias « periculosissimum, et non dicere laboriosissimum, et aliud « quam sentis dicere perniciosissimum? » Voilà précisément l'état où je me trouve. Je prie notre maître commun qu'il vous dicte là-dessus la résolution que vous avez à prendre; et s'il en faut venir à la séparation, que ce soit sans rompre la charité de part ni d'autre. Je vous promets que, de quelque manière qu'on me traite, je vivrai toujours avec la

[1] Voyez l'écrit de Launoy, *De varia Aristotelis in Academia Parisiensi fortuna, tertia editio auctior et correctior,* Lutet. Paris, 1662.

[2] *Ep.* 250 *ad Paulin.,* edit. Bened., t. II, p. 258.

compagnie dans l'unité d'un même esprit et d'un même cœur en Jésus-Christ, et que toute ma vie je serai particulièrement, etc. »

Le personnage auquel s'adressait André était un P. Daviol[1], exempt de tout fanatisme, qui lui répond une lettre fort modérée dans le genre de celle du P. Daubenton.

« Je n'ay reçu, écrit-il de Paris, le 26 juin 1709, aucun ordre d'assembler la consulte touchant ce qui regarde votre révérence, mais je vous prie d'être persuadé que je suis en disposition de vous rendre tous les services que vous désirez de moy. Trouvez bon cependant que je vous dise que vous prenez un peu trop promptement votre parti dans une affaire qui est de si grande conséquence pour vous, soit par rapport à Dieu, soit par rapport aux autres suites qu'elle peut avoir. J'estime fort le P. Malebranche, et il est mesme fort de mes amis, mais je vous crois trop sage pour vous faire le martyr de sa doctrine. Si vous n'avez pas d'autre fondement que ce que vous me dites pour croire qu'on songe à vous renvoyer de la compagnie, votre soupçon me paroist très-mal fondé. Quoy qu'il en soit, il n'est pas question de disputer avec vous des principes du P. Malebranche; je vous diray seulement que j'ai examiné autrefois sa doctrine là-dessus, et que je n'ay pas eu assez de pénétration pour la comprendre, et que d'autres que des jésuites n'en ont pas eu plus que moy; mais que nous voyions ou que nous ne voyions pas les choses en Dieu, c'est une question qu'un régent de philosophie n'est pas obligé de traiter dans un cours de philosophie qu'on dicte à des écoliers. Il est de la prudence, quand on est dans un corps, de ne pas s'occuper d'opinions qui ne regardent pas la foy. En un mot, mon révérend père, je vous conseille de faire de sérieuses réflexions sur l'affaire dont il s'agit. Consultez Dieu

[1] (*Sic.*) Nuls renseignements sur ce père, ni dans Moréri ni ailleurs.

et les règles de la prudence, je ne demande que cela de vous; mais consultez-les de sang-froid, et comme si vous étiez sur le point de rendre bientôt compte à Dieu de la détermination que vous prendrez. Quoyque je n'aye point l'honneur de vous connoître, j'ay ouy parler de vous avec quelque estime, et serois très-fâché que vous fissiez une démarche dont tost ou tard vous devez vous repentir. Je suis avec respect, etc.

« DAVIOL. »

Selon sa coutume, aussitôt qu'il entend des paroles modérées et bienveillantes, André s'apaise. Après avoir offert sa démission, il la retire, et ne témoigne plus que le désir de vivre en paix avec ses confrères.

« Je n'ai pu vous marquer plus tôt, répond-il au P. Daviol, combien j'ai été satisfait de la lettre que votre révérence m'a fait l'honneur de m'écrire. Je suis bien aise que vous me rassuriez sur ce que je m'étois mis dans l'esprit que l'on ne seroit pas fâché que je fisse quelque ouverture pour délivrer la compagnie d'un si mauvais sujet. Je l'avois cru de bonne foi, et sur la conduite que je voyois garder aux supérieurs à mon égard et sur ce que m'avoient dit deux ou trois personnes. Je me suis trompé : j'en bénis le Seigneur! Je n'ai jamais souhaité de sortir d'une compagnie où je suis entré avec tant de joie, et où j'ai vécu avec tant de consolation, et, je puis vous en assurer, mon révérend père, avec d'autant plus de consolation que j'y ai eu plus à souffrir. Je n'ai donc garde désormais d'insister sur l'alternative que j'avois proposée; j'attendrai avec patience qu'il plaise au révérend père général de m'y unir encore plus étroitement par les derniers liens. Je n'y veux d'autre degré que d'y être au-dessous de tous, ni d'autre privilége que d'y servir tout le monde. Je ne vous dis point, mon révérend père, de ne point montrer ma première lettre; elle ne feroit qu'exciter les passions de certaines personnes qui ne sont pas aussi raisonnables que votre révérence sur le chapitre du P. Malebranche. »

Le P. André avait bien raison de penser que tout le monde ne serait pas aussi modéré que le P. Daviol. En effet la réponse qu'il attendait du général des jésuites, arriva dans l'année 1710, et il faut qu'elle ait été bien sévère et même bien dure, puisque le P. André épouvanté ne fait plus entendre qu'une voix suppliante. Plus d'un retour amer sur le passé, plus d'une allusion courageuse à la conduite de ses adversaires, comparée à la sienne, est mêlée à la plainte du pauvre jésuite. Il rappelle ses services, son attachement à la société, ses disgrâces passées, et il attend en paix le dernier coup.

Cette lettre latine (du 14 octobre 1710), toucha le P. Tamburini lui-même; car on voit dans une autre lettre latine du P. André qu'il remercie le révérend père général de s'être adouci à son égard, et lui-même s'excuse de la vivacité de ses plaintes. Loin de repousser la vigilance de ses supérieurs, il l'accepte, il l'invoque presque.

Grâce à cette entière soumission, André vécut plus tranquille à Hesdin pendant la fin de l'année 1710. Il paraît même que son excellent caractère, sa douceur et son talent, tempéré par une plus grande prudence, lui firent trouver grâce auprès de ses supérieurs; car, en 1711, il fut envoyé du très-petit collége d'Hesdin dans un collége plus important, celui d'Amiens[1], où il resta très-peu de temps, et ensuite

[1] C'est ce que prouvent les deux billets suivants : « Je prie votre révérence de me permettre d'emporter où elle m'envoye une Bible de Vitré et trois livres de mathématiques, les Éléments de géométrie et l'Analyse démontrée. ANDRÉ. — Permis d'emporter les livres ci-dessus, à Amiens, le 6 août 1711. LARYER. »

dans celui de Rouen, chargé de l'enseignement périlleux de la philosophie.

### IV. André à Rouen, années 1711, 1712, 1713.

Le manuscrit de Lille nous fournit une seule lettre d'André, pendant qu'il était à Rouen, régent de philosophie ; c'est une lettre du 25 avril 1713, adressée à Malebranche, où il lui apprend que son enseignement a soulevé contre lui ses supérieurs, parce qu'il y rendait justice à Descartes et à lui Malebranche ; qu'on lui a envoyé une espèce de formulaire à signer et à dicter à ses écoliers ; qu'on lui a demandé une profession de foi sur chaque article de ce formulaire ; qu'on a fait examiner cette profession de foi par trois pères jésuites de Paris, dont un y a répondu article par article ; que cette réponse est un écrit considérable ; qu'il a été contraint de dicter à ses élèves une rétractation, dont il lui envoie un extrait ; et il demande pardon à Malebranche ainsi qu'à Dieu d'avoir chancelé dans la défense de la vérité.

A MON RÉVÉREND PÈRE LE TRÈS-RÉVÉREND P. MALEBRANCHE, PRÊTRE DE L'ORATOIRE, RUE SAINT-HONORÉ, A PARIS.

« Mon très-révérend père,

« Il y a bien longtemps que je songe à vous écrire pour vous rendre compte de ce qui s'est passé à mon égard et à votre occasion, au commencement de cette année. Mais diverses considérations m'en ont jusqu'ici empêché : tantôt la crainte de vous importuner par un fâcheux écrit, tantôt la crainte de blesser la charité que je dois à mes adversaires ; quelquefois une raison et quelquefois une autre, mais prin-

cipalement la crainte d'offenser le Seigneur en vous irritant contre des personnes que je dois aimer particulièrement. C'est le motif qui, dans le plus fort de la persécution, m'a toujours retenu, et qui, jusqu'à présent, m'a fait résoudre à dévorer mes peines sans vous en faire part. Cependant, mon révérend père, après avoir mûrement examiné toutes choses en la présence de celui qui sera mon juge et celui de mes persécuteurs, j'ai cru, non-seulement que je pouvois, mais que j'étois obligé de vous en écrire pour l'intérêt de la vérité opprimée sous le prétexte de la foi et de la religion. Rien ne m'a été plus sensible, en toute ma vie, que de me voir tout d'un coup devenu suspect dans une matière pour laquelle nous devons tout sacrifier, et pour laquelle en effet Dieu m'a fait la grâce de me mettre dans une disposition conforme à mon devoir. Je croyois même en avoir donné, en toute occasion, des preuves assez convaincantes, et surtout depuis que j'enseigne la philosophie. Nos pères en ont jugé autrement. Je parle trop de Dieu et de son Évangile dans des écrits philosophiques pour ne point être suspect de nouveauté, de fanatisme, d'hérésie. C'est sur un pareil soupçon qu'au commencement de cette année N. R. P. provincial m'envoya une espèce de formulaire à signer et à dicter publiquement à mes écoliers. Je répondis que je ne le pouvois faire sans blesser la sincérité, la justice et la charité : la sincérité, parce qu'on me faisoit dire que je tenois pour vraies des opinions que je croyois très-fausses; la justice, parce qu'on y mettoit sur le compte de M. Descartes et du P. Malebranche des erreurs qu'ils n'eurent jamais; et enfin la charité, parce qu'on y répandoit sur leurs personnes des soupçons d'hérésie qui, très-assurément, étoient fort mal fondés. Voici mes propres termes (c'est au père provincial à qui je les adressois) : « Pardonnez-moi, mon révé-
« rend père, si j'ose vous le dire : que l'on me flétrisse,
« que l'on m'accable, j'y suis prêt; mais je ne ferai point un
« pareil mensonge à la face du public, et je n'ai garde de

« censurer sans aucun droit des philosophes très-catho« liques, contre la persuasion intime où je suis de la « pureté de leur foi ; je les combattrai si l'on veut; mais je ne « flétrirai jamais des auteurs dont la vertu et la religion pa« roissent à chaque page de leurs écrits. » A ces paroles, nouveaux soupçons, nouvelles menaces ; on me demande une profession de foi sur chaque article du formulaire : *car il est à propos*, disoit l'auteur inconnu de ce bel ouvrage, *que les supérieurs sachent s'il est un véritable jésuite*, comme il y a lieu de le présumer, ou un fanatique hétérodoxe, ce qu'on ne croira que sur sa profession de foi. Quelque durs que me parussent ces termes, et quelque sensible que j'y fusse, Dieu me fit la grâce de n'y répondre que par des raisons. Je marquai sur chaque point du formulaire ce que je croyois et ce que je ne croyois pas, avec les preuves qui m'engageoient à suivre certaines opinions et à en rejeter d'autres, dont il sembloit qu'on me demandât une créance intérieure contre ma conscience, et, à ce qui me paroissoit, contre la raison. Les grands ne reculent jamais. Nos supérieurs ont cru, à mon égard, avoir le même droit. Ayant donc résolu que j'aurois tort dans cette affaire, ils donnèrent ma seconde lettre à examiner à trois de nos savants de Paris, dont un fut chargé d'y répondre article par article. Il s'en acquitta de la manière que vous le verrez dans l'extrait fidèle que je vous envoie de sa réponse, qui est un in-folio en forme de factum. Je l'en ai tiré de mot à mot. Cet écrit m'ayant été communiqué avec ordre de le lire, de m'y rendre, et de dicter en pleine classe le formulaire en question, à quelques petits changements près, je déclarai à notre père recteur (dont je n'ai pas sujet de me plaindre) que j'avois bien promis de me rendre à des raisons, mais non pas à des injures ; que les censeurs qu'on m'avoit donnés ne me paroissoient guère au fait sur les matières dont ils parloient avec tant de hauteur et d'emportement ; que néanmoins j'étois dans la disposition de faire tout ce que des personnes sages me conseilleroient dans cette conjoncture. Un de mes amis de la ville, et des vôtres, mon révérend père, à qui je m'en étois ouvert dès le commencement de l'affaire, m'écrivit que je pouvois leur obéir. Je n'avois pourtant pas crû devoir me rendre à son sentiment. Je consultai encore trois ou quatre de nos pères là-dessus, en leur marquant expressément que dicter cette espèce de rétractation de choses que je n'avois point enseignées, ou que je tenois pour vraies, c'étoit parler contre ma conscience. Nonobstant cela, presque tous m'y condamnèrent sans miséricorde. Il fallut donc m'y résoudre; mais je le fis d'une manière que je crois n'avoir trompé personne. Le R. P. Lami [1] vous dira le reste. Quelques jours après, on me parla de signer l'écrit que j'avois dicté en classe. Je déclaray formellement que je ne pouvois, en conscience, signer autre chose, sinon que je l'avois fidèlement dicté. Le père recteur me fit entendre que cela suffiroit; sur quoi, j'écrivis mon nom au bas. J'avoue néanmoins que j'en ai eu et que j'en ai encore bien du scrupule. Priez le Seigneur qu'il me pardonne; et vous, mon révérend père, pardonnez-moi aussi, je vous conjure, si en tout cela j'ai fait la moindre chose qui vous ait déplu. Cependant j'ai cru vous donner par là occasion à une juste défense; et, si vous me permettez de vous le dire, je la crois nécessaire dans la conjoncture présente. Le mal augmente tous les jours. Les amateurs de la vérité sont flétris et persécutés; ses ennemis triomphent, et envoient de tous côtés les écrits injurieux qu'ils font ou qu'ils font faire contre elle et contre ses défenseurs : on la rend suspecte et on les rend odieux. Je ne dis pourtant pas, mon révérend père, que vous preniez vous-même la peine de relever toutes ces démarches : cela conviendroit mieux à tout autre qu'à vous; mais il faut que quelqu'un le fasse, ou bien il faudra que les vérités que vous avez démontrées essuient un terrible orage. En tous cas,

[1] Voyez plus bas.

souffrez, mon révérend père, que, pour me consoler un moment avec vous, je vous dise là-dessus ce qui m'est venu dans l'esprit, supposé que quelqu'un de vos amis voulût bien entreprendre la défense de la vérité et de ses défenseurs.

« 1°. Je voudrois qu'on exposât le fait, avec toutes ses circonstances, que je n'ai cachées à personne;

« 2°. Que l'on demandât, par forme de problème ou de cas de conscience, si des particuliers comme les jésuites, qui n'ont aucune autorité juridique dans l'Église, peuvent sans crime jeter des soupçons d'hérésie et d'impiété sur des auteurs tenus pour orthodoxes par tout ce qu'il y a de bons catholiques dans l'Église, etc.;

« 3°. Si les colléges ne leur ont été donnés que pour leur donner le droit de décrier publiquement, comme hétérodoxes, toutes les personnes et toutes les opinions qui n'ont pas le bonheur de leur plaire, etc.;

« 4°. Que l'on entrât en matière, et que l'on fît voir que les sentiments faux ou hérétiques qu'ils ont fourrés dans leur écrit n'ont été enseignés par aucun cartésien ni malebranchiste, du moins par ceux qu'ils attaquent, et que les autres opinions qu'ils condamnent sont très-sensées et très-orthodoxes, et que je voudrois que l'on prouvât surtout par autorité, car la raison est une inconnue que nos savants n'écoutent guères;

« 5°. Enfin, que l'on expliquât particulièrement et à fond le sentiment de saint Augustin sur les idées, et qu'après avoir montré l'éloignement où l'on est des sentiments des Anoméens et des Eunomiens, qu'ils nous reprochent, on leur fît, sur cette matière, un défi pareil à celui que M. Descartes leur fit autrefois sur la physique d'Aristote, et qui les réduisit au silence qu'ils ont toujours gardé depuis si religieusement.

« C'est à peu près ce qu'il seroit à propos de leur remontrer avec beaucoup de force et de modération chrétienne, et en montrant aussi quelquefois le ridicule de leurs procédés :

> Ridiculum acri
> Fortius ac melius magnas plerumque secat res.

« Pardonnez-moi, mon révérend père, l'ennui d'une si longue lettre. Je n'ai pas le temps d'etre plus court ni plus exact. Vous m'en avez tant pardonné d'autres, que j'espère encore que vous me ferez grâce sur celle-ci. Vous savez le respect et l'attachement inviolable avec lequel j'ai l'honneur d'être en N.S. Jésus-Christ, notre cher maître,

« Mon très-révérend père,

« Votre très-humble et très-obéissant serviteur,

« A Rouen, le 25 avril 1713.

« André,

« de la compagnie de Jésus. »

« Je vous prie de me renvoyer l'extrait que je vous envoie, après en avoir fait tirer une copie, pour en faire l'usage qu'il vous plaira, à la gloire de la vérité, et sans rompre la charité. »

Faute de documents suffisants, toute cette affaire de Rouen n'était pas parfaitement claire : nous n'avions ni le formulaire envoyé à André, ni sa profession de foi, ni l'examen de cette profession de foi par les métaphysiciens de la compagnie ; nous ne savions pas non plus combien de temps André était resté à Rouen. Aujourd'hui, grâce à nos nouveaux papiers, tous les voiles sont levés, et nous connaissons pleinement toute cette affaire de Rouen, sans contredit la plus intéressante de toutes celles qui furent suscitées à André. Les détails abondent, et il ne faut pas craindre de les reproduire, sinon en totalité, du moins avec une juste étendue ; car il ne s'agit plus seulement ici des disgrâces d'un homme de mérite, mais de la persécution exercée contre un grand système de philosophie par la plus puissante congrégation enseignante de la France et de l'Europe, enfin de la philosophie officielle de cette congrégation.

André arriva à Rouen vers la fin de l'année 1711 ; il y demeura le reste de cette année, toute l'année 1712 et une partie de l'année 1713 ; après quoi il est enlevé à l'enseignement de la philosophie et relégué à Alençon dans un petit emploi purement administratif. C'est pendant ces deux années d'enseignement qu'il composa ce cours complet de philosophie chrétienne dont l'abbé Guyot parle avec tant d'éloge [1] dans sa notice historique sur le P. André, et dont on vient de retrouver à Caen une partie considérable sous le titre de *Metaphysica sive Theologia naturalis.* André se proposait de former, de toutes les opinions cartésiennes, un corps complet de philosophie à la fois raisonnable et chrétienne, où tout fût enchaîné dans un ordre géométrique, expliqué avec une clarté frappante, et dirigé vers la pratique et vers l'édification. Mais l'Évangile lui-même, présenté avec un air de cartésianisme, aurait révolté les jésuites. Aussi à peine André a-t-il commencé à enseigner sa philosophie chrétienne, que ses supérieurs reconnurent qu'au lieu de s'être corrigé il s'était confirmé dans la doctrine qui lui

[1] P. vj. « Ce fut pour remédier à ces abus qu'il dressa un nouveau plan, qu'il intitula *Philosophie chrétienne.* On y trouve une latinité pure, un très-bel ordre dans les questions, dont presque toutes sont discutées selon la méthode des géomètres, et surtout ce goût de la religion et d'une morale saine qui doivent occuper les prémices de l'esprit et du cœur. Ce cours de philosophie a été dicté dans les principaux colléges de la province, et à Paris au collége de Louis le Grand, par plusieurs professeurs. En note : *Cet ouvrage n'est point imprimé.* »

avait été reprochée ; il est dénoncé à Paris ; il reçoit des côtés les plus différents des avertissements qui partent d'un véritable intérêt pour sa personne. Les hommes les plus sages engagent André à se soumettre. Nous voyons reparaître ici ce bon P. Guymond qui, depuis 1708, n'a pas fait l'acquisition d'un seul argument nouveau contre Descartes et Malebranche, et répète toujours la même chose :

« Ne croyez pas, écrit-il à André, de la Flèche, le 14 décembre 1711, que ce qui s'est passé entre nous ait rien diminué de ma tendresse et de mon amitié envers vous. Il est important de vous dire une chose; mais elle demande le secret, et j'ai en vous la confiance que vous ne me citerez point : c'est qu'on me dit hier que l'on portoit à Rome des informations sur quelques propositions de quelques-uns de nos professeurs, et en particulier de votre révérence. Je crains que notre père ne lui en sache mauvais gré ; ce qui me donne la pensée qu'il seroit bon de le prévenir vous-même au plus tôt, et de l'assurer que, loin d'être dans ces sentiments, vous en voyez la fausseté, et que vous les réfutez en toute occasion. Voilà donc ce que je ferois, si j'étois à votre place : je me défierois de mon esprit et de l'esprit des nouveaux philosophes; je croirois que, dans les points contestés, ils n'ont ni eux ni moi plus de lumières que nos auteurs; j'aurois devant moi toutes les propositions défendues ; je demanderois grâce à Dieu pour bien comprendre les raisons qu'on a de les défendre, et je chercherois de quoi les réfuter chacune en particulier, et prouver la contradictoire; enfin, puisque la compagnie le veut, je ferois abjuration, persuadé qu'il ne convient point à un particulier d'être contraire à la doctrine de son corps. Je prie très-humblement votre révérence de prendre en bonne part tout ce que je lui écris, etc. »

André ayant répondu à cette lettre, sans désavouer son

goût pour la doctrine de Descartes et de Malebranche, qu'il ne faut pourtant pas le croire aveuglément attaché à toutes les maximes de ces deux auteurs, et qu'il s'y trouve des propositions qu'il tient pour fausses, le P. Guymond, voyant là un commencement d'abandon du cartésianisme, s'en réjouit fort et récrit, le 12 mars 1712, à André :

« Je ne sais comment j'ai différé si longtemps à vous marquer la joie que j'ai reçue de votre dernière lettre ; elle est plus grande que je ne puis l'exprimer par l'importance du sujet dont il s'agissoit. Pour y mettre le comble, je demande une grâce à votre révérence : c'est de vouloir bien me mander les propositions de ces deux auteurs qu'elle trouve mauvaises ; cela pourroit me servir dans l'occasion. »

Hardouin, qui était à la fois le meilleur des hommes dans la vie ordinaire et l'auteur le plus violent dans la polémique, rappelle à André qu'il lui a toujours dit que le malebranchisme était l'athéisme [1], et qu'il devait y renoncer absolument.

[1] Jean Hardouin, fils d'un libraire de Quimper, né en 1646, mort à Paris le 3 septembre 1729, à l'âge de quatre-vingt-trois ans, bibliothécaire du collége de Clermont, auteur d'un très-grand nombre d'ouvrages où un savoir immense et une sagacité rare se perdent en des hypothèses et des paradoxes extravagants. Ses ouvrages les plus célèbres sont l'édition de l'*Histoire naturelle de Pline*, la grande *Collection des Conciles*, la *Chronologie expliquée par les médailles*, etc. Ses écrits philosophiques n'ont paru qu'après sa mort dans le recueil intitulé : *Johannis Harduini Opera varia*, Amsterdam et La Haye, in-fol., 1733. La pièce la plus célèbre de ce recueil a pour titre : *Athei detecti :* ce sont Jansénius, les oratoriens André Martin, Louis Thomassin, Malebranche et le P. Quesnel, Arnauld, Nicole, Pascal, Descartes, Antoine Legrand et Sylvain Régis. Les *Réflexions importantes* font suite aux *Athei detecti*, et sont surtout dirigées contre Descartes et Malebranche. Dans son *Platon expliqué*, il n'est pas très-loin d'accuser Platon d'athéisme. Les jésuites ont, il est vrai, désavoué la publication des *Opera varia* dans les *Mémoires de Trévoux*, de septembre 1733 ; mais c'est le cas de dire : *Is fecit cui prodest*, et il n'y a pas une seule assertion générale de Hardouin

« Ce 25 novembre.

Mon révérend père,

« J'aurois bien de la dureté, et le Seigneur Dieu me la reprocheroit un jour, si je manquois à vous avertir que vous allez vous attirer de très-fâcheuses affaires, si vous n'y remédiez promptement; et, qui plus est, c'est qu'on auroit raison de dire, et qu'on le dira, que vous le méritez bien pour défendre, comme vous le faites, le malebranchisme. Vous pouvez vous souvenir qu'il y a quelques années que je m'efforçois un jour, en revenant de Gentilly avec vous, de vous persuader que c'étoit l'athéisme. Cela n'est que trop vrai. On ne me consulte sur votre affaire pas plus que l'enfant qui est à naître; mais j'ai entendu quelques mots assez forts pour me donner occasion de vous en donner avis. Pardonnez-moi ma liberté et ma franchise : je n'ai pas cru en chrétien et en ami devoir manquer à vous en écrire. Écrivez vous-même incessamment au révérend père provincial que vous renoncez absolument au malebranchisme, et faites-le voir par des effets, en dictant, selon l'occasion, des opinions contraires. Et prenez bien garde à une seconde récidive.

Je suis, mon révérend père,

« Votre serviteur et votre ami,

« HARDOUIN, J. »

« P. S. Le révérend père provincial nous a dit, en pleine récréation, que le P. Dutertre étoit revenu de semblables idées; mais il ne m'a pas dit un seul mot de vous; et ce n'est pas de lui que je sais ce que je vous écris. »

contre les philosophes qu'il attaque qui ne se retrouve dans un grand nombre d'auteurs et même dans le plus grand nombre des auteurs de la société à la fin du XVII$^{e}$ et au commencement du XVIII$^{e}$ siècle. Sur Hardouin voyez Moréri, surtout les Éloges de quelques auteurs français, Dijon, 1742, où le jésuite Oudin a fait connaître en détail tous les écrits de son docte confrère.

Porée, le plus bel esprit de la société, et dont le cœur et le caractère valaient bien mieux que le talent brillant et maniéré[1], Porée presse André d'échapper au péril qui le menace par une prompte soumission.

« A Paris, ce 26 novembre 1712.

« Mon révérend père,

« On me fait l'honneur de croire que je suis de vos amis, et c'est en cette qualité qu'un père de ce collége m'engage à vous écrire au sujet de quelques propositions dont on vous demande la condamnation. Il m'assure que vous ne pouvez pas la refuser sans intéresser votre conscience et votre repos. Je n'ai point lu la philosophie du P. Malebranche; je ne sais point quelle liaison elle a avec la théologie; ainsi il ne m'appartient pas de vous dire mon sentiment; mais ce que je puis vous assurer, c'est que beaucoup de personnes fort éclairées la tiennent pour dangereuse en plusieurs points. Je puis ajouter qu'on est ici, dans le collége, indigné contre ceux qui en suivent certaines sentences, et qu'il paroît qu'on veut à quelque prix que ce soit en arrêter le cours. C'est à vous, mon révérend père, à voir s'il ne vaudroit pas mieux vous conformer au jugement de ceux que Dieu nous a donnés pour nous gouverner que de vous arrêter à vos propres sentiments. Au reste, je ne vous écris point de la part d'aucun supérieur, mais par l'avis d'une personne que j'estime et dont la droiture non plus que les lumières ne peuvent être suspectes. Je

[1] Né le 14 septembre 1675 à Caen, ou à Vendes près de Caen, entré dans la société en 1692, régent d'humanités et de rhétorique à Rennes, puis à Paris au collége de Louis le Grand, ou, de 1708 jusqu'à sa mort, arrivée le 12 janvier 1741, il ne cessa de professer la rhétorique avec le plus grand succès. Il eut Voltaire pour élève. Ses ouvrages ne sont guère que des écrits de collége, des discours et des poésies, où il y a plus d'esprit et de travail que de goût et de véritable talent. Voyez Moréri et les *Mémoires de Trévoux*, mars 1741.

suis dans l'union de vos SS. SS., mon révérend père, votre très-humble et très-obéissant,

« C. PORÉE, J. »

« Mon révérend père,

« Votre lettre m'a extrêmement touché. La situation douloureuse où vous vous trouvez m'afflige, et je ne me console que par l'espérance que vous en sortirez bientôt. Quand on a autant de droiture que vous en avez, on a une grande disposition à suivre les lumières du ciel. Vous croyez les suivre maintenant; le P. Dutertre avoit cru la même chose de lui-même; il se trouve à présent détrompé, et l'unique chose qui l'étonne, c'est qu'il ne l'ait pas été plus tôt. Il avoit suivi vos exemples, suivez maintenant le sien; ne l'imitez pas cependant en tout et n'attendez pas, je vous conjure, que les supérieurs vous aient ôté d'un emploi que vous pouvez faire avec distinction et avec mérite devant Dieu et devant les hommes. Que vous enfouissiez le talent ou que vous mettiez les autres dans la nécessité de vous en ôter l'usage, n'est-ce pas à peu près la même chose? Pardonnez-moi si je vous parle avec tant de liberté; je vous ai déjà dit que je n'entrois point dans la discussion de cette affaire qui passe ma capacité et mes lumières; mais je crois parler à un ami, et je ne me trompe pas, vous m'en avez assuré vous-même. Que l'amitié m'excuse donc auprès de vous si elle ne peut avoir d'autre effet. Je suis dans l'union de vos S. S. et dans les sentiments d'une parfaite estime jointe à un profond respect, mon révérend père, votre, etc.

« C. PORÉE. »

La dernière lettre de Porée et le post-scriptum de Hardouin font mention du P. Dutertre comme abandonnant la doctrine de Descartes et de Malebranche, et donnant par là, selon Porée, un bon exemple à André. Ceci nous conduit à un des épisodes les plus curieux de l'histoire philosophique de ce temps, et à un nouvel enseignement de cette triste vérité que, aussitôt que le péril devient sérieux, les plus emportés d'abord ne sont pas ceux qui persévèrent le plus courageusement. Comme nous l'avons vu, André n'était pas le seul dans la société qui s'était laissé séduire par la philosophie nouvelle; plusieurs de ses confrères l'avaient même enseignée [1]. Parmi ses partisans les plus ardents était au premier rang le P. Dutertre, homme d'esprit et de talent [2], auquel il n'a manqué, pour

[1] Hardouin, dans les *Réflexions importantes,* se plaint expressément que la société laisse le professeur de logique du collége de Billom, en Auvergne, enseigner ouvertement le cartésianisme.

[2] Ni Moréri ni par conséquent la *Biographie universelle* n'ont consacré une seule ligne au P. Dutertre. Caballero lui-même ne fait pas mention de son nom dans l'*Index generalis scriptorum.* Nous pouvons réparer cette omission à l'aide des manuscrits de M. de Quens. « Le P. Dutertre, jésuite du Perche, mort à Paris en janvier 1762, avoit fait sa théologie avec grand succès..... entra au noviciat sous le P. Guymon avec le P. André; il fit son juvénat à Paris...... bon métaphysicien au commencement, mais un peu pointilleux..... étant régent de philosophie à la Flèche, le premier peut-être et le seul qui ait enseigné les opinions et les paradoxes du P. Malebranche sur la nature des idées, déclarant au père provincial ne pouvoir en honneur et en conscience enseigner les opinions ordinaires de l'école, qui n'étoient propres qu'à gâter l'esprit des jeunes gens. Sa chaire de philosophie lui fut ôtée, et on le relégua dans une basse classe à Compiègne. Arrivé à Compiègne, de zélé malebranchiste devint tout à coup péripatéticien. Le P. Frogerais (nous retrouverons plus tard ce personnage) et le P. Catalan (nul renseignement sur ce père) opérèrent cette conversion ou plutôt cette ridicule métamorphose. Que deviendrez-vous, lui disoient-ils? Étant encore à la Flèche, pressé par le provincial d'abjurer le malebranchisme, il répondit : Vous ne dites rien au professeur de Rouen. On rapporta au P. André ce mot, qui étoit assez déplacé. Lorsqu'il eut abjuré le malebranchisme, on ne s'y fioit pas trop; fut envoyé à Paris pour écrire contre; y composa sa Réfutation. Le style du P. Dutertre parut bien médiocre en comparaison de celui du P. Malebranche, dont il avoit cité mal à propos des passages entiers. Il n'en usa pas de même dans son livre contre l'auteur de la Prémotion physique sous ce titre : *le Philosophe extravagant.* L'un et l'autre raisonnent assez mal, mais l'auteur

avoir le sort du P. André, qu'un peu plus de caractère. Il avait d'abord paru plus dévoué qu'André lui-même au cartésianisme. Le P. Guymond lui avait aussi proposé de renoncer à Descartes et à Malebranche et même de les réfuter; il avait répondu comme André et avec plus de hauteur, que, loin de les réfuter, il était prêt à les défendre. Il traite même assez sévèrement cette concession qu'André avait faite à Guymond, qu'il y avait dans Descartes et dans Malebranche plusieurs propositions fausses. La lettre qu'il lui écrit à ce sujet mérite bien d'être donnée tout entière :

« De la Flèche, ce 4 mai 1712.

« Votre lettre, mon cher collègue, m'a éclairé d'un point que j'étois curieux de savoir, c'est que le P. Guymond me vint trouver cet hiver pour me dire qu'il avoit reçu d'une personne de mérite de la province, qui passoit pour donner dans les idées du P. M., une lettre où elle faisoit abjuration de cette doctrine, avouant qu'elle y reconnoissoit bien des erreurs dangereuses. Je lui répondis alors que, si cela étoit, certainement celui qui abandonnoit ainsi le P. M. ne l'avoit jamais entendu. Il m'a plusieurs fois averti avec beaucoup d'affectation et d'empressement des desseins que les supérieurs ont, dit-il, de pousser à toute outrance ceux qui (*plusieurs mots illisibles*). Il m'a même proposé sérieusement de faire et d'envoyer au père général une protestation de péripatétisme où je désavouerois Descartes, et je ne me suis

de l'Action de Dieu écrit mieux que le P. Dutertre. Le P. Dutertre avoit connu autrefois le P. Malebranche à Paris, et lui faisoit des visites..... Son livre ne lui fit aucun honneur, même dans sa compagnie. On en estima davantage le P. André. Tous les pères qui passoient par Alençon le complimentoient fort en l'assurant qu'on faisoit beaucoup plus d'estime de sa fermeté que de l'instabilité du P. Dutertre, qu'on le plaignoit seulement d'être dans l'erreur; mais plusieurs d'entre eux, gens d'esprit, lui faisoient entendre qu'il pouvoit bien avoir raison. »

délivré de toutes ces propositions, dont une étoit encore de travailler à réfuter Mal., qu'en lui déclarant nettement que je ne trouvois rien dans cet auteur que de très-vrai et de très-édifiant, et que je m'offrois volontiers à le justifier contre ceux qui l'attaqueroient, bien loin de le réfuter. Cette réponse l'a enfin fait désespérer de mon changement, et il me laisse maintenant en repos. Pour sûr, je ne vous conseille pas de lui rien mander dont il puisse tirer avantage; son zèle est trop bouillant pour compter sur un parfait secret. Je suis même fâché que vous lui ayez donné lieu de croire ou de dire au moins que vous trouviez des erreurs dans le P. M.; mais vous pouvez vous retrancher, dans votre réponse, à lui alléguer en général quelques erreurs des cartésiens, comme les idées innées au sens que le commun l'entend, que Dieu ait fait les essences des choses par une volonté aussi arbitraire que celle dont il a créé les choses mêmes, etc. Je suis avec respect, mon cher collègue, votre, etc.

« Dutertre, S. J. »

Ce zèle de Dutertre pour le cartésianisme ne demeura pas impuni. Il était à la Flèche, il fut envoyé dans le petit collége de Compiègne, et encore régent de troisième. Cette disgrâce ne l'ébranle pas, et il prie André d'en bien assurer le meilleur et le plus estimable de leurs amis, c'est-à-dire Malebranche.

AU MÊME, A ROUEN.

« A la Flèche, ce 21 juillet 1712.

« Je crois, mon cher collègue, que vous avez reçu un petit paquet que je vous ai envoyé par le neveu de M. Briant; et je ne doute pas qu'ensuite vous n'ayez été fort surpris de ma disposition pour la troisième de Compiègne, à laquelle certes je n'avois pas lieu de m'attendre, non plus qu'à l'affectation qu'on a eue de la rendre si publique, après toutes les honnêtetés et même les caresses que j'avois reçues du R. P. provincial. On a voulu faire, dans ma personne, un exemple capable d'intimider les autres. Dieu en soit loué! Mais il faut avouer qu'on a fait cet exemple de la manière qu'on a cru la plus capable de me mortifier, et sans m'avoir aucunement prévenu que par des témoignages d'estime, qui n'alloient, comme je le vois, qu'à me tromper : conduite que je ne crois pas devoir être tout à fait approuvée. Quoi qu'il en soit, vous pouvez vous assurer, et en assurer aussi *le meilleur et le plus estimable de nos amis,* que je suis tout consolé de ce petit chagrin qu'on m'a fait, et par la bonté de ma cause, et parce que j'ai tâché de contribuer cette année à faire connoître la vérité, en quoi je n'ai pas tout à fait perdu mon temps. Votre très-humble serviteur, etc.

« DUTERTRE, J. »

Avant de se rendre à Compiègne et de quitter la Flèche, Dutertre, qui ne connaît pas bien l'étendue du danger auquel il s'expose, fait soutenir à ses écoliers, dans les exercices de la fin de l'année, la théorie des idées de Malebranche. Il se vante d'avoir répandu le cartésianisme parmi plusieurs de ses collègues. C'est en vain que les supérieurs l'engagent à changer de système, il n'en sera rien, écrit-il fièrement à André.

AU MÊME.

« A la Flèche, ce 21 août 1712.

« J'ai reçu votre paquet; je m'attendois à peu près à y voir ce que j'y ai vu, et à y remarquer bien des préjugés dans vos censeurs. Il y a pourtant deux choses que je n'approuvois pas tout à fait dans votre thèse, supposé que ce fût votre pensée, comme on le juge dans la censure; 1°. que Dieu ne peut anéantir notre âme; car, il me semble évident qu'il la conserve librement, autant qu'il peut l'avoir créée, pour un certain temps déterminé, au bout duquel la cause productive cesse; elle cesseroit aussi, sans qu'il fût besoin pour cela d'un acte de la volonté de Dieu terminé à son anéantissement, car un tel acte répugne; 2°. je crois que Dieu peut faire du vide en partageant l'étendue, en éloignant les deux parts, sans conserver aucune étendue physique dans cet intervalle; et je crois que ce qui a trompé sur ce point M. Descartes, c'est qu'il confondoit l'étendue intelligible avec l'étendue physique. Vendredi dernier, qui fut ma dernière séance, le meilleur de nos écoliers, un jeune homme accompli, nommé (*le nom est biffé*), expliqua, à propos de la démonstration de Dieu, tout le système des idées pendant trois gros quarts d'heure, et prouva que nos idées ne pouvoient être que la substance intelligible de Dieu. Jamais vous ne vîtes gens plus étonnés que la plupart de ceux qui l'écoutoient. Je puis vous assurer que la plupart de nos écoliers sont bien au fait et bien établis dans les bons principes. Il y a aussi quatre ou cinq préfets qui sont en bon chemin, mais *occulti propter metum judæorum*. Mais ils appréhendent d'être connus, et je ne leur ferois pas plaisir de les nommer, car vous ne sauriez croire combien la terreur est répandue; il y a tel qui craint même de passer pour être de mes amis. Madame de Cabaret m'a fait l'honneur de me venir voir, je lui ferai vos compliments, et aux autres que j'aurai dorénavant plus de loisir d'entretenir. J'écrirai bientôt à notre bon père; je l'aurois fait dans le temps de sa guérison, si j'eusse su sa maladie [1]. Permettez-moi de saluer M. L'archevêque; c'est un homme que j'estime de tout mon cœur et honore parfaitement. Il voudra bien prendre cette lettre pour une réponse commune à la sienne, jusqu'à ce que je trouve une occasion, qui se présentera apparemment bientôt sur cette fin d'année, pour lui écrire en particulier. Au reste, je vous dirai que tous mes actes ont si bien réussi,

[1] Il s'agit ici évidemment de Malebranche.

que la plupart de nos pères disent hautement que, depuis vingt ou trente ans, on n'avoit entendu d'aussi bons écoliers; mais le P. Roi (*sic*)[1] et le P. Guymond ne font pas semblant d'entendre cela. On me donne aussi force atteintes du côté de Paris et ici pour changer de système; mais il n'en sera rien. Je suis avec respect, etc.

« DUTERTRE. »

Nous allons voir maintenant ce que devint cet altier courage quand la tempête éclata. Dans la dernière moitié de l'année 1712, l'affaire d'André à Rouen prit un très-mauvais tour, comme nous le montrerons tout à l'heure. On parla sérieusement à Dutertre. La peur le prit, et, dans les premiers jours de janvier 1713, il écrit à André pour lui annoncer que, tout considéré, il ne se soucie pas de subir le martyre pour le cartésianisme, qu'il abandonne les opinions de Malebranche et qu'il l'engage à en faire autant.

AU MÊME.

« Ce 31 janvier 1713.

« J'appris hier, mon très-cher père et ami, une nouvelle qui me met dans une très-grande inquiétude par rapport à vous. Au nom de Dieu, prenez bien garde dans les conjonctures présentes à ne pas faire dé démarches qui vous engagent dans des suites encore plus fâcheuses peut-être qu'on ne peut à présent prévoir. Je vous dirai franchement que je n'ai jamais cru que la conscience engageât à tenir aucune des opinions du P. Mal., et qu'ainsi elle demande, les choses étant comme elles sont, qu'on les abandonne, pour ne pas

[1] Il est presque impossible que ce soit le P. Gabriel Roy, auteur d'un éloge latin, fanatique et puéril, d'Aristote : *Aristoteli philosophorum principi et philosophiæ parenti elogium, prolusio peripatetica,* authore P. Gabriel Roy, e soc. J., inséré dans les *Selectæ orationes panegyricæ patrum soc. J.*, p. 205, t. II, Lugduni, 1667.

résister ouvertement aux ordres exprès des supérieurs et s'exposer à vivre éternellement mal content de soi-même, odieux ou à charge à ceux qui nous gouvernent, ou même à quitter un état que nous devons chérir plus que toute chose au monde. Permettez-moi, s'il vous plaît, cette ouverture de cœur. C'est ma très-sincère amitié qui me fait vous parler ainsi et je vous prie de me retirer le plus tôt que vous pourrez de l'inquiétude où je suis sur le parti que vous aurez pris par rapport aux propositions qu'on a dû vous faire dimanche ou lundi. Je suis avec respect....., etc.

« DUTERTRE, J. »

Au bas de cette lettre est écrit de la main du P. André :

« J'ai pris le parti de demeurer ferme dans la vérité aux dépens de mon repos et de mon bonheur temporel. »

Et, à côté du passage de la lettre de Dutertre où celui-ci prétend qu'il n'a jamais cru que la conscience engageât à tenir aucune des opinions du P. Malebranche, André a mis cette apostille :

« Pourquoi donc le dire au père provincial et à tout l'univers ? »

D'ailleurs nous avons vu les lettres antérieures de Dutertre à André. Jusqu'ici du moins ce n'était que de la prudence, une prudence, il est vrai, bien vite venue et poussée bien loin ; mais Dutertre ne s'arrêta pas dans une si bonne route. Après avoir désavoué par politique le système de Malebranche, il va plus loin, et de nouvelles réflexions très-promptement faites le conduisent à penser qu'en effet ce système est faux, même dangereux, et que les raisons des supérieurs pour le combattre sont excellentes. Il ne parle plus seulement à André comme le

P. Daviol et comme Porée, mais comme Guymond et comme Hardouin.

AU MÊME.

« A Paris, ce 23 septembre 1713.

« J'ai reçu, mon révérend père et très-cher ami, votre lettre avec un extrême plaisir, parce que j'étois fort en peine de vous depuis sept ou huit mois. Celui qui me l'a rendue m'a dit qu'on vous destinoit à la procure d'Amiens, mais que vous paroissiez peu disposé à recevoir cet emploi. Pour moi, si vous vouliez m'en croire, je vous conseillerois premièrement et avant toutes choses de renoncer sincèrement et de bon cœur aux sentiments que les supérieurs désapprouvent, afin d'être en état d'aller votre chemin et de répondre aux vues qu'en ce cas ils auroient sur vous. J'eus l'honneur de vous écrire, dès le commencement de cette année, que je vous *croyois* obligé devant Dieu à prendre ce parti dans des conjonctures où les supérieurs *se déclarent* si nettement et si fortement ; mais je vous avouerai franchement que, depuis ce temps-là, j'ai examiné plus sérieusement que jamais les matières dont il s'agit et les raisons des supérieurs, et que je suis très-convaincu tant de la bonté de ces raisons que de la fausseté et du danger de la plupart des opinions auxquelles nous avons été un peu trop attachés. C'est ce qui m'a porté moi à y renoncer hautement et de bon cœur, persuadé qu'il étoit d'un honnête homme d'en user ainsi, et de mépriser dans cette occasion certaines petites considérations qui pourroient arrêter. Néanmoins, comme je serois déraisonnable de prétendre que mon exemple, et bien moins encore mon autorité, fût d'aucun poids sur vous pour vous faire changer d'opinion sur des matières que vous êtes plus capable que moi d'examiner et d'approfondir, l'autre conseil que j'aurois à vous donner, supposé que vous ne puissiez gagner sur vous la première chose, ce seroit d'accepter l'emploi qu'on vous propose ; car je crains que les remontrances que vous feriez ne vous attirent que de nouveaux chagrins; ce qui m'en causeroit, je vous proteste, beaucoup à moi-même; car je vous prie d'être très-persuadé qu'on ne peut avoir pour personne ni plus d'estime ni plus de sincère attachement que je n'en ai pour vous; et jamais rien ne sera capable de diminuer en moi ces sentiments, dans lesquels je suis de tout mon cœur et avec respect, mon révérend père et ami, votre, etc.

« DUTERTRE J. »

De là à écrire contre Malebranche, et à suivre jusqu'au bout les propositions du P. Guymond il n'y avait plus qu'un pas : Dutertre le franchit rapidement. Il se mit à l'œuvre et il fit paraître, en 1715, un livre intitulé : *Réfutation d'un nouveau système de métaphysique proposé par le P. M..... auteur de la Recherche de la Vérité*, Paris, chez Mazières, in-12, 3 vol. Nous n'avons à juger ni le système de Malebranche ni la réfutation du P. Dutertre. Le système de Malebranche était loin d'être irréprochable, et nous en avons nous-même plus d'une fois signalé les défauts[1]. Le plus grand, qui est commun à Malebranche et à tout son siècle, est de sacrifier un peu trop la liberté de l'homme à la toute-puissance de Dieu, et dans l'action et dans la connaissance; mais entre ce défaut et l'athéisme il y a un abîme. La théorie des idées, qui a des côtés admirables, en a aussi de défectueux, qu'Arnauld avait signalés bien avant les jésuites. Mais encore une fois, il ne s'agit point ici d'apprécier le mérite intrinsèque du livre du P. Dutertre; nous voulons mon-

[1] Voyez l'*Histoire de la Philosophie au* XVIIIe *siècle*, t. I, onzième leçon, p. 427 de la nouvelle édition de 1841, et le second article sur la *Correspondance inédite de Mairan et de Malebranche* (*Journal des Savants*), décembre 1842.

trer seulement quel brusque effet la persécution produisit sur cet esprit présomptueux qui, dans l'intervalle de quelques mois, passant d'une extrémité à l'autre, après avoir repoussé avec éclat les propositions du P. Guymond, finit par aller presque au delà, et par accabler publiquement de sarcasmes d'assez mauvais goût celui qu'il appelait le meilleur et le plus estimable de ses amis. En effet, l'ouvrage du P. Dutertre contre Malebranche est fort souvent imité de celui du P. Daniel contre Descartes. Dès les premiers mots de la préface, voici comment il s'exprime sur le compte de Malebranche : « Après avoir employé quelque temps à l'étude des tourbillons de M. Descartes, cet auteur commençoit à s'ennuyer de voyager toujours dans un monde matériel (ceci ne rappelle-t-il pas le *Voyage du monde de Descartes* par le P. Daniel[1] ?) » lorsque tout à coup il lui sembla voir s'ouvrir devant lui une autre espèce de monde purement intelligible, où un soleil intelligible découvroit aux pures intelligences mille et mille beautés intelligibles. Il n'hésita pas un moment à y passer, et dès que l'œil de son esprit fut un peu remis de l'éblouissement que lui avoit causé la clarté inusitée de cette idéale région, il eut la satisfaction de connoître avec une entière évidence que ce monde intelligible étoit le Verbe de Dieu. » Et ailleurs : « Il s'applique à examiner de quel côté il devoit tourner pour trouver dans le monde philosophique un nouveau pays où personne ne l'eût précédé. Cela ne lui fut pas aisé ; la logique étoit depuis longtemps défrichée, outre qu'elle paroissoit à notre voyageur une terre bien maigre. M. Descartes avoit peuplé toutes les

[1] Paris, 1690 ; nouv. édit. 1702.

contrées de la physique, et les habitants s'étoient si fort multipliés qu'on avoit été obligé d'envoyer de grosses colonies dans le royaume de la lune et dans toutes les planètes.... » Il y a cent passages de ce genre [1]. Voilà le livre que Dutertre adresse à André par une lettre du 10 octobre 1715, en lui demandant son avis avec un air de triomphe. André paraît s'être borné à lui répondre qu'il ne pouvait lui dire son sentiment, parce qu'il craignait de trahir ou la vérité ou la charité. Dutertre (lettre du 9 janvier 1716) trouve ce parti *très-sage* et *très-édifiant.* Il se plaint avec amertume que les cartésiens et les malebranchistes ne l'épargnent point; il énumère avec faste tous les suffrages que son livre obtient; « en un mot, dit-il, vos bons amis sont encore à me répondre une syllabe; et des gens de lettres, je dis des séculiers, m'ont assuré qu'ils ne sauroient par où s'y prendre, ce qui ne fait pas grand honneur à la secte. Au reste, mon révérend père, ne croyez pas que je vous dise cela par une sotte vanité; vous me connoîtriez mal; je vous le dis par pure charité, parce que je suis fâché de vous voir tenir une conduite qu'on ne peut attribuer qu'à l'entêtement, et j'ai cru que ce détail pourroit peut-être avoir quelque bon effet. »

Ici s'arrête la correspondance des deux anciens amis. Tandis que l'un désavouait en aussi peu de temps et avec si peu de ménagement ses premières opinions, celui

[1] Il y a un autre ouvrage de Dutertre, fort peu connu, intitulé: *Le philosophe extravagant dans le Traité de l'action de Dieu sur les créatures*, Bruxelles, 1716, où Dutertre affecte le même ton, qui est un peu plus de mise contre Boursier que contre Malebranche. Il faut dire que, dans ce second ouvrage, Malebranche, qui était mort un an auparavant, est plus ménagé, notamment p. 118.

qu'il avait d'abord accusé d'un peu de faiblesse, y demeura fidèle; nulles menaces ne purent l'ébranler. Il maintint avec modération, mais avec fermeté, ses convictions cartésiennes. Ne pouvant résister à la force, il se soumet, mais en se soumettant il proteste encore.

Au milieu de l'année 1712, le père provincial envoya à André un formulaire à signer et à dicter à ses écoliers. Sans s'y refuser absolument, André adressa au père provincial une lettre où il le prie de ne point exiger de lui cette rétractation publique. La première correspondance faisait allusion à cette lettre que nous possédons aujourd'hui.

« Mon très-révérend père,

« J'ai lu l'écrit que notre révérend père recteur m'a communiqué de la part de votre révérence. Je n'ai point de peine à enseigner les opinions que l'on m'y a marquées, même les plus contraires à mes sentiments particuliers. Je crois le pouvoir faire sans manquer à la sincérité chrétienne, parce que, dans les choses que l'on enseigne dans les colléges, et qui n'appartiennent point aux dogmes de la foi, on doit, ou du moins on peut présumer que c'est la robe qui parle et non pas la personne; et de plus parce qu'il semble à propos qu'il y ait là-dessus dans un corps quelque règlement uniforme, de peur que chacun, sous prétexte de vérité, ne s'avisât de débiter toutes ses visions. Bien ou mal, ce sont les raisons qui m'ont déterminé, contre mon inclination, à entrer, par pure obéissance, dans le métier que je fais. Mais, mon révérend père, en même temps que je vous déclare que je suis prêt à vous obéir sans réserve, en enseignant les opinions de la compagnie, permettez-moi de vous représenter, avec tout le respect que je dois à votre dignité et à votre personne, qu'il ne me paroît aucunement à propos que je fasse une rétractation aussi publique et aussi solennelle que votre révérence me la demande.

« 1°. C'est un éclat qui ne peut avoir, dans le monde, que de fort mauvais effets. Tout ce que j'ai enseigné jusqu'ici n'y a presque fait aucune sensation, et il semble qu'il n'est pas juste d'exiger une réparation publique pour un scandale qui n'a point été public ;

« 2°. C'est une espèce de formulaire que vous me donnez à publier, et qui réveillera dans les esprits, déjà prévenus contre nous, des idées qui ne peuvent nous être que fort désavantageuses, surtout dans les matières en question. Il ne s'agit plus de la foi, dira-t-on, et cependant vous voyez l'âpreté de leur zèle pour les opinions qu'ils ont une fois embrassées. Je vous prie donc, mon révérend père, d'épargner mon honneur pour celui de la compagnie qui en est inséparable dans cette conjoncture. Cependant, si c'est une chose absolument arrêtée que je dicte une rétractation publique des opinions que je n'ai jamais enseignées ni eu dessein d'enseigner, je veux bien, mon révérend père, abandonner mon honneur et en faire un sacrifice à l'obéissance, mais je ne puis abandonner ni sacrifier la sincérité chrétienne. Vous m'ordonnez de faire une protestation publique que je tiens pour très-vraies des opinions que je tiens pour évidemment fausses, et pour suspects dans la foi des auteurs que je tiens pour très-orthodoxes. Je ne trouve dans leurs écrits que des erreurs philosophiques, et vous voulez que je déclare que j'y trouve des hérésies. Pardonnez-moi, mon révérend père, si j'ose vous le dire [1] : que l'on me flétrisse, que l'on m'accable, j'y suis prêt ; mais je ne ferai point un pareil mensonge à la face du public, et je n'irai point censurer sans aucun droit des philosophes très-catholiques, contre la persuasion intime où je suis de la pureté de leur foi. Je les combattrai s'ils ont des erreurs, mais je ne flétrirai

[1] Voyez plus haut, la lettre à Malebranche, p. cxj.

jamais des auteurs dont la vertu et la religion paroissent à chaque page de leurs écrits, du moins à mes yeux. Je mériterois par un mensonge si abominable les mauvais traitements que j'ai soufferts, et je n'aurois plus de quoi me consoler dans toutes les disgrâces que je vois prêtes à fondre sur moi, si je les avois méritées par un mensonge et par une calomnie.

« Ainsi, mon révérend père, s'il est résolu que je fasse quelque chose, non pas pour apaiser les cris du public qui ne dit mot, mais les murmures de quelques particuliers, dont je ne veux rien dire par réserve, je vous supplie de faire changer tellement les termes du formulaire que je le puisse dicter en mon propre nom, sans blesser en aucune sorte ni la sincérité, ni la justice, ni la charité. Certainement, mon révérend père, je ne devrois pas être réduit à vous demander cela comme une grâce. C'est pourtant la seule que je vous demande, vous promettant du reste que tout ce que je puis faire sans crime pour vous contenter, je le ferai sans peine. Mais que j'aille faire profession ouverte de tenir pour très-vrai ce que je tiens pour très-faux, telles que sont les opinions que l'on me spécifie sur la nature des idées; que j'aille donner à croire que j'ai jamais eu le moindre sentiment contraire aux décisions des conciles de Trente, ou de Constance, ou de Vienne, soit sur la nature de nos âmes ou sur le mystère adorable de mon maître; que j'aille malignement décrier en matière de religion des auteurs illustres qui n'ont erré qu'en matière de philosophie; que j'aille enfin, contre toute vérité me faire passer moi-même pour un aveugle sectateur de leurs opinions singulières, malgré l'horreur naturelle que j'ai toujours eue pour l'esprit de secte et de cabale, quoique jamais (dans les) matières philosophiques je ne rendis hommage qu'à la raison, et quoique je combatte sincèrement ces auteurs en plusieurs endroits de mes écrits, et peut-être avec plus de force que ceux qui m'accusent de les suivre, par exemple M. Descartes dans presque toute sa métaphysique, et le P. Malebranche dans tout ce qui regarde la manière d'expliquer l'acte libre de notre volonté; pardonnez-moi, mon révérend père, je vous déclare que je ne rendrai jamais faux témoignage, ni contre moi-même ni contre personne; c'est bien assez que les autres me calomnient; il y a longtemps que je le souffre, et, Dieu merci, en patience.

« Votre révérence sait elle-même qu'il y avoit une calomnie atroce dans le petit extrait qu'elle me lut à la visite, et qu'apparemment ce fut pour cette raison qu'elle ne voulut jamais me le mettre dans les mains, malgré mes instances et peut-être malgré la justice. Il y en a deux presque aussi énormes dans l'écrit que vous m'envoyez. 1°. Que *l'an passé,* pour peu qu'on me poussât dans les disputes, il y avoit toujours *du malebranchisme* dans mes *dernières* réponses; 2°. qu'à certaine dispute, que l'on n'a garde de marquer, je parlai d'une manière peu orthodoxe du libre arbitre. Ce sont des faits absolument faux et calomnieux. Le premier ne peut être avancé que par des gens peu instruits, qui prennent pour malebranchisme tout ce qu'ils n'entendent pas ou peut-être aussi, pour ne rien dire de plus, tout ce qui est assez clair pour être entendu sans peine. Mais, pour le second fait, ce n'est plus ignorance; la vérité m'oblige à vous déclarer que c'est une imposture abominable, et dont je ne manquerois point de vous demander justice, si j'étois en état de pouvoir l'obtenir, et que l'on pût être dans la disposition de me la rendre. Mais je me tiendrai encore trop heureux si l'on veut bien ne me faire aucune violence. Je prie Dieu, par N.-S. J.-C., de calmer votre esprit irrité par de faux rapports, par de mauvais conseillers, peut-être plus encore par de mauvais soupçons, et de tempérer par sa douceur la vivacité de votre conduite, qui ne peut avoir que des suites fâcheuses dans la compagnie et dans le monde. *Principes gentium dominantur eorum; vos autem non sic.* Je vous demande pardon, mon révérend père, de la liberté que je prends; dans les circonstances où vous me réduisez, il semble qu'il me doit être permis de dire quelque vérité pour me défendre de tant de faussetés que l'on m'attribue. En tout cas, mon révérend père, je suis prêt à tout événement : *Si dixeris mihi; non places, præsto sum ;* si vous me dites même ; *Satrapis non places,* je suis prêt à obéir dans tout ce que je pourrai faire sans désobéir à Dieu. C'est en lui, et dans l'union de son esprit saint, que je suis, avec un profond respect..... etc. »

Cette lettre, loin de calmer le père provincial, l'aigrit au contraire, et il exigea du P. André une profession de foi sur chacun des articles du formulaire. Nous n'avons pas ce formulaire, mais la réponse d'André nous le fait connaître suffisamment. Elle roule précisément sur les points consignés dans la pièce célèbre appelée par Bayle *Concordat entre les jésuites et les pères de l'Oratoire*[1], à savoir les accidents absolus, l'essence de l'âme, l'essence du corps, les formes substantielles, l'union de l'âme et du corps, la nature des idées, les idées claires, l'action des esprits, etc. Sur toutes ces questions André s'explique de la manière la plus catégorique. Nous sommes heureux de posséder et de pouvoir publier ce morceau important.

« 1er décembre 1712.

« Mon très-révérend père,

« Quelque sensible que je sois à l'outrage que l'on me fait, en jetant des soupçons si cruels sur ma religion et sur ma bonne foi, je ne m'en plaindrai point à votre révérence ; je me contenterai de la prier très-humblement de lire avec un peu d'attention et d'équité l'exposition que je lui envoie de mes sentiments sur tous les articles en question. S'il y en a

[1] *Recueil de quelques pièces curieuses concernant la philosophie de M. Descartes*, Amsterdam, 1684, et *les Fragments philosophiques*, t. II, p. 204, de la 3e édit.

un seul qu'il ne soit pas permis d'avoir dans l'Église, et qui n'ait pour garant des auteurs dont la foi ne peut être suspecte, je m'offre à le quitter sans réplique et à l'instant même qu'on me le fera connoître. Mais je demande une grâce à ceux qui en feront l'examen, et qu'il semble que l'on devroit me nommer selon les règles de la justice, c'est de n'être point déterminés à regarder comme hérétiques tous ceux qui n'ont pas le bonheur d'être de leur opinion. A cela près je ne crains rien, et les juges les plus éclairés me seront toujours les plus agréables. Voici donc la profession de foi que l'on me demande.

« I. Sur les accidents absolus.

« Sur le mystère de la sainte Eucharistie, je dis anathème avec toute l'Église, à Zuingle, à Calvin, à Wiclef et à Luther, etc. Je crois que N.-S. Jésus-Christ, Dieu et homme, corps, âme et divinité, se trouve réellement et identiquement, substantiellement et proprement dans toutes les hosties consacrées, et dans chacune de leurs parties, du moins après leur séparation; que toute la matière du pain et du vin se change véritablement au corps et au sang de Jésus-Christ, notre bon pasteur et notre vraie nourriture, non-seulement spirituelle mais corporelle; que cette conversion admirable est justement appelée transsubstantiation [1] dans un sens propre et très-convenable à la chose signifiée; qu'après ce changement miraculeux et singulier il ne reste rien du pain et du vin que les seules espèces. Enfin, je transcrirai, si l'on veut, tout ce que les conciles de Trente, de Latran et de Constance nous obligent à croire là-dessus; car je le crois expressément et distinctement comme un dogme de foi révélé de Dieu, et proposé par son Église à la croyance de tous les fidèles : je

[1] La prétention d'expliquer le mystère de la transsubstantiation est une des fautes qui firent le plus de tort au cartésianisme. Sur ce point obscur de l'histoire de la philosophie cartésienne, nous possédons des documents importants et la plupart inédits, que nous ferons connaître un jour.

suis prêt de le démontrer contre tous les hérétiques et de le signer de tout mon sang. Mais je ne crois pas que Dieu ait révélé, ni dans l'Écriture ni dans la tradition, ni par la voix de son Église, ni en termes exprès, ni par conséquence, qu'il y ait des accidents absolus dans le saint sacrement de l'autel, ni que ces accidents qui y restent sans sujet soient l'extension de la quantité du pain et du vin, et moins encore que l'essence du corps ne consiste point dans l'étendue, je ne dis point déterminée, je reconnais que c'est une erreur de M. Descartes, mais dans quelque étendue indéterminément.

« Voici les raisons que j'ai de douter que ce soient là des articles de foi, et que je prie d'examiner sans prévention et devant le Seigneur, qui ne veut point, il est vrai, que l'on retranche rien de sa parole, mais qui ne veut pas aussi que l'on y ajoute.

« 1°. Le saint concile de Trente, qui dans cette matière est la règle la plus juste que nous puissions avoir de notre foi, et qui me semble avoir décidé clairement tout ce que nous devons croire, ne fait aucune mention de ces accidents absolus; il ne parle que d'espèces qui restent seules, dit-il, après la consécration : *manentibus duntaxat speciebus*. Pourquoi s'est-il servi si constamment, et dans les canons et dans les chapitres, de ce mot d'espèces; et pourquoi ne s'est-il jamais servi du mot d'accidents, s'il a voulu faire un article de foi des accidents absolus? ou plutôt n'est-il pas manifeste et par son silence et par le terme dont il a pour ainsi dire affecté de se servir, qu'il a regardé ce point comme étranger à la foi, dont il avoit dessein d'établir le dogme sans entrer dans les questions sur lesquelles les docteurs catholiques étoient partagés, comme l'histoire de Palavicin le remarque en plusieurs endroits?

« 2°. Depuis le concile de Trente on a toujours vu dans l'Église des docteurs très-orthodoxes qui ont soutenu qu'il ne restoit dans l'Eucharistie, après la consécration, que les pures apparences du pain et du vin, sans rien d'absolu.

Pour en être persuadé il n'y a qu'à lire le célèbre P. Maignan, *Appendice quinta ad philosophiam sacram, etc.* [1].

« 3°. Il paroît évident, par la lecture des anciens auteurs, que ce que l'on a d'abord appelé accident n'étoit autre chose que les qualités sensibles de couleur, d'odeur, de saveur, etc.; qu'ensuite on y ajouta la quantité ou l'extension de la matière du sacrement, et que de là on a conclu enfin l'existence de cette espèce d'être qu'on a depuis appelé dans l'école accident absolu, à ce qu'il me paroît sans aucun fondement dans la tradition des saints Pères.

« 4°. On soutient, tous les jours, dans les écoles les plus catholiques, que l'essence du corps consiste dans quelque étendue indéterminément, et il est impossible, dans quelque opinion que l'on soit, de concevoir autrement la substance corporelle. Toute la géométrie est fondée sur cette notion claire du corps. L'Écriture sainte elle-même ne nous en donne point d'autre. Notre-Seigneur Jésus-Christ la suppose évidemment. Saint Augustin y est formel dans presque tous ses ouvrages, principalement dans le livre qui a pour titre *De la quantité de l'âme,* dont le dessein est de faire voir que l'âme est quelque chose de très-réel, quoiqu'elle ne soit point corporelle, c'est-à-dire étendue en longueur, largeur et profondeur, comme lui-même s'en explique. *Videtur enim mihi quasi nihil esse anima si nihil est horum,* lui dit son interlocuteur ; et je dis après lui avec bien plus de raison : *Videtur mihi nihil esse corpus, si nihil est horum,* chapitre 3, E. edit. Lovan. [2].

« Cependant, mon révérend père, je suis prêt de soutenir ce premier article, tel qu'on me le prescrit, pourvu qu'on ne m'oblige point contre ma conscience à m'en faire un article de foi, avant la décision de l'Église.

[1] Père minime, né à Toulouse en 1601, professeur à Rome à la Trinité-du-Mont en 1636, mort en 1696, auteur d'un cours de philosophie estimé et de la *Philosophia sacra,* 1662 et 1672.

[2] Édit. des Bénédictins, t. I, p. 403.

« II. Sur l'essence de l'âme.

« Dans le second article, je crois qu'il y a des expériences qui prouvent assez bien que l'âme pense dès le ventre de la mère ; mais je n'ai point de peine à croire qu'elle puisse absolument être sans penser ; car Dieu est bien puissant, et je ne connois pas assez clairement l'essence de l'âme pour en parler aussi décisivement que les cartésiens.

« III. Sur l'essence du corps.

« Pour ce qui est de l'essence du corps, je suis persuadé avec saint Augustin, par l'idée claire que nous en avons et que la foi suppose sans la détruire, qu'elle consiste, non pas, comme le prétend M. Descartes, dans une étendue déterminée, mais dans quelque étendue indéterminément, comme je l'ai déclaré ci-dessus. A l'égard de la pénétration, je ne crois pas que les saints Pères en aient jamais parlé dogmatiquement, du moins quand on y ajoute le terme proprement dit. Les Pères de Trente n'en disent pas un mot dans un si grand nombre de décisions et d'explications sur le mystère de la sainte Eucharistie, et l'on sait assez que l'on peut expliquer tous les miracles dont on me parle sans avoir recours à aucune pénétration proprement dite ; et cela en plusieurs manières que mes examinateurs sauront mieux que moi. Il est clair qu'il suffit pour le dessein de l'Évangile et des saints Pères qui l'interprètent que ces passages du corps de Notre-Seigneur soient miraculeux et surnaturels, sans qu'il soit nécessaire d'y rien admettre qui choque manifestement la raison. En un mot, je ne crois pas que l'on en puisse faire un dogme de bonne foi, ce qui ne m'empêchera point de l'enseigner de la manière la plus commune.

« IV. Sur les formes substantielles.

« Je tiens, contre certains philosophes, que Dieu peut faire un nombre infini de substances qui ne soient ni esprit ni corps ; mais je suis en même temps convaincu qu'il y a une manifeste contradiction qu'il tire ou qu'il éduise de la matière quelque substance qui ne soit pas matière, qui soit plus noble que la matière, qui soit capable de connoître, de sentir, d'avoir des appétits, proprement ainsi appelés, etc. Ce sentiment, pris à la rigueur et joint à celui qui veut que les corps n'aient essentiellement aucune étendue actuelle, me paroît détruire absolument la preuve la plus belle et la plus convaincante de l'immortalité de l'âme. De plus, une âme est assez inutile à une bête, puisque cette âme même a besoin d'une détermination étrangère pour être déterminée à une chose plutôt qu'à une autre. Il est vrai que la pure machine est d'un autre côté bien difficile à soutenir, cela révolte ; mais il me semble que l'ignorance où nous sommes des ressorts et des organes qui la composent en fait toute la difficulté. Cependant je ferai là-dessus tout ce que l'on voudra.

« V. Sur l'union de l'âme et du corps.

« Pour le cinquième article, je le crois intérieurement et dans toute son étendue, par raison autant que par soumission au saint concile de (Vienne ?).

« VI. Sur la nature des idées.

« Sur la nature des idées, je ne tiens que le pur sentiment de saint Augustin, qui a soutenu évidemment : 1°. que nos idées étoient distinguées de nos perceptions ; 2°. que nos idées étoient en Dieu. Pour s'en convaincre, à n'en pouvoir douter, il n'y a qu'à lire attentivement son livre *De Magistro,* le second *Du libre arbitre,* le livre *des* 83 *Questions,* quest. 46, le livre XIIe *De la Trinité,* le Xe de ses *Confessions, etc.* Mais, pour en épargner la peine à mes censeurs, permettez-moi, mon révérend père, d'en rapporter ici un passage décisif et sur lequel seul je consens qu'ils me jugent. Il est tiré du livre *des* 83 *Questions,* quest. 46 [1].

[1] Édit. des Bénédictins, t. VI, p. 17.

« Ideæ sunt formæ quædam principales et rationes rerum « stabiles atque incommutabiles, quæ ipsæ formatæ non « sunt ac per hoc æternæ ac semper eodem modo sese ha- « bentes, quæ in divina intelligentia continentur, et cum « ipsæ neque oriantur neque intereant, secundum eas tamen « formari dicitur omne quod oritur et interit.

« Anima vero negatur eas intueri posse nisi rationalis, « ea sui parte qua excellit, id est ipsa mente ac ratione, « quasi quodam oculo suo interiore atque intelligibili. Nec « omnis et quælibet anima rationalis, sed quæ sancta et « pura fuerit, hæc asseritur illi visioni esse idonea, id est « quæ illum ipsum oculum, quo videntur ista, sanum et sin- « cerum, serenum et similem iis rebus quas videre intendit, « habuerit.

« Quis autem religiosus aut vera religione imbutus, quam- « vis nondum possit hæc intueri, negare tamen audeat om- « nia quæ sunt, id est quæcumque in suo genere propria « quadam natura continentur, Deo auctore esse procreata? « Quo semel constituto atque concesso, quis audeat dicere « Deum irrationabiliter omnia condidisse? Quod si recte « dici et credi non potest, restat ut omnia ratione sint con- « dita. Nec eadem ratione homo qua equus; hoc enim ab- « surdum est existimare; singula igitur propriis creata sunt « rationibus. Has autem rationes ubi arbitrandum est esse « nisi in mente Creatoris? Non enim extra se quidquam in- « tuebatur, ut secundum id constitueret quod constituebat; « nam hoc opinari sacrilegum est.

« Quod si hæ rerum creandarum creatarumque rationes in « divina mente continentur; neque in divina mente quid- « quam nisi æternum atque incommutabile potest esse, at- « que has rerum rationes principales appellat ideas Plato, « non solum sunt ideæ, sed ipsæ veræ sunt, quia æternæ « sunt atque immutabiles manent, quarum participatione fit « ut sit quidquid est, quoquo modo est.

« Quas rationes sive ideas, sive formas, sive species, sive

« rationes licet vocare et multis conceditur appellare nomi-
« nibus, sed paucissimis licet videre quod verum est... etc.»

« Il est donc clair, mon révérend père, que, selon saint Augustin : 1°. il y a des idées en Dieu, 2°. l'âme raisonnable voit ces idées quand elle se détache l'esprit et le cœur des choses terrestres qui pourroient obscurcir son œil intérieur ; 3°. que chaque chose a son idée en Dieu, formellement distinguée de toute autre idée, et par conséquent que l'on peut voir l'une sans voir l'autre, l'idée de l'homme sans voir l'idée du cheval, et par conséquent voir l'idée des corps sans voir l'idée des esprits, et par conséquent encore voir les idées des créatures sans voir formellement l'essence divine, si ce n'est de la manière qu'il est écrit : *omnes vident eum, unusquisque intuetur procul* : c'est-à-dire, en un mot, que l'on peut voir Dieu en tant que participable par les créatures, sans le voir proprement et formellement en tant qu'il est incommunicable, et, si j'ose ainsi dire, imparticipable. Tout cela, mon révérend père, est évidemment de saint Augustin, qui n'étoit pourtant pas un fanatique, ni un hétérodoxe, comme vous permettez que l'on m'appelle sans que j'y aie donné la moindre occasion. Ce grand docteur de l'Église ne crut pas être un visionnaire pour être dans ces sentiments ; et, quoiqu'il assurât que l'âme raisonnable vit en Dieu les idées éternelles, *nulla interposita natura*, c'est-à-dire, si je ne me trompe, immédiatement, il ne crut pas pour cela que l'on en pût conclure que nous voyons clairement l'essence de Dieu dès ce monde, ni que son opinion pût jamais être confondue ridiculement avec des hérésies qu'il a lui-même combattues (les Anoméens). M. de Cambray, depuis la page 171 jusqu'à 226.

« VII. Sur les idées claires.

« Je conviens que nous avons bien des idées obscures, les unes parce qu'elles sont vagues, indéterminées, et comme dans un éloignement infini, et les autres parce que les ténèbres de nos sentiments les obscurcissent, les troublent et les confondent. Ainsi je n'ai point de peine sur cet article.

« VIII. Sur l'action des esprits, etc.

« J'en ai encore moins sur l'action de l'âme. Mais est-il possible qu'après avoir soutenu si publiquement, contre le père Malebranche, que l'âme agit réellement et physiquement en elle-même, qu'elle se modifie, qu'elle se détermine par une action positive dont elle est véritablement cause efficiente, on me vienne opposer aujourd'hui mon propre sentiment comme un remède à mes erreurs? Faites lire, mon révérend père, le traité de l'âme que j'ai dicté à Amiens [1]; vous y trouverez des preuves convaincantes que je ne regarde point cet auteur comme *mon maître*, et que je l'abandonne quand il abandonne lui-même la vérité qui seule a droit de régner sur les esprits. Pour ce qui regarde l'action des esprits sur les corps, et particulièrement l'action de l'âme sur le corps qu'elle anime, je trouve quelque difficulté; mais, n'ayant là-dessus aucune démonstration, et d'ailleurs ayant toujours cru que le système des causes occasionnelles n'examine [2] pas assez fortement la puissance des esprits, je ne vois aucune raison qui m'empêche de conformer mon jugement à tout ce que l'on exige de moi.

« Sur tout le reste on me propose ce que je pense, excepté néanmoins sur la béatitude objective de l'état de pure nature, que je crois impossible. Quant au terme, si l'on y admet une espèce de vision intuitive de la divine essence, l'Église permet sur cela de penser ce que je veux, et je suis prêt à faire tout ce qu'on voudra, et même à dicter une rétractation de ce que j'en ai avancé.

« Voilà, mon révérend père, un exposé fidèle de mes sentiments les plus intimes, par où l'on voit assez que je ne puis

[1] André y était donc resté au moins quelque temps.
[2] Peut-être *n'exprime*.

pas dire le *profiteor me vera credere* : 1°. des accidents absolus ; 2°. de l'essence du corps indépendante de toute étendue actuelle ; 3°. des formes substantielles ; 4°. du sentiment contraire à saint Augustin sur la nature de nos idées, du moins jusqu'à ce que j'aie reçu l'instruction que je prie votre révérence de me faire donner par des gens habiles ; sensés, non prévenus, et qui ne veuillent point demeurer cachés pour être en droit de dire tout de qu'il leur plaît. Enfin j'enseignerai tout ce qu'on voudra, je ferai telle rétractation que l'on voudra, la plus humiliante pour moi, la plus glorieuse pour la compagnie, dont je serois ravi de procurer la gloire au prix de tout l'honneur du monde. Mais pour me convaincre intérieurement, je demande des raisons, et il me paroît qu'il ne doit pas suffire que l'on me dise en général : *cette doctrine ne vaut rien*. Il n'est pas à propos pour nous que cette manière de censurer les opinions contraires aux nôtres soit autorisée par les gens sages; il n'y auroit plus que des hérétiques dans le monde. Je vous prie donc, mon révérend père, de me donner des censeurs plus équitables et moins emportés, qui ne me traitent point d'entêté sans avoir tâché de me convaincre, ni de fanatique sans avoir démontré mes visions, ni d'hétérodoxe sans avoir découvert mes hérésies, ni d'homme de mauvaise foi sans en apporter aucune preuve ; c'est la dernière chose que l'on doive reprocher à tout homme avec qui l'on veut encore avoir quelque société. Je parlerai une autre fois à votre révérence de la calomnie évidente qui était contenue dans le papier qu'elle me lut à la visite, que je lui demandai, qu'elle me refusa, et qu'il semble que vous ayez oublié. Je suis avec respect, etc. »

Cette fois la compagnie se piqua d'honneur et consentit à discuter avec André. Elle chargea trois de ses plus fortes têtes d'examiner sa profession de foi, et l'un d'eux eut ordre d'y répondre article par article. Cette réponse, à ce qu'André nous apprend, était un petit in-folio. Il en fit un extrait qu'il envoya à Malebranche, et cet extrait se trouve dans nos papiers. Il est lui-même fort étendu. André a mis de loin en loin à la marge quelques notes très-succinctes : « L'auteur de cet écrit est inconnu, dit André dans une de ces notes, et se cache, à ce qu'il dit, par ordre de ses supérieurs. Cependant il parle comme un pape. » En effet, même dans l'extrait, le ton est toujours celui d'un supérieur. Malebranche y est traité, comme philosophe et comme théologien, avec beaucoup de hauteur. C'est le thème développé dans le livre du P. Dutertre. Il est à peu près certain que cette pièce lui avait été communiquée aussi bien qu'à André, et il est vraisemblable qu'elle lui aura été donnée comme le fond de la réfutation de Malebranche qu'on lui demandait. C'est le même esprit, ce sont les mêmes arguments présentés à peu près dans le même ordre; on y accuse Malebranche de n'avoir aucune originalité en philosophie, et d'être seulement un écolier de Descartes, qui n'a ajouté à la doctrine du maître que des contradictions et des extravagances. On s'attache particulièrement à réfuter la théorie des idées; et, comme André avait prétendu retrouver cette théorie dans saint Augustin, le père jésuite qui lui répond expose à son tour ce qu'il appelle la vraie doctrine du grand docteur : tout ce morceau a presque passé dans l'ouvrage du P. Dutertre. Les citations de saint Augustin sont les mêmes, le style seul est un peu changé; il est plus ironique et moins violent dans le livre imprimé que dans la pièce manuscrite. Ici Malebranche est partout représenté comme un fanatique et comme un fou. L'esprit général qui y règne est celui du péripatétisme, comme l'esprit du platonisme domine dans Malebranche et dans André. De là les défauts et les mérites de ce *factum* philosophique. L'empirisme d'Aristote n'a pas toujours tort contre l'idéalisme de Platon ; il en faut dire autant des jésuites à l'égard de Descartes et surtout de Malebranche. Comme ils eurent souvent raison contre Port-Royal en théologie, dans la grande affaire de la grâce, où ils se portèrent les défenseurs de la liberté et de la puissance de la volonté humaine, de même leur empirisme péripatéticien en philosophie a quelquefois l'avantage du sens commun contre la théorie des idées et la fameuse vision en Dieu. Ils en parlent déjà comme le fit plus tard leur célèbre écolier Voltaire, qui avait pris à Louis le Grand chez les jésuites le fond de sa philosophie, et la développa pendant son séjour en Angleterre dans l'étude de Locke et par le commerce de ses disciples. Reste à savoir quel peut être l'auteur de la pièce qui est entre nos mains. Rapin [1] était mort en 1687, Le Valois [2] en 1700. Letellier était occupé à diriger la conscience de Louis XIV. Hardouin n'était pas consulté, comme il le dit lui-même [3]. Baltus [4], cité dans

[1] Auteur de la *Lettre d'un philosophe à un cartésien de ses amis*, Paris, 1673. Le cartésien auquel cette lettre est adressée est le P. Dom Robert des Gabets. (Voyez nos articles sur ce savant Bénédictin, février, mars, avril et mai 1842, *Journal des Savants.*) Le P. Le Valois, dans son livre : *Sentiments de M. Descartes opposés à la doctrine de l'Église, et conformes aux erreurs de Calvin*, Paris, 1680, citant cette lettre aux pages 54, 55 et 56, chap. 3e, l'attribue au P. Pardies, et Moréri ne la met point parmi les écrits de Rapin ; mais, dans l'imprimé, elle est positivement signée R.... J(ésuite).

[2] Il était né à Melun en 1639 ; régent de philosophie à Caen, confesseur des princes, petits-fils de Louis XIV, enfin supérieur de la maison de Paris. Voyez Moréri et la Vie du P. Le Valois en tête de ses OEuvres spirituelles, 3 vol. Paris, 1706.

[3] Voyez plus haut sa lettre à André.

[4] Né à Metz en 1661, entré dans la société en 1684, appelé à Rome

cet écrit, n'en peut être l'auteur. Je ne vois plus guère, parmi les jésuites de France de cette époque, d'autres personnages versés dans les matières philosophiques, que le P. Daniel [1] et le P. Tournemine [2], tous deux en possession d'une grande autorité dans leur compagnie, et fort engagés contre le cartésianisme. Le P. Buffier [3] n'avait pas encore la célébrité qu'il acquit en 1724 par la publication de son traité des *Vérités premières*, et il était trop judicieux et trop modéré pour prêter sa plume à des accusations souvent injustes et durement exprimées. Au reste voici presque en totalité l'extrait de cette pièce fait par André lui-même avec ses notes.

en 1717, pour y examiner les livres. A son retour en France, tour à tour recteur de divers colléges, bibliothécaire à Reims, et mort en 1743; auteur de la *Défense des SS. Pères accusés de platonisme*, Paris, 1711; *Jugement des SS. Pères sur la morale de la philosophie païenne*, Strasbourg, 1719, etc.

[1] Gabriel Daniel, né à Rouen en 1649, entré chez les jésuites en 1667, régent de rhétorique à Hesdin et à Eu, de philosophie à Rennes et à Paris, de théologie à Rouen, bibliothécaire, puis supérieur de la maison professe de Paris, mort en 1728. Ses écrits sont fort nombreux. Comme historien, il est très-estimé. Ses autres ouvrages ont été recueillis en 3 vol. in-4°, sous ce titre : *Recueil de divers ouvrages philosophiques, théologiques, historiques, apologétiques et de critique*, Paris, 1724.

[2] René-Joseph de Tournemine, d'une famille noble de Bretagne, né à Rennes en 1661, entré dans la société en 1680, successivement régent d'humanités, de philosophie et de théologie, placé en 1701 à la tête de la rédaction des Mémoires de Trévoux, bibliothécaire de la maison professe en 1718, mort en 1739. Voyez son éloge dans les Mémoires de Trévoux, septembre 1739. Il a beaucoup écrit sur l'histoire, la numismatique et la philosophie. Ses ouvrages philosophiques sont de petites dissertations éparses dans les Mémoires de Trévoux, et qui mériteraient d'être rassemblées.

[3] Il en sera parlé plus tard.

## GLOIRE A DIEU PAR N.-S. JÉSUS-CHRIST.

EXTRAIT D'UN ÉCRIT FAIT POUR RÉPONDRE A MA LETTRE AU PÈRE PROVINCIAL, 1er DÉCEMBRE 1712.

« 1°. Raison pourquoi on me dit des injures dans cet écrit et dans un autre. C'est, dit-il, que l'on savoit des supérieurs que le P. André refusait de se déclarer contre le P. Malebranche, et qu'il alloit jusqu'à dire que c'est un auteur très-orthodoxe, et dont la piété paroît à chaque page de ses ouvrages.

« 2°. Le P. Malebranche adopte et aggrave tout ce qu'il y a d'erroné en matière de religion dans le cartésianisme. Il y ajoute un grand nombre d'autres erreurs : les unes déjà formellement condamnées par l'Église, les autres ou directement contraires à la tradition, ou si dangereuses, vu les conséquences qu'on en peut tirer, qu'aucun théologien savant et orthodoxe ne peut excuser cet écrivain que sur son extrême ignorance en tout ce qui regarde l'Écriture et la tradition. Véritablement elle va si loin que, pour cet auteur, citer un passage de l'Écriture ou un endroit des Pères, et le prendre à contre-sens, c'est à peu près la même chose.

« 3°. Le P. André a-t-il pu s'aveugler au point de ne pas voir dans *la Recherche de la Vérité* toutes les erreurs condamnées depuis si longtemps dans Baius sur l'état de pure nature, de n'y pas apercevoir un sentiment pire que celui de Jansénius sur la nature du péché originel, et de ne pas reconnaître dans le *Traité de la Nature et de la Grâce* la plus insigne témérité qui fût jamais sur tout ce qui regarde l'économie du salut des hommes, que cet auteur ose régler suivant son caprice, d'une manière toute contraire à ce que l'Église, fondée sur la parole de Dieu et sur la tradition contenue dans les ouvrages des anciens Pères, nous en a appris jusqu'ici.

« 4°. Quoi ! le P. André trouve de la piété dans les *Médita-*

*tions chrétiennes* du P. Malebranche, qui, pour autoriser son dangereux fanatisme, ose le faire débiter par le Verbe éternel lui-même qu'il introduit sur la scène, et à qui il fait dire tout ce que son imagination déréglée lui fournit d'extravagances et d'erreurs? a-t-on pu n'être pas indigné en voyant le P. André regarder comme pieux et saint ce qui doit causer de l'horreur à tout chrétien bien instruit de sa religion?

« 5°. Au reste, on apporte en même temps la raison qu'on avoit de ne pas conter (sic) absolument sur la présomption (en faveur de ma catholicité) en ajoutant que le P. André étoit plus que suspect pour des opinions en partie hétérodoxes, et en partie entièrement contraires aux règlements de la compagnie, supposé que le malebranchisme soit un fanatisme hétérodoxe, ce qu'on croit pouvoir démontrer et ce qu'on a démontré en effet dans ce dernier écrit.

« 6°. Il conte que le P. André contre sa promesse a enseigné à Rouen au moins une des propositions malebranchistes [1] à la censure desquelles il avoit souscrit. Au reste on n'avance rien ici dont on n'ait la preuve en main, tirée des lettres du R. P. provincial. Tous les jours, sur de bonnes et certaines preuves [2], on juge que des gens sont fort entêtés sans qu'on ait aucun dessein ni aucune obligation de les convaincre. On avait ordre des supérieurs, non pas de convaincre le P. André, mais de juger s'il tenoit pour le malebranchisme.

« 7°. Le R. P. provincial assure en une de ses lettres qu'on a entre les mains que la proposition avancée à Rouen par le P. André, touchant la béatitude surnaturelle, qu'il fait consister dans une simple passion [3], est une de celles à la censure desquelles il avoit souscrit en promettant de ne les plus enseigner.

[1] Note d'André : « fausseté. »

[2] « Belles preuves ! »

[3] « Je n'ai point dit ici que ce fût une pure passion en excluant l'acte vital, mais en excluant l'acte libre, ce qui est évident. Ainsi je ne sais si leurs injures ne doivent pas retomber sur ceux qui les disent si hardiment. »

« 8°. Si ce n'est pas une illusion de croire trouver des preuves du sentiment qu'il a (sur l'essence de la matière), fondées sur l'autorité de l'Écriture en général et en particulier sur les paroles de J.-C., dont le P. André fait mention en cet endroit de sa lettre, on avoue qu'on ne sait pas ce que c'est que vision. On en trouve une autre dans la ligne précédente, où le P. André avance que la géométrie est fondée sur la notion claire de l'extension comme la véritable essence des corps. Voilà, ce me semble, des visions assez bien démontrées.

« 9°. L'erreur les suit de près dans la conclusion que le P. André tire de l'essence prétendue des corps en niant que la pénétration proprement dite soit possible même par miracle. On va lui démontrer que tous les anciens Pères en ont pensé bien autrement, fondés, non sur des visions, mais sur l'autorité de la parole de Dieu.

« 10°. Point de solidité ni d'étendue dans le P. Malebranche. Il a philosophé toute sa vie : après tant d'années qu'a-t-il trouvé de raisonnable qu'on puisse regarder comme une découverte ? Tout ce qu'il a de bon est tiré de Descartes et des autres nouveaux philosophes. Dès qu'il a voulu changer quelque chose en ce qu'il a pris, il l'a gâté s'il était bon, et s'il étoit mauvais, il ne l'a pu bien corriger. Par exemple, ses règles du mouvement universellement méprisées sur lesquelles il a tant varié, etc.

« 11°. En matière de théologie c'est bien pis ; on ne le peut excuser d'avoir voulu s'en mêler, lui qui n'eut jamais la moindre teinture d'érudition ecclésiastique.

« 12°. Deux défauts essentiels dans le *Traité de la Nature et de la Grâce* : le premier est que sur une question qui ne se peut décider que par la seule autorité de l'Écriture et de la tradition contenue dans les ouvrages des Pères, le P. Malebranche ne cite pas un seul passage pour appuyer son système ; le second défaut est beaucoup plus grand que le premier. Cet ouvrage n'est fait que pour bien expliquer comment la sincère volonté qu'a Dieu du salut de tous les hommes, et le sang de J.-C. répandu pour tous sans exception, se peuvent accorder avec le salut d'un si petit nombre d'élus et la damnation d'un si grand nombre de réprouvés. Or il n'a fait qu'embarrasser la question. Preuve. Selon le P. Malebranche, J.-C. ne pense pas toujours actuellement à chaque objet particulier. Mais du moins il a toujours présentes à l'esprit toutes les vérités générales dont la théologie est composée. Il voit donc toujours, si le système du P. Malebranche est vrai, que tous les hommes à qui il ne voudra pas se donner la peine de penser en particulier, et souvent, et dans les circonstances d'où dépend leur salut, en désirant que le prix de son sang leur soit appliqué, seront infailliblement damnés. Si donc il manque à penser souvent, et de la manière qu'on vient de dire, à tant de gens qui se damnent, et dont, selon le P. Malebranche, la damnation ne vient originairement que de là, peut-on dire que ce soit en J.-C. une simple omission involontaire, et que ce ne soit pas au contraire une nolition positive où la réprobation de ces misérables est attachée?

« 13°. De la manière dont le P. André s'exprime dans sa lettre, il semble supposer qu'on exige de lui un acte de foi divine sur tous les points de l'écrit qu'on lui a envoyé, où cependant il est parlé de bien des choses qui n'ont aucun rapport à la religion [1]. Ce n'est point de cela qu'il s'agit, mais d'une simple persuasion intérieure, sans laquelle il mentirait en faisant profession de croire vrai ce qu'il ne croirait pas. S'il ne l'a point sur certains points qu'on va lui marquer, on ne pourra s'empêcher de le regarder comme attaché à des opinions hétérodoxes et dangereuses ; mais aussi on ne marquera de cette manière que les choses de la vérité desquelles on juge que tout théologien catholique doit être persuadé. Ce n'est pas néanmoins qu'on prétende que les opinions contraires qu'on l'oblige à rejeter soient toutes des hérésies for-

[1] « De quel droit demandez-vous donc une persuasion intérieure ? »

melles. On regarde la plupart comme des erreurs; mais pour les qualifier d'hérésies formelles, il faut un jugement plus exprès de l'Église que ne le pourroient paraître au P. André quelques-uns de ceux qu'elle a déjà portés. Il y a même quelques-unes de ces opinions que l'on ne qualifieroit que de dangereuses en matière de foi, si l'on en vouloit porter une censure exacte.

« 14°. Ridicule distinction entre hétérodoxe et hérétique, pour montrer que j'avois eu tort de prier mes censeurs de ne me point traiter d'hétérodoxe sans avoir découvert mes hérésies.

« 15°. Il m'accuse d'avoir rapporté un passage de saint Augustin *assez peu fidèlement*, ce sont ses termes; rien n'est plus faux ni plus calomnieux.

« 16°. Si le P. André avoit commencé à s'instruire des choses avant que d'en parler, il auroit reconnu : 1°. que le platonisme de saint Augustin sur les idées n'est point du tout le malebranchisme; 2°. que ce platonisme même n'eut jamais aucun cours dans l'Église ni avant ni depuis le concile de Nicée; 3°. que c'est une opinion très-particulière à saint Augustin et rejetée par tous les autres Pères de l'Église.

« Sur les accidents absolus.

17°. Les théologiens défenseurs des accidents absolus conviennent que l'opinion qui les rejette n'est pas expressément condamnée par le concile de Trente, si l'on s'en tient à la seule force des mots pris en eux-mêmes : mais ils ajoutent que les Pères de ce concile ne s'étant servis du mot d'espèce ou de celui d'accident que pour ne se pas éloigner du langage des anciens Pères de l'Église, ils n'ont pas laissé de vouloir exprimer la même chose. On en apporte deux preuves : la première est prise du sentiment unanime tant des théologiens employés à dresser les décrets du concile, que des Pères du concile qui ont approuvé ces décrets, entre lesquels on n'en sauroit trouver un seul qui n'ait cru que les mêmes accidents qui étoient avant la consécration dans le pain et dans le vin, restent après la consécration dans l'Eucharistie. La seconde preuve est tirée de la manière dont toutes les écoles catholiques ont expliqué depuis ce temps-là les décrets du concile, entendant par le mot d'espèces employé dans ces décrets de véritables accidents absolus.

« 18°. Le sentiment contraire du P. Magnan que le P. André cite, ne prouve rien ici, tant parce que l'opinion d'un seul, et même de deux ou trois théologiens, ne peut servir en ces occasions qu'à les faire accuser eux-mêmes de témérité, que parce qu'il est aisé de prouver que l'opinion particulière du P. Magnan touchant les espèces sacramentelles n'est point recevable à cause qu'il explique mal le signe sensible qui doit toujours se trouver dans un sacrement permanent de sa nature, lors même qu'il n'y a personne qui soit présent.

« 19°. Mais voici quelque chose qui pourra paroître plus fort au P. André; sans doute qu'il sera surpris quand on lui dira qu'à s'en tenir précisément à la profession de foi contenue dans sa lettre, il ne paroît pas pouvoir éviter d'encourir l'anathème porté par le concile de Constance, sess. 8, contre les quarante-cinq articles de Wiclef. Le P. André, dans sa profession de foi, rejette le premier et le troisième article comme hérétique, mais il soutient le second séparé des deux autres dans tous les sens qu'y eût pu donner Wiclef, supposé qu'il se fût départi des deux natures. Ce second article porte : *Entia panis et vini non manent sine subjecto in eodem sacramento*. Or le P. André croit cela véritable; mais en reconnoissant le dogme de la transsubstantiation nié par Wiclef. Après que le P. André aura fait cette réflexion, qu'il tourne le feuillet et qu'il lise la censure du concile portée *sub anathematis interminatione* contre ceux qui oseront désormais soutenir et même détenir, *tenere dictos articulos vel ipsorum aliquem;* le P. André pourra-t-il donc ne point encourir cette censure s'il persiste dans son sentiment? On veut bien cependant lui donner le temps d'y penser à loisir, et l'on consent qu'il ne fasse point tomber le *profiteor me vera dicere* sur l'existence des accidents absolus.

« 20°. Celui même qui a dressé cet écrit, avoue ingénuement qu'il ne croit pas que cet argument tiré des paroles du concile de Constance soit sans réplique. Tout ce qu'on exige du P. André, c'est qu'il enseigne à ses écoliers, et prouve de son mieux qu'il faut reconnaître des accidents absolus pour bien expliquer le sacrement de l'Eucharistie.

« 21°. On ne peut au reste s'empêcher de lui dire qu'entre les choses inutiles qu'il dit là-dessus dans sa lettre, on est surpris qu'il parle d'une qu'on n'a jamais songé à lui proposer, qui est de soutenir comme certaine l'opinion commune dans les écoles qui prétend que la quantité appelée communément externe est un accident absolu, et le principal de ceux du pain et du vin qui restent dans l'Eucharistie. Le mieux qu'il puisse faire, c'est d'en parler comme les autres; mais il ne se seroit pas forgé des chimères pour les combattre, s'il eût su que celui qui a dressé l'écrit latin et n'y a rien mis qui eût rapport à cela, n'a jamais cru que la quantité externe fût autre chose que la position des parties du corps les unes hors des autres : non plus qu'il n'a jamais cru que la quantité appelée interne fût un accident absolu. Son sentiment pourtant a toujours été et est encore qu'on ne peut sans témérité se dispenser de reconnoître des accidents absolus. Mais pourvu qu'on en reconnoisse quelqu'un du pain et du vin qui restent après la consécration, il est persuadé qu'on satisfait à tout ce qui se peut légitimement conclure, non-seulement des décisions de l'Église, mais encore du sentiment des écoles catholiques.

« Sur l'essence de l'âme humaine.

« 22°. J'avois dit dans ma lettre qu'il y avoit des expériences qui prouvoient assez bien que notre âme pense toujours; là-dessus notre censeur raisonne ainsi : Le P. André indique assez au quatrième article qu'il ne croit pas que les bêtes sentent, bien loin de penser. Cependant on trouve quelquefois sur le corps de leurs petits des marques des objets qui ont fortement frappé les organes extérieurs de la mère qui les portoit dans son ventre [1]. On avertit de plus le P. André qu'on a eu de très-bonnes raisons de proposer cet article ; quoi qu'en ait dit le P. Malebranche, on ne peut nier sans absurdité que toute perception soit des objets extérieurs, soit de notre ressentiment (?), ne soit un véritable acte vital à l'égard de notre âme. Or, il est téméraire de dire qu'aucun acte vital puisse être essentiel à aucune substance vivante et créée, tous les Pères et tous les théologiens orthodoxes ayant regardé comme un attribut propre de Dieu seul d'être par son essence son propre acte vital.

« 23°. Cette opinion témérairement avancée (que la pensée actuelle est essentielle à l'âme) a été la source [2] de l'erreur de l'impie Spinosa touchant la nature de nos âmes. Il n'avoit jamais étudié d'autre philosophie que celle de Hobbes, qui ne reconnoissoit rien que de corporel, et de Descartes qui avoit prétendu démontrer la distinction de l'esprit et du corps. Spinosa s'aperçut fort bien que ces prétendues démonstrations sont de purs paralogismes, et conclut que notre âme, consistant essentiellement dans la pensée actuelle, ne pouvoit être une substance, et n'étoit qu'une simple modification de l'unique substance qu'il reconnoît, considérée en tant que l'attribut de penser lui convient, et nullement en tant que l'attribut de l'extension lui convient aussi. De sorte qu'il ne s'ensuivroit point du tout, ni que la pensée fût modification de l'extension, ni que l'extension fût modification de la pensée, mais simplement que l'une et l'autre étoient modifications de la même substance suivant deux différents attributs qu'elle a.

« 24°. Après quoi cet impie, errant toujours conséquem-

[1] « Grossier. »

[2] « Stupidité. »

ment, conclut que nous changeons d'âme à mesure que nous changeons de pensée. Le P. André, abandonnant ici Descartes sur l'autorité du P. Malebranche, avoue que nous n'avons point d'idée claire de notre âme; on en convient avec lui, mais il n'a pas pris garde que de cela seul il s'ensuit que les prétendues démonstrations que Descartes avoit trouvées pour démontrer la spiritualité de l'âme cessent d'être des démonstrations. A quoi le P. Malebranche n'a pas plus fait de réflexion que le P. André.

« Sur l'essence du corps et la pénétration proprement dite.

« 25°. Tout ce que le P. André a dit hors de sa place au premier article ne prouve rien que deux choses qu'on lui accorde, savoir : 1°. qu'on a une notion claire de l'extension; 2°. que l'extension convient naturellement à tous les corps. Rien n'est plus vrai. Tout ce qu'on peut conclure de ces deux choses, à s'en tenir même aux seules lumières de la raison, c'est que nous n'avons point d'idée claire d'aucun corps où l'extension ne soit renfermée. Mais comment démontrera-t-il que nous connoissons le fond de l'essence, soit d'aucun corps en particulier, soit de la matière et des parties matérielles dont il est composé? Il trouve dans son esprit une idée claire de l'extension : ses sens le convainquent qu'il ne connoît aucun corps sans extension; on le lui accorde; mais qu'en peut-il conclure sinon que tout corps est naturellement étendu? Il répondra qu'on n'y connoît clairement que cela seul; on en convient avec lui; mais ayant l'esprit aussi borné que l'a tout homme, d'où conclut-il qu'il n'y a rien autre chose que la foiblesse de l'esprit humain ne nous permette pas de connoître clairement?

« 26°. S'il étoit vrai, comme les cartésiens le prétendent, qu'en ne supposant dans la matière et dans le monde corporel que la simple extension, on pût expliquer d'une manière plausible tous les effets qu'on y remarque, peut-être en pourroit-on conclure qu'il n'y a dans les corps que la même matière, simple, homogène et sans autre attribut que celui de l'extension. Si le P. André s'est appliqué sérieusement à l'étude de la physique, il aura sans doute reconnu combien cette prétention des cartésiens est frivole. Après tant de recherches des philosophes anciens et récents, pas un de ceux qui ne supposent que de l'extension dans le monde corporel n'a pu rendre bien raison de la chose la plus commune qui soit dans la nature : c'est de bien expliquer en quoi consiste la solidité des corps durs et la fluidité des liqueurs. Il est évident que tandis qu'on ignore cela, on ne peut entièrement rendre raison d'aucun des phénomènes du monde corporel, etc.

« 27°. Mais c'est de là qu'on conclut qu'il ne s'est aperçu qu'à demi des conséquences qui suivent nécessairement de la seule idée claire de la simple extension et qui en sont inséparables..... Voyons ce que fait un vase autour de la liqueur qu'il contient. Il peut bien empêcher les parties de cette liqueur de s'écouler; mais il ne peut diminuer en rien la fluidité de la même liqueur.

« 28°. On prie le P. André de considérer attentivement la nature de la simple extension suivant l'idée qu'il en a, avec Descartes et le P. Malebranche, qui conviennent non-seulement que cette idée renferme la divisibilité à l'infini, mais encore la distinction réelle de toutes les parties avant même qu'elles soient divisées. Plus il y fera attention, et plutôt sera-t-il obligé ou d'avouer que l'esprit humain se perd dans cette recherche, ou de conclure avec les meilleurs géomètres qui se soient appliqués à l'étude de la physique, que ces parties réellement distinctes avant la division ne peuvent être autre chose que ces indivisibles qu'on appelle dans les classes points zénoniques, qui sans avoir aucune extension composent néanmoins un tout étendu, mais dont il faut qu'il y ait un nombre actuellement infini en chaque partie de la matière, dès qu'on suppose qu'elle a quelque extension. Or voilà un tout infiniment fluide, puisque les parties dont il est composé ne peuvent ni avoir aucune liaison entre elles, puisqu'elles sont sans aucune étendue, ni résister en aucune manière au moindre mouvement qui les pousse pour les séparer les unes des autres.

« 29°. Que prétend-on en faisant cette remarque? c'est de bien faire comprendre au P. André que plus on a d'esprit et d'étude, plus on se persuade aisément qu'il n'y a pour l'esprit humain qu'incertitude dans la physique, et qu'on ne peut opposer la raison à la foi, etc.

« 30°. Le P. André a grand tort, au reste, d'avoir cité saint Augustin pour garant de la fausse opinion de l'essence du corps, où le P. André conclut l'impossibilité de la pénétration proprement dite. Durant cent cinquante ans, on n'en a point douté dans l'Église, etc.

« Sacramentaires, etc.

« 31°. Celui qui a dressé cet écrit a toujours cru et croit encore que la religion ne nous oblige point à reconnaître des corps sans aucune extension. On n'est point du tout obligé de dire, comme font plusieurs, que les corps puissent être dépouillés de toute étendue; mais, étant instruit de ce que la religion nous enseigne, il assure en même temps que Dieu peut réduire quelque corps que ce soit à un volume plus petit à l'infini, sans diminution d'aucune des parties de la matière dont ce corps est composé, et cela par une pénétration proprement dite des parties du même corps dont il ne croit pas que la possibilité se puisse nier sans erreur. Il n'en conclut pas néanmoins que l'essence du corps consiste dans quelque extension indéterminée; il se contente de dire que c'est une propriété qui lui paraît inséparable de tout corps, de ne pouvoir exister sans quelque étendue. Aussi, dans l'écrit latin envoyé au P. André, a-t-il tellement mesuré ses expressions qu'il n'y a précisément que ce que l'on juge que tout catholique est obligé de croire.

« 32°. Le P. André paroît être du sentiment contenu dans

un petit livre[1] qui parut pour la première fois, il y a environ trente ans, qu'on attribua dès lors au P. Malebranche, et que ce père n'a jamais, qu'on sache, désavoué. On y enseigne qu'il n'y a dans l'Eucharistie que de petits corps de J.-C. qui peuvent, dans les particules de l'hostie, après la séparation, n'être que de la grandeur du corps d'un ciron, dans lesquels il n'y a pas une partie de matière qui ne soit dans le grand corps qu'a J.-C. dans le ciel, mais dans lesquels il s'en faut autant que toute la matière de ce grand corps de J.-C. ne se trouve qu'il y a de différence entre la grandeur d'un homme de belle taille et celle d'un ciron. Or, c'est justement cela qu'on veut obliger le P. André de condamner comme erroné, on pourroit peut-être dire sans exagérer, comme hérétique; et on se croit, en conscience, obligé d'avertir les supérieurs que, si le P. André persiste dans cette erreur, on ne le peut regarder que comme un hétérodoxe.

« 33°. Preuve. Deux choses à démontrer : 1°. la possibilité de la pénétration proprement dite; 2°. la nécessité de croire que le corps de J.-C., tel qu'il est dans le ciel, se trouve dans l'Eucharistie sans aucun retranchement des parties dont il est actuellement composé.

« 34°. Quant à la pénétration proprement dite, on s'étonne que le P. André ait osé dire que les Pères n'en ont jamais parlé dogmatiquement, du moins quand on y ajoute le terme de proprement dite.... Tous les Pères, d'un consentement unanime, l'ont reconnue dans le corps de J.-C. avec celui de sa très-sainte Mère en naissant, avec la pierre du sépulcre en ressuscitant, etc. Les Pères n'ont reconnu cela que comme une chose révélée de Dieu, et c'est là parler dogmatiquement. Quant au terme de proprement dite, les Pères ne s'en sont point servis. Il n'y avoit de leur temps ni calvinistes, ni malebranchistes.

[1] Il est ici question très-probablement d'une *Explication de la possibilité de la Transsubstantiation,* imprimée à la suite du *Traité de l'Infini créé,* Amsterdam, 1769.

« 35°. Mais que répondre à un sermon de saint Augustin, dans la nouvelle édition des PP. bénédictins? Notre censeur ne demeure jamais court : *C'est qu'il a été attribué mal à propos* à saint Augustin par ces bons Pères, dont peut-être quelqu'un s'étoit entêté du cartésianisme. Mais pourquoi est-ce que le saint concile de Trente, assemblé pour décider tout ce qui étoit *de foi* sur le mystère de l'Eucharistie, ne dit pas un seul mot de la pénétration ni proprement dite, ni autre? Voici comme notre savant imaginaire rompt le nœud gordien : C'est que Calvin n'avoit point encore formellement nié la possibilité de la pénétration lorsque la foi de la sainte Eucharistie fut décidée par ce concile dans la session 13, tenue l'an 1551, au mois d'octobre.

« 36°. Mais pourquoi le concile, ayant, quelques années après, repris ses séances, ne dit-il pas un mot contre cette erreur nouvellement avancée? Notre censeur ne se fait seulement pas l'objection.

« 37°. Le P. André pourra se servir, pour son instruction, de toutes ces remarques. Premièrement, l'endroit qu'on lui cite de l'institution de Calvin, chapitre 17, paragraphe 29, suffit tout seul pour faire voir que tous les catholiques opposoient aux sacramentaires du seizième siècle la pénétration des corps proprement dits, comme un dogme reçu dans l'Église, et clairement marqué dans l'Écriture; secondement, que la prétention des catholiques sur ce point étoit si bien fondée que Bucer et les plus savants sacramentaires n'osèrent l'accuser de fausseté ; enfin, que Calvin, n'ayant formellement nié la possibilité de la pénétration que quelques années après la treizième session du concile de Trente, il n'y a pas lieu de s'étonner que, dans cette session, il n'en soit point parlé en termes exprès.

« 38°. On va voir néanmoins que le dogme de la présence réelle, duquel seul il s'agissoit proprement alors, a été décidé dans la même session en des termes d'où l'on conclut évidemment que le corps de J.-C. ne peut être, de la manière que le dit le concile, dans l'Eucharistie, sans une pénétration proprement dite des parties dont ce corps est composé.

« 39°. On assure que c'est une erreur, pour ne pas dire une hérésie formelle, que de nier que tout le corps de J.-C., tel qu'il est présentement dans le ciel, ne se trouve tout entier dans l'Eucharistie, sans exception d'aucune des parties de la matière dont ce sacré corps est composé, etc., où il combat le fantôme de son imagination.

Après une supposition digne de lui, cependant, poursuit-il, le dogme de la concomitance nous obligeant à croire qu'il y auroit alors sous ces petites espèces de vin plus de chair de J.-C. que de sang (c'est-à-dire à la pointe de l'aiguille sur laquelle il raisonne), etc., on soutient au P. André que les explications des paroles de J.-C. et de la forme de la consécration que nous apportent les hérétiques sacramentaires, ne sont pas plus contraires au véritable sens de ces mêmes paroles que l'explication qu'il est obligé de leur donner [1], supposé qu'il soit dans l'erreur qu'on attaque ici.

« 40°. D'ailleurs, comment expliquera-t-il le dogme de la concomitance? Quoi! de l'aveu de tout catholique, sous les espèces du pain, où il n'y a que le corps *vi verborum*, le sang s'y trouve : que dis-je, le sang? l'âme et la divinité de J.-C. se trouvent par concomitance, et la millième partie du corps, qui y doit être *vi verborum*, ne s'y trouve pas en effet!

« 41°. Il est merveilleux sur l'*idem per omnia* du concile de Constance, page 269. Il est hors de doute, dit-il, que J.-C., avec un petit corps de la grandeur d'un ciron n'est pas *idem per omnia Christus qui fuit in cruce passus*, etc. Mais y songe-t-il, le bon censeur? Le corps de J.-C., réduit par la pénétration proprement dite à la grandeur d'un ciron, est-il beaucoup davantage *idem per omnia Christus*, à

[1] « Je n'embrasse aucune des explications que l'on donne. Je me tiens simplement au dogme décidé par le saint concile de Trente. »

prendre ces termes dans la rigueur scolastique? Il raisonne avec aussi peu de bon sens sur l'*idem absolute*.

« 42°. Il conclut ainsi : N'a-t-on donc pas droit de conclure sur les règles prescrites par l'Église catholique depuis près de trois siècles que les cartésiens sont hérétiques? Mais faut-il ici au P. André d'autre preuve que le sentiment universel de cette Église depuis que J.-C. l'a établie? Peut-on nier que la créance de cette Église n'ait toujours été depuis tant de siècles que le corps de J.-C., tel qu'il souffrit sur la croix et qu'il est à présent glorieux dans le ciel, se trouve tout entier dans l'Eucharistie? Et si quelques philosophes hétérodoxes et très-ignorants en théologie ont depuis cinquante ans prétendu le contraire, ne doit-on pas regarder leur opinion comme une dangereuse erreur? C'est au P. André d'y penser; mais on est obligé, en conscience, de lui déclarer que, s'il refuse de faire tomber le *profiteor me vera credere* sur tout cet article, tel qu'il est dans l'écrit latin, on ne peut se dispenser d'avertir les supérieurs qu'on le doit regarder comme hétérodoxe.

« Sur les formes substantielles, principalement dans les bêtes.

« 43°. On a n'a jamais eu dessein d'exiger du P. André qu'il crût vrai ce qu'il faut absolument qu'il enseigne de l'existence et même de l'éduction de ces formes, au moins à l'égard des bêtes : celui qui a dressé l'écrit latin a toujours été persuadé et croit pouvoir démontrer que c'est à l'Université de Paris qu'on doit l'invention de ces sortes de substances étendues et matérielles sans être matière, corporelles sans être corps. Il pourrait même, en cas de nécessité, faire voir quels passages d'Aristote et des philosophes arabes, commentateurs d'Aristote, ont donné lieu à cette découverte faite par les docteurs de Paris, qui n'entendoient pas ces passages..... Cependant.....

« 44°. S'il avoit bien étudié la manière de défendre l'existence et l'éduction des formes substantielles, la chose ne lui paroîtroit pas si insoutenable qu'elle lui paroît; et il sauroit bien se débarrasser de ces prétendues contradictions, qui ne lui paroissent aussi évidentes qu'il le dit, que faute de s'être bien instruit de ce qu'on y doit répondre. Il est encore plus nécessaire qu'il enseigne que les bêtes sentent; de quoi il pourra, même en étudiant bien, trouver des preuves beaucoup plus convaincantes de ce qu'il doit enseigner sur la nature de leurs âmes corporelles sans être corps. Toute l'antiquité, soit profane, soit chrétienne, n'a jamais douté que les bêtes ne sentissent.

« 45°. Véritablement, continue-t-il, il y a beaucoup d'absurdité dans les sentiments des épicuriens, qui ont prétendu que des atomes insensibles pouvaient composer un tout capable de sentir. Mais les autres philosophes ont là-dessus des sentiments plus raisonnables. Il est vrai qu'ils croyoient tous, sans en excepter Aristote, qu'il y avoit des corps simples d'espèces fort différentes, indépendamment de la figure, de la grosseur et de l'arrangement des parties, et cela est peut-être beaucoup plus vraisemblable que ne le croit le P. André.

« 46°. En avouant avec le P. Malebranche que nous ne connoissons notre âme que par conscience, on détruit le fondement de ces belles démonstrations (de la distinction de l'âme d'avec le corps, de son immortalité, etc.) qu'on peut même d'ailleurs prouver n'être que de purs paralogismes; de plus, l'expérience n'a que trop fait voir qu'elles étoient plus propres à confirmer les impies, etc., témoin Spinosa[1].

[1] André n'a mis ici aucune note. A sa place, nous pouvons défier qui que ce soit, et tous les pères jésuites passés et présents, de prouver que la démonstration cartésienne de la distinction de l'âme et du corps soit un pur paralogisme, et nous nous engageons à démontrer le contraire par la raison d'abord, et ensuite par l'autorité de tout ce qu'il y a de plus illustre dans l'Église de France.

« Du fanatisme erroné du P. Malebranche sur la nature des idées.

« 1°. Trois choses à redire dans le système du P. Malebranche, dont une seule est plus que suffisante pour le faire rejeter. Le fond de ce système n'est qu'un tissu de visions absurdes et avancées sans preuves; la manière dont on y suppose qu'au lieu de voir les objets nous voyons immédiatement en Dieu les seules idées de ces objets, ne se peut avancer sans témérité; la manière dont on y prétend que nous connoissons les essences et la nature de Dieu même ne se peut soutenir sans erreur.

« 2°. Dieu renferme l'infinité des perfections dans un souverain degré de simplicité. Jusqu'ici tout ce qu'avance le P. Malebranche lui est commun avec Descartes, doù il l'a pris, et tout ce que l'on prétend conclure ici c'est que, cela supposé, il faut avouer que nous connoissons clairement le fond de l'essence et de la nature de Dieu, puisque l'on ne sauroit nier que le fond de l'essence et de la nature divine ne consiste dans cette infinité de perfections jointe à la plus parfaite simplicité. Aussi le P. Malebranche l'avoue-t-il sans difficulté, mais en l'avouant il y joint son erreur particulière, t. II, p. 338, 345.

« 3°. Après avoir cité les paroles du P. Malebranche, le censeur conclut : Donc, suivant le P. Malebranche, nous voyons clairement l'essence de Dieu ou de l'Être infiniment parfait. Nous la voyons immédiatement en Dieu et nous la voyons par nos seules lumières naturelles. Voilà en quoi consiste l'erreur contre laquelle on veut que le P. André se déclare, et qu'on a si bien marquée dans l'écrit latin. Cette erreur, au reste, est tellement liée avec tout le reste du fanatisme malebranchiste, qu'il est impossible de l'en séparer, à moins de soutenir qu'on n'a aucune connoissance de la nature et de l'essence de Dieu. Car le fond de ce dangereux système consiste à soutenir, qu'excepté notre âme et ses modifications, que nous connoissons par conscience, on ne peut connoître rien autre chose que ce qu'on voit immédiatement en Dieu. Aétius, premier chef des anoméens, n'en a pas plus dit sur cette matière. Il en a même moins dit que le P. Malebranche, et néanmoins saint Épiphane l'accuse en cela non-seulement d'hérésie[1], mais de l'hérésie la plus téméraire, la plus audacieuse et la plus extravagante qui fût jamais, t. I, hérés. 76, p. 989.

« 4°. Qu'eût-il dit du P. Malebranche et de ses sectateurs? Aétius prétendoit tout au plus connoître Dieu, non par la foi, mais par une science, aussi clairement, aussi immédiatement et aussi certainement qu'il se connoissoit soi-même : il n'alla jamais plus loin. Le P. Malebranche n'a pas été si réservé, et il a très-certainement enseigné qu'il connoissoit beaucoup mieux Dieu qu'aucun homme ne se peut connoître soi-même. Il prétend voir l'essence divine en Dieu même immédiatement. Il connoît si clairement cette espèce de l'Être infini, qu'il ne lui est pas possible de douter, soit de l'existence de cet être, soit de l'infinité de ses perfections. Il s'en faut que, suivant les principes du P. Malebranche, ni lui ni aucun homme se puisse si bien connoître soi-même...

« 5°. Quant à la connoissance que chacun peut avoir de son corps, c'est bien pis. Si nous en croyons le P. Malebranche, personne ne voit ni ne sent immédiatement son corps : on voit simplement en Dieu l'idée de ce corps.

« 6°. Quand saint Épiphane dit qu'Aétius prétendoit mieux connoître Dieu que les autres et même que tout autre, cela ne signifie pas qu'Aétius s'attribuoit un privilége personnel et que personne ne pût avoir. Tous les anoméens disent la même chose d'eux-mêmes, au rapport des Pères. Ainsi saint Épiphane ne dit cela d'Aétius qu'au sens qu'un philosophe bien sensé peut dire que tout malebranchiste croit mieux

[1] « Ignorance ou stupidité; j'ai consulté Épiphane. »

connoître Dieu que les autres philosophes ne croient le connoître, parce que tout malebranchiste dit qu'il voit immédiatement et clairement la nature et l'existence de l'Être infini : au lieu que les autres philosophes bien sensés assurent que par les lumières naturelles on ne peut voir Dieu immédiatement, et que l'esprit humain étant fort borné, il ne peut avoir qu'une idée fort obscure de l'Être *infini.* Sur quoi il me renvoie aux écrits des saints Athanase, Basile, les deux Grégoires de Nazianze et de Nysse, Chrysostôme, etc. Il y verra, poursuit le censeur, que le sentiment unanime de l'Église, en ces premiers siècles, étoit que Dieu est à notre égard en cette vie, non-seulement incompréhensible, mais encore invisible, et, ce qu'il doit bien remarquer, que nous n'avons ici-bas que deux manières de connoître Dieu : l'une surnaturelle par la foi, l'autre naturelle, qui n'est point du tout immédiate, mais qui consiste à s'élever de la connoissance immédiate des créatures à celle du créateur. Il verra aussi que les Pères, en avançant cela, se fondent sur des passages de l'Écriture qu'ils citent, et qui ne se peuvent en effet expliquer dans un autre sens.

« 7°. Après un petit compliment sur mon peu d'érudition et de lecture, il m'avertit de consulter quelque bon commentaire sur ce passage de saint Paul, 1, Tim., 6 : *Lucem inhabitat inaccessibilem quem nullus hominum vidit, sed nec videre potest. Il verra,* dit-il, que le sens de ces paroles est si clair que tous les Pères en conviennent, et que cela seul peut suffire à tout catholique pour condamner l'erreur du P. Malebranche comme formellement contraire à la parole de Dieu. Que le P. André compare leurs explications avec celle que le P. Malebranche y donne dans l'éclaircissement 10, tom. IV, p. 200 de la *Recherche;* il sera bien entêté s'il ne convient de l'ignorance et de la témérité de ce fanatique auteur, qui ose préférer ses visions au sentiment unanime des Pères, sans aucun égard pour le décret du concile de Trente, où il est expressément défendu de se départir jamais du sentiment *una-*

*nime* des Pères quand il s'agit du véritable sens des paroles de l'Écriture.

« 8°. Mais saint Grégoire n'a-t-il point expliqué ce passage (*nullus hominum vidit*) comme le P. Malebranche, *in Job.*, chap. 28 ? Non, ce n'est point là une explication, mais une moralité de saint Grégoire. Il s'en est très-souvent déclaré lui-même. Le père Malebranche ne l'a pas entièrement ignoré, lui qui, un peu auparavant page 256, tâche de se tirer d'un endroit de saint Grégoire où son fanatisme est clairement condamné [1]. D'ailleurs le P. Malebranche n'a pu se dispenser de lire au moins le chapitre entier où saint Paul parle ainsi de Dieu. Or, ce terme *nullus*, etc.

« 9°. La seule Clémentine *ad nostrum de hæreticis* suffit pour démontrer que ce qu'on condamne ici dans le malebranchisme est une véritable erreur. Ce n'est pas au reste une simple décrétale qu'on cite ici : c'est en une matière de foi la décision du concile œcuménique de Vienne, où ce décret fut porté pour condamner les erreurs des Béguards et des Béguines. Il ne s'agit pas même de prouver que ces erreurs soient les mêmes que celles qu'on réfute ici. Il s'agit précisément de ce qu'on y condamne comme hérétique : quiconque dira que l'âme humaine peut voir immédiatement l'essence divine sans être élevée par le secours surnaturel de la lumière de gloire [2], etc. On sait ce que les théologiens entendoient alors, et conséquemment ce que le Pape et les Pères du concile ont voulu exprimer par le nom de lumière de gloire. La décision de ce concile a été si constamment reçue de toute l'Église, que depuis jamais théologien orthodoxe n'a manqué de supposer en parlant de la vision de Dieu, que les bienheureux même dans le ciel ne voient l'essence divine que par le secours surnaturel de la lumière de gloire ;

[1] « Fausseté. »

[2] Molina, dans sa *Concord. disp.*, 36, p. 753, dit cependant : *Deus potest efficere ut intus et sine lumine gloriæ conspiciat divinam essentiam.*

or, cela est faux, si le système du P. Malebranche est vrai, etc.

« 10°. Selon cet auteur fanatique, l'entendement des bienheureux n'agit point en voyant Dieu. Donc il ne peut sans contradiction reconnoître la lumière de gloire pour élever la puissance d'agir que les bienheureux n'ont pas [1]. Peut-on nier que cette seule Clémentine ne suffise pour démontrer l'erreur du fanatisme malebranchiste contre lequel on veut que le P. André se déclare?

« 11°. Le P. André peut-il nier que les deux preuves marquées dans l'écrit latin pour montrer la témérité du fanatisme malebranchiste ne soient convaincantes? n'est-il pas certain que Dieu est un acte si pur qu'il n'y a rien en lui qui soit distingué de l'essence divine, et qui ne soit Dieu même? Peut-il nier que toutes les écoles catholiques ne conviennent que l'esprit humain par ses seules forces naturelles et dénué de tout secours véritablement surnaturel, ne peut rien voir immédiatement de tout ce qui est en Dieu, et par conséquent identifié avec l'essence divine? Il ne peut nier non plus qu'en matière de théologie toute opinion est censée téméraire, dès là qu'elle est contraire au sentiment unanime de toutes les écoles catholiques. Qu'a-t-il donc à opposer? etc.

« 12°. Il y a plus, continue-t-il; car on peut aisément démontrer que quand il y auroit en Dieu des idées des choses telles que le P. Malebranche s'imagine faussement, il seroit absolument impossible de les voir, sans voir en même temps la substance de Dieu.

« 13°. Preuves de l'absurdité prétendue du système du P. Malebranche.

1°. La conscience que nous avons de nos perceptions suffit à tout homme d'esprit et réflexif en même temps, pour se convaincre qu'il ne connoît rien que par une action vitale

[1] « Raisonnement foible. »

de son âme. On ne prétend pas qu'on puisse démontrer de la même manière qu'il n'y ait précisément que cela dans nos perceptions, surtout dans quelques-unes, par exemple, dans les sentiments que nous avons du plaisir et de la douleur. Mais on soutient que même en ces exemples la perception qu'a l'âme du plaisir et de la douleur est à son égard une véritable action vitale, et qu'il est impossible de percevoir et de connoître quoi que ce soit sans agir réellement et physiquement. Descartes l'avoit avoué avec tout le genre humain, et personne ne l'avoit jamais nié avant que le P. Malebranche devenu visionnaire eût entraîné de petits génies [1] dans son sentiment.

« 2°. On convient que jusqu'ici aucun philosophe n'a encore pu bien expliquer la manière dont nous connoissons les choses qui sont hors de nous. Ainsi, la seule preuve dont se sert le P. Malebranche pour appuyer son système, ne mérite aucune attention et ne sauroit avoir aucun effet sur des esprits solides. Il se fonde uniquement sur la réfutation des autres opinions. Outre qu'on peut démontrer qu'il ne les entend pas bien, et qu'il les réfute souvent fort mal, cela ne fait rien du tout à la vérité de son système. De meilleurs et plus savants philosophes que lui, après avoir examiné et bien entendu ces opinions, conviennent qu'elles ont toutes de grands défauts : mais elles peuvent toutes être fausses sans que celle du P. Malebranche soit vraie. Il faut donc pour en juger l'examiner en elle-même. Or, plus on l'examinera de cette manière, plus elle paroîtra absurde du côté de la raison et dangereuse du côté de la religion.

« 3°. Il est impossible d'expliquer, c'est trop peu dire, il est impossible de concevoir comment et avec quels yeux notre âme peut voir en Dieu les idées des choses, supposé même qu'il y en ait de représentatives, comme ce système

[1] « Le grand esprit ! »

le suppose très-faussement [1]. Notre esprit ne sait rien : tout au plus Dieu conserve notre âme dans un autre état duquel le P. Malebranche avoue que nous n'avons point d'idée. Dieu qui conserve notre âme dans cet état a une idée représentative d'un tel objet. Soit, on soutient que ce n'est point là voir ni cette idée, ni l'objet qu'elle représente. Ce point demande une grande méditation [2]. Mais si le P. André le médite bien, il trouvera qu'il s'est entêté aussi bien que le P. Malebranche d'une chose qu'ils n'ont jamais conçue ni l'un ni l'autre et qui est en effet inconcevable.

« 4°. Il est absolument faux qu'il y ait en Dieu des idées des êtres créés soit possibles, soit existants, tels que ce système les suppose, c'est-à-dire qui puissent être à l'égard de nos esprits représentatifs de ces êtres créés. En Dieu les idées des êtres créés ne sont rien autre chose que la connoissance qu'il en a nécessairement, et il est aisé de démontrer que cette connoissance ne peut être représentative à l'égard de nos esprits. Pour le bien faire voir, il n'y a qu'à débrouiller le galimatias du malebranchisme. Les êtres créés, disent les malebranchistes, ne sont que des participations de Dieu, lequel est participable en une infinité de façons. Il se peut donc montrer à nous, en tant que participable d'une manière, sans se montrer en tant qu'il est participable d'une autre façon; l'idée de chaque être créé en Dieu n'est que Dieu même en tant que participable ou participé par cet être, puisque tous les êtres créés ne sont que des participations de Dieu. Voilà à peu près la substance du pompeux galimatias des *Méditations métaphysiques* du P. Malebranche, rebattues cent fois par cet auteur, admirées par ses sectateurs, et aussi peu entendues des uns que des autres. Il n'y a qu'à la réduire à sa juste valeur en retranchant les mé-

[1] André aurait pu faire remarquer qu'ici le père jésuite emprunte l'opinion de Port-Royal et d'Arnauld contre Malebranche.

[2] « Oui sans doute. »

taphores et les paroles qui ne signifient rien, et tout ce que les malebranchistes croient voir de réel s'évanouira. Les êtres créés, dit-on, sont des participations de Dieu : cela signifie précisément que Dieu seul comme tout-puissant peut créer ces êtres, qu'en les créant il leur donne dans un degré fini des perfections semblables aux siennes qui sont infinies, mais réellement distinctes des siennes et toujours mêlées d'imperfection ; tant parce que Dieu ne les donne qu'en un degré fini, que parce qu'il ne donne à aucun être particulier en le créant que des perfections semblables à quelques-unes et non pas à toutes les perfections divines. Cela est vrai : le reste se réduit à des mots qui ne signifient plus rien.

« Dieu est participable, dit-on, en une infinité de manières, c'est-à-dire qu'il y a une infinité d'êtres possibles que Dieu peut créer de la manière qu'on vient de dire, en leur donnant des perfections semblables aux siennes, mais très-réellement distinctes des siennes. On en convient. Venons à la conséquence que tirent les malebranchistes en disant que Dieu se peut montrer à nous en tant que participable d'une certaine manière sans se montrer en tant qu'il est participable d'une autre façon. On répond que quand Dieu le feroit, il ne nous montreroit précisément que sa toute-puissance avec quelques-unes de ses perfections ; et les malebranchistes avouent que nous ne voyons rien de semblable, quand nous connoissons quelque être créé que ce soit en particulier. C'est que, comme l'on vient de le remarquer, les êtres créés ne sont point du tout en Dieu, et ne sont des participations des perfections divines qu'en tant que Dieu, en les créant, leur a donné, dans un degré fini, des perfections semblables à quelques-unes des siennes. Ainsi, en Dieu, comme participable, il n'y a précisément que sa toute-puissance et ses autres perfections très-distinctes de celles des êtres créés ; de sorte que, tout galimatias retranché, Dieu, participable de telle façon ou participé de telle façon, n'est rien que Dieu considéré comme tout-puissant et comme ayant, outre sa toute-puissance, telles perfections infinies, mais auquel les perfections de tels êtres créés en Dieu ont quelque chose de semblable. Mais, disent les malebranchistes, l'idée de chaque être créé n'est rien que Dieu même, en tant que participé ou participant par cet être : c'est ce que l'on nie et ce que l'on soutient être évidemment faux. L'idée que Dieu a de chaque être créé n'est rien du tout que la connoissance qu'il en a. Cette connoissance est Dieu même : on l'avoue, mais c'est Dieu, en tant qu'il a une parfaite compréhension de soi-même, et conséquemment de sa toute-puissance et de toutes ses autres perfections. Dieu même ne voit point autrement les êtres créés comme possibles en soi-même qu'en les comprenant; or, cette compréhension est absolument invisible à notre égard; elle est absolument incommunicable. Donc, il est faux : 1°. qu'il y ait en Dieu des idées représentatives à notre égard des êtres créés en tant que possibles; 2°. que nous puissions voir en cette vie les idées que Dieu en a, ces idées n'étant rien autre chose que ce que les théologiens appellent la science de simple intelligence, c'est-à-dire la parfaite connoissance que Dieu a de toutes les choses possibles en se comparant à soi-même.

« 5°. S'il est impossible, comme on le vient de prouver, que nous puissions voir dans les idées de Dieu les êtres créés comme possibles, il est encore beaucoup plus aisé de démontrer que nous ne pouvons voir dans les idées de Dieu aucun être comme existant. Dieu même ne voit et ne peut voir en soi-même ces êtres comme existants, bien loin de nous les y faire voir. Il ne voit les êtres créés comme existants que dans eux-mêmes; la raison en est évidente. Dieu est absolument incapable de changement. Il est toujours le même, soit que ces êtres contingents existent, soit qu'ils n'existent pas. La connoissance, au reste, qu'il a de ces êtres comme existants, et qui s'appelle science de vision, n'est rien du tout que l'essence divine, en tant qu'elle est sagesse infinie et subsistante qui ne peut ignorer aucune vérité. Or, cela est incompréhensible et incommunicable à un tel point, que les bienheureux, même en voyant intuitivement l'essence divine, n'y peuvent voir l'existence d'aucun être contingent. Dans un ouvrage d'une juste étendue, il seroit bien aisé de démontrer l'extravagance de tout ce que le P. Malebranche dit sur ce sujet.

« 6°. Non-seulement il n'y a point en Dieu d'idées des choses telles que le P. Malebranche les a imaginées, mais encore on peut démontrer que, s'il y en avoit, Dieu cesseroit d'être infiniment parfait. Il est évident que ce que le P. Malebranche dit de ses idées divines, ou ne signifie rien du tout, ou suppose que ce sont des modifications représentatives, et comme des tableaux tracés dans la substance de Dieu. Sans cela, Dieu, en nous montrant ces idées, ne nous feroit point voir les êtres contingents. Or, un Dieu revêtu de ces sortes d'idées n'est point du tout le véritable Dieu; c'est le Dieu des platoniciens du III^e et du IV^e siècle, et même encore plus imparfait que ces platoniciens ne le concevoient. Ils n'y reconnoissoient de ces sortes d'idées que pour les vérités éternelles, pour les genres et les espèces des choses; ils n'en reconnoissoient point pour les individus. Beaucoup moins en reconnoissoient-ils de contingentes pour représenter l'existence des êtres et les changements qui arrivent dans le monde. Il en faut au P. Malebranche, et d'éternelles pour chaque individu contingent, et de contingentes pour représenter l'existence des êtres, et qui changent à mesure qu'il arrive du changement dans le monde. On ne prétend pas ici que le P. Malebranche ait avancé cela, mais on soutient que, sans cela, il est absolument impossible qu'on puisse voir dans les idées divines ce que le P. Malebranche assure que nous y voyons, et que nous ne pouvons voir autrement. Au reste, si le P. André s'étonne qu'en comparant le fanatisme malebranchiste au platonisme, on n'ait parlé que des platoniciens du III^e et du IV^e siècle, on lui dira que les premiers platoniciens avoient une si grande idée du Dieu suprême, qu'ils n'avoient pas cru pouvoir placer dans sa substance les idées dont Platon, leur maître, n'avoit point parlé assez clairement.

« 7°. Enfin, le P. Malebranche dit des choses si absurdes, en expliquant son extravagant fanatisme, qu'on s'étonne comment le P. André ne s'en est pas aperçu. A-t-il pu concevoir, par exemple, ce que c'est que cette merveilleuse étendue intelligible dans un Dieu, qui n'a ni ne peut avoir aucune étendue réelle, pas même, selon Descartes et le P. Malebranche, par diffusion visuelle de sa substance? A-t-il compris comment Dieu peut faire pour borner en lui-même cette étendue intelligible, de manière à ne nous y faire voir qu'un carré ou qu'un triangle? A-t-il pu se figurer ce que Dieu, après avoir ainsi borné cette étendue, y peut ajouter pour nous y faire voir ce carré ou ce triangle comme existants et tracés sur le papier devant nos yeux? ou plutôt n'a-t-il pas d'abord compris que rien de spirituel ne peut être une image qui représente des choses corporelles [1]? On pourroit encore demander au P. André s'il concevoit ce qu'il disoit quand il a écrit dans sa lettre, qu'on peut voir en Dieu les idées des créatures sans voir la substance divine [2]? Peut-on voir les créatures dans ces idées sans voir ces idées? Les idées ne sont-elles pas la substance de Dieu même? Peut-on voir quelque chose dans ce miroir sans voir ce miroir? Peut-on voir un objet représenté dans un tableau sans voir ce tableau, c'est-à-dire la toile et les couleurs étendues sur la toile? Le P. Malebranche dit quelquefois, pour éluder cette difficulté, qu'en voyant les choses contingentes en Dieu nous ne voyons pas la substance divine en ce qu'elle a d'absolu, mais simplement en tant que relative aux choses contingentes; est-ce donc qu'on peut voir si clairement une re-

[1] « Sot raisonnement : Donc l'âme n'a nulle idée des corps. » Cet argument n'est pas sot du tout : c'est celui même d'Arnauld et plus tard celui de Reid.

[2] « Je n'ai point dit la substance divine, mais l'essence divine, etc. »

lation que la vue de cette relation nous en fasse connoître le terme sans rien voir du tout de l'absolu sur lequel cette relation est fondée? En voilà trop, quoique ce ne soit pas la moitié des extravagances fanatiques qu'on pourroit rendre ridicules si on en avoit le temps. En voilà cependant plus qu'il n'en faut pour faire voir que Faydit, quoique assez peu sage lui-même, parloit fort sagement quand il disoit du P. Malebranche :

Lui qui voit tout en Dieu n'y voit pas qu'il est fou [1].

« 14°. Il faut enfin venir à saint Augustin. Véritablement, on est obligé d'avouer qu'il a inséré dans ses ouvrages un peu trop du platonisme qu'il avoit étudié avant sa conversion. Il est vrai même que les savants qui ont fort estimé le livre du P. Baltus y ont trouvé à redire qu'il eût un peu trop dissimulé le platonisme de saint Augustin. Cependant il est très-aisé de faire voir que ce platonisme n'a rien de commun avec le fanatisme du P. Malebranche. Saint Augustin avoit beaucoup lu Plotin et Porphyre, et il a plutôt suivi la manière dont ces deux auteurs ont expliqué ce que Platon avoit dit des idées que la doctrine de Platon même.

« 15°. Preuves convaincantes que le platonisme de saint Augustin est tout différent du fanatisme du P. Malebranche.— 1°. Jusqu'à ce que ce philosophe fût devenu visionnaire, jamais personne n'avoit cru que nos idées fussent distinguées de nos perceptions. Tout le genre humain convenoit de ce qu'on aura appris au P. André quand il commençoit à étudier en philosophie, que l'idée humaine n'est autre chose

[1] Ce vers a été souvent attribué à Voltaire, qui n'a fait que le répandre et le mettre à la mode pour l'avoir souvent entendu répéter à ses maîtres et à ses amis de la compagnie de Jésus. Faydit était de Riom en Auvergne. Il était entré dans l'Oratoire en 1662, et, d'après Moréri, il fut obligé d'en sortir en 1671, pour avoir publié un écrit cartésien intitulé : *De Mente humana juxta placita neotericorum*, et forcé par un ordre du roi, en 1709, de se retirer dans son pays. C'était un esprit brouillon et inquiet.

12

que ce qui s'appelle dans les classes : *humanæ mentis conceptus, repræsentative sumptus ;* jamais aucun platonicien, ni saint Augustin dans son platonisme n'en ont pensé ou parlé autrement. C'est donc une vision très-particulière des seuls malebranchistes de distinguer la perception de l'idée, et de dire qu'il n'y a pas d'autre idée présente à notre esprit que celle qu'a Dieu de la chose que nous croyons connoître, mais dont nous ne voyons que la seule idée qui n'est qu'en Dieu et point du tout en nous.

« 2°. Jamais les platoniciens, ni saint Augustin dans son platonisme, n'ont douté que dans nos sensations nous ne sentissions très-immédiatement les objets qui frappent les organes extérieurs de nos sens. Saint Augustin en ses Confessions, liv. X, chap. 10. C'est donc une chimère propre du seul fanatisme introduit par le P. Malebranche, que de prétendre que nous ne sentons et ne voyons point en effet les objets extérieurs qui sont sous nos yeux et en nos mains, mais qu'alors Dieu nous montre seulement les idées de ces objets lesquels ne sont qu'en lui.

« 3°. Saint Augustin a toujours cru avec tous les platoniciens que la connoissance de Dieu naturelle et commune à tout le genre humain n'est point du tout immédiate en soi, et ne s'acquiert que par la connoissance immédiate des créatures. Saint Augustin le dit en tant d'endroits qu'il seroit inutile de les marquer au P. André. Il suffit qu'il lise ces paroles, liv. X, Conf., chap. 6 : *Homo interior cognovit hæc* (entia creata) *per exterioris ministerium. Ego interior cognovi hæc : ego, ego animus per sensus corporis mei.* Il observe ensuite que les bêtes aussi bien que les hommes voient la beauté du monde corporel ; mais qu'étant sans raison, cette vue de la créature ne les peut conduire à la connoissance du créateur ; puis il ajoute : *Homines autem possunt interrogare ut invisibilia Dei per ea quæ facta sunt intellecta conspiciantur.* On voit combien saint Augustin étoit éloigné de la fanatique opinion du P. Malebranche, qui prétend que nous voyons immédiatement en Dieu seul tout ce que nous pouvons connoître de la nature divine. On ne nie pas néanmoins que Plotin et Porphyre n'aient prétendu que l'âme, purifiée d'une manière particulière, ne pût parvenir à une autre connoissance spéciale des choses divines, et que saint Augustin n'ait embrassé ce sentiment en tâchant de christianiser ce qu'il a d'impie. On en parlera tout à l'heure, et l'on fera voir combien ce platonisme est éloigné du malebranchisme. On se contente de remarquer ici que ces platoniciens, et saint Augustin après eux, n'ont point du tout cru que cette connoissance particulière des choses divines fût naturelle à l'homme ; selon Porphyre, on n'y parvenoit qu'en se purifiant par la théurgie, et, selon saint Augustin, qu'avec la perfection consommée de la charité.

« 4°. Pour bien expliquer ce que saint Augustin a dit de cette connoissance spéciale des choses divines, et en particulier de la connoissance des idées divines, il faut commencer par ôter une équivoque qui a trompé le P. André, et qui l'a empêché d'entendre ce que signifioient les paroles tirées de la question 46, liv. des 83 questions. Les idées divines, selon les platoniciens et selon saint Augustin, ne sont idées ou connoissances qu'à l'égard de Dieu seul ; elles sont objet à l'égard de l'âme purifiée qui les voit en Dieu, et elle ne les peut voir qu'en formant en soi une idée humaine de ces idées divines, comme elle en forme de tous les autres objets qu'elle connoît. Ainsi saint Augustin platonicien ne tombe point dans le fanatisme des malebranchistes, qui supposent que l'idée divine est immédiatement appliquée à notre âme, toutes les fois qu'elle croit connoître quelque objet que ce soit, quoiqu'elle ne voie en effet que l'idée divine, et cela sans agir et sans former aucune idée humaine.

« 5°. Saint Augustin platonicien n'a pas du tout cru que les connoissances qu'a l'homme des choses qui sont hors de son âme, soient une vue immédiate de l'idée divine représentative de ces choses. Bien loin de cela : dans le passage même que cite le P. André, saint Augustin dit expressément, et qu'on ne connoît ces idées que par la pure raison, et que toute âme raisonnable ne les connoît pas, cette connoissance ne s'accordant qu'aux âmes saintes et pures : *Et ea quidem rationalis anima, non omnis et quœlibet, sed quœ sancta et pura fuerit, hœc asseritur illi visioni esse idonea.* Dans les autres ouvrages indiqués par le P. André, saint Augustin assure qu'il faut avoir atteint la perfection de la charité pour parvenir à cette connoissance des idées divines; quoiqu'il ne parle pas expressément de ces idées dans le premier livre de ses *Soliloques,* il est cependant certain, ou qu'en écrivant ce livre il avoit renoncé à son platonisme, ce que le P. André ne croira pas et ce qui n'est pas en effet croyable, ou qu'il prétendoit renfermer la vue des idées divines dans la plus parfaite connoissance de Dieu et des choses divines que l'homme puisse avoir en cettte vie. C'est de cette parfaite connoissance dont il parle; il explique par quel moyen on y peut arriver; il prouve expressément qu'on n'y arrive point sans avoir la foi, l'espérance et la charité. Il en apporte la raison, chap. 6, et conclut : *Sine tribus istis igitur anima nulla sanatur, ut possit Deum suum videre id est intelligere.* Ce platonisme de saint Augustin est extraordinaire à la vérité; mais quel rapport a-t-il au malebranchisme?

« 6°. Non-seulement il est impossible de prouver que saint Augustin ait cru que la connoissance des idées divines qu'il accordoit aux seules âmes pures, saintes et consommées dans la charité fût naturelle, mais encore il est probable et presque certain qu'il la croyoit surnaturelle puisqu'il exigeoit toutes les vertus surnaturelles comme absolument nécessaires pour parvenir à cette connoissance. Cela étant, que peut conclure le P. André de ce platonisme en faveur du fanatisme du P. Malebranche?

« 7°. Jamais saint Augustin n'a clairement expliqué comment les saints et les parfaits pouvoient connoître les idées divines, et sur ce qu'il en a dit il n'est pas possible de démontrer qu'il ait prétendu que la vue des idées divines fût immédiate. Il est au moins très-certain qu'il ne la croyoit pas immédiate au sens du P. Malebranche et qu'il a toujours cru que les saints et les parfaits ne pouvoient voir les idées divines qu'en formant une idée humaine, tout comme dans toute sorte d'autres connoissances soit naturelles soit surnaturelles ; et cela seul suffit pour distinguer son platonisme du malebranchisme. De savoir bien s'il a du moins prétendu que cette vue des idées divines fût aussi immédiate que celle que nous avons des objets corporels qui sont devant nos yeux, c'est une chose assez difficile.

« Sur ce que j'avois cité dans ma lettre ces paroles de saint Augustin : *nulla interposita natura,* sans marquer l'endroit, il ajoute : Tout ce qu'on peut dire au P. André, c'est qu'on ne se souvient point d'avoir vu d'autre endroit dans les ouvrages de saint Augustin qui aient rapport aux trois mots cités que ce que je lis un peu avant la fin du livre : *De vera Religione,* où il y a *creatura* et non pas *natura.* « Religet ergo nos religio uni omnipotenti Deo : quia inter mentem nostram, qua illum intelligimus patrem, et veritatem id est lucem interiorem, per quam illum intelligimus, nulla interposita creatura est. » Ce passage ne peut servir en aucune manière au P. André pour prouver la chose dont il s'agit. Car, soit que par la vérité on entende le Verbe divin qui nous éclaire intérieurement par les grâces qu'il nous a méritées s'étant fait chair et qu'il nous donne comme Dieu, ce qui est plus conforme aux paroles qui suivent, soit qu'on entende la vérité que Dieu répand dans notre esprit pour nous faire connoître et embrasser la véritable religion ; il est toujours également vrai qu'entre Dieu et cette vérité, il n'y a point de créatures interposées où la religion doive nous faire attacher, et qu'ainsi elle ne doit nous faire attacher qu'à Dieu seul ; et c'est cela seul que veut exprimer saint Augustin en cet endroit.

« Ces paroles ne pourroient donc empêcher qu'on ne conjecturât que quand saint Augustin a dit que les saints et les parfaits pouvoient arriver à la connoissance des idées divines, il n'a pas prétendu qu'ils eussent une vue immédiate de ces idées, mais qu'ils pouvoient, par une suite de raisonnements, parvenir à les connoître. Peut-être même pourroit-on confirmer cette conjecture par les raisonnements que fait saint Augustin, l. 2 *de Lib. arbit.*, et dire qu'il n'attribuoit aux saints que la même connoissance des idées divines qu'il croyoit qu'on en pouvoit avoir par ces raisonnements. Quoique ce soit peut-être là le meilleur sens qu'on peut donner au platonisme de saint Augustin, celui qui a dressé cet écrit avoue néanmoins de bonne foi qu'il ne trouve pas dans saint Augustin de quoi prouver assez solidement la vérité de cette conjecture. Il est même persuadé que saint Augustin a parlé en platonicien du plus sublime don de contemplation qui ne s'accorde qu'aux saints les plus parfaits, et qui va jusqu'à leur faire voir les idées divines. Saint Augustin a voulu christianiser le platonisme de Porphyre et substituer la purification de l'âme la plus chrétienne au lieu de la théurgie abominable de Porphyre. Ce philosophe et beaucoup d'autres platoniciens adonnés à la magie disoient que pour parvenir à la connoissance des choses divines, il falloit purifier l'âme par la théurgie afin qu'elle pût voir les dieux inférieurs, de la connoissance desquels elle montoit à celle du Dieu supérieur en qui elle voyoit les idées des choses. Saint Augustin n'avoit garde d'approuver cette détestable purification; il inventa un moyen bien plus sain de purifier l'âme; il n'en trouva point d'autre dans la religion chrétienne que la perfection des vertus surnaturelles. Tous les chrétiens convenoient qu'en cela consiste la vraie purification de nos âmes. Ce que saint Augustin y ajouta, tiré du platonisme qu'il avoit appris avant sa conversion, c'est qu'il prétendoit que le don de contemplation, que Dieu n'accorde qu'aux grands saints, pouvoit aller jusqu'à leur faire voir les idées divines sans que néanmoins il ait jamais expliqué comment il les voyoit.

Que cela soit vrai ou qu'il ne le soit pas, les malebranchistes n'en sauroient rien conclure à leur avantage, puisqu'il s'agit d'un don surnaturel.

« 8°. Les platoniciens dont saint Augustin a suivi et voulu christianiser la doctrine, ne reconnoissoient de ces sortes d'idées divines que pour les vérités générales et immuables, et pour les genres et les espèces des êtres, sans en reconnoître pour les individus particuliers. Non-seulement saint Augustin n'a rien dit qui prouve qu'il ait eu sur cela d'autres sentiments que ces platoniciens, mais le nom même de *formæ principales,* qu'il donne après eux à ces idées, semble assez marquer qu'il a suivi là-dessus leurs opinions. De plus, ceux des platoniciens qui prétendoient que les âmes des hommes étant purifiées pouvoient parvenir jusqu'à voir les idées divines, croyoient en même temps que ces âmes voyoient d'abord ces idées divines comme objets, avant d'y voir les choses dont elles sont les idées : de la même manière, il faut d'abord voir un tableau avant d'y voir l'objet que ce tableau représente; et il est encore certain que saint Augustin n'a rien dit d'où l'on puisse conclure qu'il se soit départi de ce sentiment. Il a dit, à la vérité, que l'âme peut monter à un tel degré de charité et de perfection, qu'elle arrive jusqu'à voir les vérités nécessaires et immuables dans les idées divines. Mais il faut ou attribuer à saint Augustin une absurdité dont il n'étoit pas capable, ou convenir de deux choses : 1°. qu'il a cru que ces âmes saintes voient d'abord ces idées divines comme objets avant de voir les vérités nécessaires et immuables dans ces idées; 2°. qu'il n'a fait consister le privilége particulier de ces âmes saintes et pures que dans la vue des idées divines comme objet, et nullement dans la connoissance qu'elles avoient des vérités nécessaires et immuables en les voyant dans ces idées divines. En voici la preuve. Il arrive tous les jours, et il est arrivé de tout temps, que les plus habiles gens dans les sciences ne sont pas les plus saints, et que les âmes les plus pures selon Dieu ne sont pas celles qui soient le plus versées dans la géométrie, dans la science des nombres et dans toutes les autres parties évidentes et certaines des mathématiques. L'impie Hobbes et l'athée Spinosa ont plus su de géométrie qu'aucun des saints dont il soit fait mention dans le Martyrologe. Souvent donc les impies connoissent plus clairement les vérités éternelles et immuables, et ils en connoissent en plus grand nombre que les saints consommés dans la perfection de la charité. Ce seroit donc faire tort à saint Augustin que de croire que, contre toute l'expérience du genre humain, il eût attribué aux seules âmes pures et saintes le privilége de mieux connoître les vérités nécessaires et immuables, que ne les peuvent connoître les impies qui joignent une grande étude à beaucoup d'esprit. Il faut donc conclure que le privilége accordé par saint Augustin aux seules âmes pures et saintes de voir les vérités nécessaires et immuables dans les idées divines, ne consiste pas, selon lui, à connoître mieux les vérités que ne les connoissent les autres hommes, mais simplement à les voir dans les idées divines, en voyant d'abord ces idées comme objets : chose que saint Augustin a cru singulière à l'égard des grands saints.

« 9°. Enfin saint Augustin n'a point tiré ce platonisme de l'Écriture ni de la tradition, mais de Plotin et de Porphyre, qui sont d'assez mauvaises sources. Ainsi, pour juger de la créance que mérite saint Augustin en ce qu'il dit de la vue des idées divines, il faut examiner ce platonisme en luimême; en le considérant sur ce pied-là, on ne fera point de difficulté qu'il paroît beaucoup plus aisé à réfuter qu'à établir. Aussi, pas un des Pères du temps de saint Augustin, ni des siècles suivants, n'a été là-dessus de son sentiment. Entre ceux qui l'ont précédé, le seul Eusèbe a cru qu'on pouvoit donner un bon sens à ce que Platon avoit dit des idées; mais Eusèbe n'a point cru qu'on les pût voir. Tous les anciens Pères ont méprisé et rejeté ce platonisme.

« En finissant ce long article, on est obligé d'avertir le

P. André qu'on le croit obligé en conscience à réparer le scandale qu'il a donné et dedans et dehors par son entêtement pour le dangereux fanatisme qu'on vient de réfuter, et qu'il n'y a pas de meilleur moyen pour réparer ce scandale, que de dicter ce qu'on lui a marqué là-dessus dans l'écrit latin.

« De la clarté et de l'obscurité de nos idées.

« 16°. Ou le P. André se contredit dans cet article, en écrivant qu'il ne lui fait pas de peine, ou en disant cela il abjure le malebranchisme. L'écrit latin ne lui fait pas simplement dire que quelques-unes de nos perceptions sont obscures, et qu'ainsi il y a des choses que nous ne connoissons qu'obscurément; cet écrit porte que souvent les idées qui représentent les choses que nous connoissons sont obscures en elles-mêmes. Or, si ces idées ne sont rien que des idées divines, comme le P. Malebranche le veut, elles sont toujours infiniment claires en elles-mêmes et absolument incapables d'obscurité; dans la vérité, cet article n'est qu'une suite du précédent. On veut que le P. André ne reconnoisse plus d'autres idées qui se présentent à notre esprit que celles qu'il forme. Il en forme de tous les termes des propositions qu'il juge être vraies. Nous ne pouvons donc croire les mystères obscurs de notre religion, comme la Trinité et l'Incarnation, sans en former quelque idée. Elle ne peut être claire, puisqu'à notre égard ces mystères sont très-obscurs : donc on ne peut se départir du malebranchisme, sans reconnoître que plusieurs de nos idées sont obscures en elles-mêmes.

« De l'action de l'âme et des autres esprits créés sur les corps.

« 17°. On est ravi de trouver le P. André orthodoxe en cette matière. S'il se fût trouvé malebranchiste, on lui eût aisément démontré qu'il faut avoir des sentiments pires que ceux de Luther et de Calvin pour soutenir que notre âme ne se modifie pas physiquement elle-même, quand elle exerce sa liberté en se déterminant à un parti préférablement à l'autre. Au reste, le P. André ayant une fois reconnu que notre âme est quelquefois une véritable cause physique, de quelques-unes de ses modifications, il pourra très-aisément passer des actes de la volonté à ceux de l'entendement, et croire que nous agissons aussi réellement à l'égard de nos perceptions qu'à l'égard de nos volitions libres, quoique d'une manière différente. Ce qu'on lui a dit ci-dessus de la Clémentine : *ad nostrum de hereticis,* servira beaucoup à lui faire connoître la vérité sur cette matière, puisqu'il est certain que le sentiment de l'Église, exprimé dans cette Clémentine, suppose que la vision qu'ont les bienheureux de l'essence divine est une véritable action de l'entendement, mais laquelle il ne peut produire sans être élevé par le secours de la lumière de gloire. Cependant on a cru devoir donner du temps au P. André pour le détromper tout à fait pour ce qui regarde les actions de l'entendement ; et dans l'écrit latin qu'on lui envoie, *le profiteor me vera credere* ne tombe plus que sur les actions libres de la volonté.

« 18°. Quant au mouvement local que l'âme produit dans le corps qu'elle anime et que les anges peuvent produire dans le monde corporel, on ne prétend rien exiger du P. André, sinon qu'il enseigne ce que porte l'écrit latin conformément à l'*Elenchus* de la compagnie. On n'a jamais songé à exiger une créance intérieure là-dessus, et celui qui a dressé l'écrit pourroit moins songer à cela que tout autre, lui qui, après avoir bien philosophé quand il s'appliquoit à ces sortes d'études [1], ne trouva jamais d'opinion qui lui parût plus pro-

[1] Ce passage prouve que l'auteur de cette pièce ne s'occupait plus publiquement et officiellement de philosophie. Cela exclut Tournemine, Daniel et Buffier, et doit faire mettre à leur place quelque ancien professeur de philosophie, sorti de l'enseignement et passé dans l'administration ; par exemple, le P. Frogerais ou le P. Catalan, qui, selon M. de Quens, avaient converti Dutertre. Voyez p. cxxij.

bable sur la nature du mouvement local que celle qui ne distingue point de la conservation des corps ni leur repos ni leur mouvement; mais alors cette opinion n'étoit point encore défendue dans la compagnie. Sur les deux propositions avancées par le P. André, 1°. que la béatitude formelle consiste dans une passion de l'âme très-agréable, et non pas dans une action proprement dite; 2°. que la béatitude de l'état de pure nature consisteroit en une espèce de vision intuitive de l'essence divine, etc., on n'a fait aucun changement dans l'écrit latin sur la rétractation de cette proposition, sinon que le *profiteor me vera credere* ne tombe plus sur cette rétractation. »

### V. André à Alençon, de 1713 à 1718.

André, pour en finir avec toutes ces tracasseries, consentit à signer et à dicter dans sa classe le formulaire latin qu'on lui avait adressé. Il s'excuse de cette faiblesse, le 15 avril 1713, dans la lettre à Malebranche, que nous avons publiée[1]. Mais ce qu'il plaît à son humilité d'appeler de la faiblesse, parut à ses supérieurs une résistance coupable. On lui ôta sa chaire de philosophie, et, sur la fin de l'année 1713, il fut envoyé de Rouen à Alençon et confiné dans un emploi entièrement étranger à la philosophie et même à l'enseignement. Il y demeura jusqu'à l'année 1718. Pendant ce temps notre permière correspondance nous le peint toujours dévoué au cartésianisme et à la doctrine de Malebranche, la cultivant en secret, la propageant même, rassemblant des matériaux pour écrire la vie de son illustre maître, et rendant compte de la suite et du progrès de son travail à ses deux amis, M. Larchevêque et M. l'abbé de Marbeuf. Nous possédons et nous trans-

[1] Voyez p. cx.

crivons ici la lettre suivante, écrite à Malebranche quelques mois avant sa mort :

A MON RÉVÉREND PÈRE LE TRÈS-RÉVÉREND P. MALEBRANCHE, PRÊTRE DE L'ORATOIRE, RUE SAINT-HONORÉ, A PARIS [1].

« Mon très-révérend père,

« Je ne sçai si vous avez appris la funeste mort de l'imprimeur du P. Dutertre. Il s'est jeté dans un puits, la tête la première. Cet épisode tragique recule un peu la comédie que l'on prépare au public. Je voudrois bien disposer ici quelques personnes à bien juger des coups. Nous avons surtout un trésorier de France, homme d'esprit et de sens, fort capable d'entendre ces matières. Ce seroit pour la vérité une conquête qui en entraîneroit bien d'autres. Si j'avois ou la *Recherche de la Vérité* ou vos *Entretiens sur la Métaphysique* pour le mettre en goût, la conversation feroit le reste infailliblement ; mais nous n'avons rien ici ; votre philosophie n'y a point encore pénétré. Elle se maintient, en récompense, dans la petite ville de la Flèche, sans que la pédanterie de notre lycée lui fasse aucun tort. Deux dames philosophes y font plus de bruit que tous nos sçavants. Je ne puis m'empêcher de vous écrire ce que me mande une d'entre elles. Cela doit vous faire plaisir. Après quelque préambule, « Vous saurez, dit-elle, que ma bonne amie et moi, « nous avons chacune deux fils, mais que cette famille et « une plus nombreuse ne nous fera jamais oublier la re- « cherche de la vérité, dans laquelle nous professons vivre et « mourir ; voilà notre confession de foi, et d'être...... » Ne sont-ce point-là des héroïnes, mon révérend père ? Du moins puis-je vous assurer que ce sont deux dames fort pieuses et fort chrétiennes, et que vos ouvrages ont bien servi à les tirer de la bagatelle où le sexe est ordinairement plongé. Mais ce qui m'en plaît davantage, après la piété (cela s'en-

[1] Manuscrit de Lille.

tend toujours), c'est que leurs maris en sont très-contents, qu'elles ne sont ni fières ni disputeuses ni critiques; en un mot, qu'elles ne sont point femmes sçavantes, quoiqu'elles aient plus de science que les hommes qu'on appelle sçavants. Je ne puis me résoudre à finir sans vous dire que le P. Martineau, autrefois confesseur de M. le duc de Bourgogne[1], maintenant notre provincial, m'a proposé, dans sa visite, de me faire régenter la théologie scholastique ou les cas de conscience. Mais je l'ay prié de me laisser dans la paix que mes persécuteurs m'ont procurée. Ainsi va le monde : changement de règne, changement de maximes. J'étois coupable sous son prédécesseur, et maintenant, sans conversion, me voilà justifié. *Sed non ego credulus illis.* On m'a poussé trop indignement pour m'y fier davantage, et pour m'aller rembarquer sur une mer aussi orageuse que l'est chez nous la régence de ce qu'on appelle hautes sciences. Cependant, mon révérend père, il ne faut encore jurer de rien. J'ai fait vœu d'obéissance, et, si l'on me prend par là, j'irai, si l'on veut, à la Chine et au Japon. Mais quelque part que l'on m'envoie, je serai toujours, avec respect, en N.-S. Jésus-Christ,

« Mon révérend père,

« Votre très-humble et très-obéissant serviteur,

« André,
« de la compagnie de Jésus.

« A Alençon, ce 15 juillet 1715.

« Pourriez-vous me donner chez vous quelque ami philosophe pour me dédommager de la perte du R. P. Lami ? »

Ce père Lami est certainement le P. Bernard Lamy, professeur de philosophie au collége d'Anjou, et dont l'enseignement cartésien souleva l'orage que la prudence de l'Oratoire eut tant de peine à conjurer[2]. A la place du P. Lami il paraît que Malebranche indiqua, comme cor-

[1] Voyez p. cxcvij.
[2] *Fragments philosophiques*, t. II, p. 200 sqq.

respondant au P. André, l'abbé de Marbeuf, jeune Breton, qui se trouvait alors au séminaire oratorien de Saint-Magloire à Paris.

Pendant toute cette année 1715, la correspondance du P. André avec l'abbé de Marbeuf et avec M. Larchevêque ne roule que sur des sujets philosophiques. On le voit occupé surtout de la révision des cahiers de logique, de physique, de morale et de métaphysique, qu'il avait dictés à ses écoliers pendant le temps de son enseignement. Son dessein était de transporter dans les colléges les principes d'une philosophie chrétienne et d'y détruire entièrement la philosophie païenne que le péripatétisme y avait introduite. Cette prétention est précisément celle du cartésianisme : elle est partout dans les lettres du P. André.

« Il ne faut point nous flatter, Monsieur (écrit-il, le 2 septembre 1715, à M. l'abbé de Marbeuf [1]), nous avons beau vanter nos Descartes, nos Malebranches, tous nos héros philosophiques, jamais notre philosophie ne sera universellement regardée comme la philosophie du bon sens, qu'elle ne soit reçue dans les colléges. C'est une pensée que j'ai toujours eue dans l'esprit, et je n'en vois que trop la vérité. D'un autre côté, je suis touché au dernier point, quand je vois ce nombre infini de jeunesse chrétienne, qui ne vient au collége que pour se former l'esprit au bon goût, et le cœur à la vertu, n'en sortir qu'avec un esprit faux, superficiel, et souvent, ou plutôt presque toujours, avec un cœur perverti par les maximes toutes payennes qu'ils y ont apprises. Enfin, j'ai partout remarqué avec la plus tendre compassion pour les enfants qu'on y élève, qu'il n'y a ni ordre, ni suite, ni ombre de bon sens, surtout dans la philosophie qu'on leur enseigne. C'est une chose étrange et pourtant incontestable. Le premier pas que doit faire un enfant au sortir

[1] Manuscrit de Lille.

du collége, pour devenir honnête homme, c'est d'oublier tout ce qu'on y apprend. Peut-être que, s'il y avoit un bon cours de philosophie, où nos vérités les plus évidentes fussent traitées une à une, avec les objections et les réponses à la manière des scholastiques, on verroit enfin cesser le désordre de leur pédanterie; du moins il est certain qu'un pareil ouvrage la pourroit faire voir dans tout son jour et pourroit encore servir d'introduction à la lecture des bons livres, ce qui ne seroit pas un petit avantage. Voilà, Monsieur, bien du préambule pour vous dire que toutes ces raisons m'ont fait entreprendre un cours de philosophie chrétienne, solide et suivie, dont toutes les vérités fussent liées ensemble par un enchaînement visible depuis la première vérité connue à tout le monde, jusqu'à la dernière découverte de nos plus sçavants auteurs. Beau dessein sans doute ! il n'y a plus qu'à l'exécuter. N'allons pas si vite; encore un moment d'attention, s'il vous plaît. Comme la nation des scholastiques est aisée à effaroucher, nous garderions de leur philosophie toutes les questions qui pourroient être de quelque utilité par quelque tour d'esprit qu'on leur pourroit donner, ou, encore mieux, en évaluant leurs grands termes, qui assez souvent ne font que dire scientifiquement ce que tout le monde sait. Mais la principale vue qu'il faudroit y avoir, c'est de montrer partout en peu de mots le fruit qu'on en peut tirer par rapport à la piété chrétienne. Car, si la science n'édifie, à quoi est-elle bonne? Je ne sçai, Monsieur, si je vous ennuie, mais, pour moi, je sens un extrême plaisir à vous décharger mon cœur. Je vous prie donc de me pardonner ce petit détail. Nous naissons avec deux grands défauts qui s'opposent à la recherche de la vérité : défaut d'esprit et défaut de mœurs. La vérité est pure, subtile, déliée; elle n'a point de prise pour des esprits plongés dans la chair. La vérité est simple et incorruptible; elle n'a point de commerce avec les âmes déréglées et corrompues. C'est pourquoi je ne trouve pas mal établi que l'on commence l'étude de la philosophie par la logique et la morale. Mais il faudroit une logique nette, précise, et même, autant qu'il se peut, agréable, pour ne point rebuter les enfants en ne leur présentant d'abord que des épines à dévorer. Ne pourroit-on pas y réussir en faisant un recueil exact des règles du bon sens, en y entremêlant des questions choisies et faciles pour exercer leurs esprits naissants, et pour leur apprendre ainsi à en faire la juste application? On pourroit encore y répandre quantité de réflexions qui serviroient à leur rendre le sens droit, l'esprit juste et pénétrant, et même à leur donner le bon goût de toutes les choses qui sont du ressort du jugement. On s'y prendroit dans la morale à peu près de la même sorte; on en feroit une logique du cœur, et, outre les règles de conduite, on y traiteroit les matières les plus intéressantes et les plus capables de nous toucher : la fin de l'homme, et le souverain bien, et le souverain mal; la vertu, qui est la seule voie du bonheur, le vice, qui en est le seul obstacle, etc. Après avoir de cette sorte préparé les esprits à la connoissance et à l'amour de la vérité, nous y entrerions à pleines voiles dans la métaphysique, qui est une science générale qui donne les principes de toutes les autres. J'y établirois donc d'abord les vérités primitives et fondamentales, qui sont les sources infaillibles de la connoissance humaine. Comme l'existence d'un Dieu souverainement bon, sage, vrai, est une de ces vérités, je la traiterois à fond, avec sa nature, ses principaux attributs, son action sur les créatures, etc.; et, comme la connoissance de notre âme est aussi une des premières que nous devions avoir, c'est ici que je la placerois, je veux dire après Dieu immédiatement, suivant à peu près cet ordre de questions : la manière dont nous la connoissons par idée ou par sentiment intérieur; ses facultés, leur nombre, leurs propriétés; si elle agit sur elle-même et en elle-même, sans parler encore de son action sur le corps, que je réserverois pour le Traité de l'homme. Encore un peu de patience, je vous en supplie. Dans la physique, après avoir établi la vraie idée du corps naturel, il me semble que les lois de la nature et les règles du mouvement doivent avoir le premier lieu, mais néanmoins sans entrer dans un détail trop profond, qui seroit au-dessus de la portée des enfants. Ici, Monsieur, je me trouve un peu embarrassé : je ne sais si l'on doit commencer par déduire le système général de la nature des règles du mouvement déjà établies, et de là descendre comme par degrés aux choses plus particulières, ou, au contraire, après avoir expliqué les effets particuliers de la nature, que nous voyons arriver auprès de nous, par exemple, ceux qu'on appelle expérience du vide et autres semblables, monter de là au système général du monde. M. Descartes a suivi la première méthode, qui me paroît la plus belle, et M. Rohault a suivi la seconde, qui est peut-être la plus proportionnée à la capacité des commençants. Vous aurez la bonté de m'en dire votre avis, si tant est que je m'explique assez bien pour me faire entendre. Voilà, Monsieur, en peu de mots, ou plutôt trop au long pour vous, tout mon système de cours philosophique. Je vous prie instamment de l'examiner, de le critiquer, de le réformer avec vos amis ; et, puisque j'ai déjà passé les bornes de la pudeur en vous chargeant d'une pareille affaire, je vais pousser l'insolence aussi loin qu'elle peut aller : *Nam cum semel verecundiæ fines transieris, oportet naviter esse impudentem.* Je vous demande donc encore une autre grâce, c'est de me permettre de vous envoyer les écrits que j'ai dictés à Rouen (port payé, s'entend), pour les faire examiner par quelque habile philosophe. Vous y verrez mon dessein presque exécuté en bien des choses ; du moins vous y verrez une ébauche commencée, et il ne tiendra qu'à vous de me fournir les couleurs nécessaires pour l'achever. »

Il écrit à M. Larchevêque, alors répétiteur au collége des jésuites de Rouen, le 28 avril 1715 :

« Je vous plains non pas tant d'être un écho, que d'être

un écho de sottises, et d'être gagé pour apprendre à des enfants des fadaises qu'il faut oublier pour être honnête homme. Est-ce que jamais on n'ouvrira les yeux sur l'éducation de la jeunesse, et, au lieu de leur donner une philosophie sensée, ingénieuse, chrétienne, leur donnera-t-on toujours des rapsodies mal cousues, où il n'y a ni esprit, ni bon sens, ni religion? Seroit-il donc si difficile de faire un système suivi de vérités liées, capables de former le goût et la piété des enfants? Je suis persuadé que deux ou trois personnes d'un génie ordinaire, avec les secours qu'on a maintenant, en viendroient bientôt à bout. Avant que M. Descartes et le P. Malebranche eussent appris aux philosophes l'art de bien penser et de bien conduire leurs pensées, cela pouvoit paroître impraticable. Mais aujourd'hui, pour peu que l'on suivît leur méthode de méditer, nous aurions, sans beaucoup de peine, un système arrangé et soutenu, qui, sans être, comme vous le dites, ni péripatéticien *in multis*, ni cartésien *in paucis*, seroit vrai, juste et raisonnable *in omnibus*. »

Ailleurs il s'élève contre les auteurs des cours de philosophie suivis dans les écoles, 3 octobre 1715, à M. l'abbé de Marbeuf :

« Qu'est-ce qu'un Barbé [1], un Chanevel [2], un Gautruche [3], un Duhamel, surtout le Duhamel second du nom [4],

[1] N'est pas même cité dans Soutwhel.

[2] Soutwhel : Jacques Chanevelle, né en 1620 dans le diocèse d'Avranches en Normandie, entré dans la société en 1641, auteur d'une *Institutio totius philosophiæ juxta principia Aristotelis*, t. XII, in-12, Paris, 1667.

[3] Pierre Gaultruche, d'Orléans, né en 1602, entré dans la société en 1624, professa successivement la théologie, les mathématiques, la philosophie, et était encore préfet des études à Caen en 1676. Auteur de plusieurs ouvrages, entre autres d'une *Philosophiæ ac mathematicæ totius institutio*, Cadomi, 4 tom. in-12, 1656. Livre absurde dédié à saint Joseph.

[4] Le premier Duhamel, auquel il est fait ici allusion, est évidemment Jean-Baptiste Duhamel, né à Vire en Normandie, en 1624, entré à l'Ora-

et cent autres encore? J'estime assez Pourchot [1] pour ses sentiments, mais il est si superficiel que l'on n'y apprend rien. Enfin, en cette matière, on peut dire que, dans les colléges, *non est qui faciat bonum, non est usque ad unum*. Personne n'examine, personne n'approfondit, personne même ne s'y donne la peine d'écrire un peu passablement ce que l'on y dicte. La manière y est aussi mauvaise que le fond; et il semble que l'on n'y soit payé que pour gâter l'esprit de la jeunesse. »

Ailleurs encore, 15 février 1715, dans une lettre à M. Larchevêque, il se moque de la célèbre théorie péripatéticienne des idées représentatives, qui faisait alors l'enseignement de l'école.

toire à vingt ans, professeur de philosophie à Angers, et enfin secrétaire de l'Académie des Sciences, par la protection de Colbert. Auteur de l'ouvrage très-estimable : *Philosophia vetus ac nova, ad usum scholæ accommodata*, etc., imprimé en 1678, et dont la troisième édition, 2 vol. in-4°, est de Paris, 1684, ouvrage d'après lequel les jésuites composèrent une philosophie à l'usage de l'empereur de la Chine. V. Moréri. — Mais on ne voit pas quel peut être le Duhamel second du nom, qu'André met ici avec Chanevelle et Gaultruche. Moréri n'indique aucun autre Duhamel philosophe. Mais je trouve un cours de philosophie intitulé : *Philosophia universalis, sive commentarius in universam Aristotelis philosophiam, ad usum scholarum comparatam*, 5 vol. in-12, Paris, 1705, et dont l'auteur est un M. Jean Duhamel, licencié de la Faculté de théologie de Paris, de la maison de Sorbonne, et professeur émérite de philosophie dans l'Université de Paris. C'est probablement là le Duhamel dont parle André, à en juger par le caractère péripatéticien et extrêmement médiocre de ce cours de philosophie. Ce même Jean Duhamel a donné en français un livre intitulé : *Réflexions critiques sur le système cartésien de la philosophie de M. Régis*, auquel livre Régis fit la *Réponse aux réflexions critiques*, etc., Paris, 1692; il y traite ce Jean Duhamel de licencié en théologie, de la maison et société de Sorbonne, et de *cy-devant professeur de philosophie au collége du Plessis-Sorbonne*. C'est donc bien véritablement l'auteur de la *Philosophia universalis*.

[1] *Institutiones philosophiæ*, ad faciliorem veterum ac recentiorum philosophorum lectionem comparatæ, opera et studio Edmundi Pourchotii, senonensis, Universitatis Parisiensis antehac rectoris et emeriti philosophiæ professoris; ed. tertia. Lugduni, 1711, 4 vol. in-12.

« La production de telle ou telle idée dépend des lois de l'union de l'âme et du corps plutôt que de la ressemblance des images du cerveau et de leurs objets. . . . . Comment se pourroit-il faire que l'âme produisît ses idées telles qu'elle les forme, à l'aide de ces images qui ne leur ressemblent presque jamais?. . . . Assurément si l'on donnoit à un peintre une ellipse pour modèle du cercle, on l'embarrasseroit plus qu'on ne l'aideroit. Quelle est donc la stupidité de nos philosophes d'école de s'imaginer que l'âme n'a point d'autre modèle qu'elle envisage, quand elle pense aux objets extérieurs, sinon ces petites figures que l'ébranlement des nerfs trace dans le cerveau? Voilà pourtant, Monsieur, l'origine de ces tempêtes qui bannissent aujourd'hui la vérité des colléges où l'on fait profession de l'enseigner. Que je vous plains d'être obligé de servir d'écho à tant de voix profanes ! etc. »

C'est au milieu de ces occupations que survint le plus grand éclat de la bulle *Unigenitus*, qui, à cette époque, agita tous les esprits, divisa les évêques et les parlements, et partagea la France en jésuites et en jansénistes.

Personne au fond n'était moins janséniste qu'André. Déjà Malebranche, dans le traité *de la Nature et de la Grâce*, avait combattu la doctrine d'une grâce efficace par elle-même qui ne laisse point à l'âme humaine le mérite d'y coopérer, ni par une conséquence forcée, le pouvoir d'y résister. Et André était encore bien plus exact que Malebranche sur la théorie de la liberté humaine, comme on l'a vu dans sa profession de foi sur le formulaire et comme le reconnaissent eux-mêmes les philosophes de la compagnie[1]. L'accusation de jansénisme ne pouvait s'appliquer avec le moindre fondement à André ;

[1] Voyez p. cxlv et p. clxxxv.

mais la vérité est qu'il connaissait et honorait plusieurs personnes de cette opinion, et qu'il était d'avis de les combattre par des réfutations solides et modérées, au lieu d'en appeler à l'autorité temporelle. Il ne prit donc parti ni pour les jansénistes ni pour les jésuites, mais pour les persécutés contre les persécuteurs. La première correspondance contient plusieurs lettres à l'oratorien de Marbeuf, où il exprime une opinion pleine de sagesse qui ne devait plaire à personne, ni surtout à ses supérieurs. Voilà donc André devenu suspect, non plus seulement de cartésianisme, mais, qui pis est, de jansénisme, ou, pour mieux dire, de modération à l'endroit du jansénisme. C'est ce que lui insinue le nouveau provincial de France, le P. Martineau[1].

[1] « Isaac Martineau, dit Moréri, naquit à Angers le 22 mai 1640. I entra chez les jésuites le 5 septembre 1685. Il est mort le 20 décembre 1720. Il a régenté la philosophie pendant dix années, et la théologie durant six ans, à Paris; mais il ne fut jamais prédicateur, et l'on ne croit pas qu'il ait jamais paru en chaire qu'une seule fois, pour l'*Oraison funèbre de Louis, prince de Condé*, en 1687. Il étoit recteur du noviciat, lorsqu'il fut choisi pour être confesseur des princes. Il le fut en particulier de Louis de France, duc de Bourgogne, qu'il assista de ses conseils pendant sa vie et à sa mort, et dont il nous a tracé les vertus dans un écrit imprimé à Paris, in-4°, en 1712, sous ce titre : *les Vertus de Louis de France, duc de Bourgogne, ensuite Dauphin*. Cet emploi ne l'empêcha pas d'être supérieur de la maison professe : il l'étoit en 1704, lorsque le P. Bourdaloue mourut; et c'est en cette qualité qu'il écrivit la lettre qui contient l'éloge de ce célèbre prédicateur : elle fut imprimée d'abord séparément, et ensuite dans le troisième tome du *Carême du P. Bourdaloue*. Le P. Martineau n'a été provincial qu'après l'an 1713. On raconte qu'à la fin de 1682, M le duc Louis de Bourbon devant passer de rhétorique en philosophie dans le collége des jésuites, les supérieurs dirent au prince Louis de Condé qu'ils avoient un excellent régent de philosophie, mais qu'ils n'osoient le faire venir à Paris pour le donner à M. le duc, parce qu'il étoit extrêmement laid. M. le prince demanda : « Est-il plus laid que le « démon? » Après l'avoir vu, il dit : « Il ne doit pas faire peur à qui a vu

« Paris, 22 décembre 1716.

« On ne peut que louer le soin qu'on prend de se renfermer dans les bornes d'une juste modération en quelque matière que ce soit. Mais il ne faut pas que cela aille toujours jusqu'à garder une espèce de neutralité; car il y a des occasions où, sans se déclarer avec chaleur, on peut et on doit faire connoître qu'on s'attache au parti que l'Église a pris. Je ne puis vous en dire davantage sur ce sujet, une lettre ne comportant pas un plus ample éclaircissement. Mais je prie votre révérence de faire réflexion au peu que je luy dis et de ne pas s'en éloigner dans sa conduite. Je suis avec respect, dans l'union de ses SS. SS., etc.

« MARTINEAU. »

André ayant continué à user de la même modération, les plaintes qu'il excita dans la compagnie allèrent jusqu'à Rome. Le père général, l'ardent et inflexible Tamburini [1],

« Pellisson; il faut le faire venir; on s'accoutumera à le voir, et on le « trouvera beau. » La laideur du P. Martineau, comme celle de M. Pellisson, venoit de la petite vérole. On a encore de ce père les *Psaumes de la pénitence de David, avec des réflexions,* à Paris, 1710, in-12.... plus, *Méditations sur les plus importantes vérités du christianisme, pour une retraite,* à Paris, 1714, in-12. »

[1] On ne trouve rien sur Tamburini dans Moréri. Nous tirerons le peu de renseignements que nous allons donner sur ce père jésuite d'un ouvrage peu connu, mais curieux, imprimé à Rome en 1751, en italien et en latin : *Imagines præpositorum generalium societatis Jesu, delineatæ et æreis formis expressæ ab Arnoldo Van-Westherhout, addita perbrevi uniuscujusque vitæ descriptione;* et en italien : *Ritratti,* etc., par le P. Galeotti, de la même compagnie, 2e édit., in-fol. Michel-Ange Tamburini était de Modène; il naquit le 27 septembre 1648, embrassa l'état religieux dans la compagnie de Jésus, le 16 janvier 1665. Il enseigna la philosophie dans le collége de Sainte-Lucie à Bologne pendant six ans, la théologie à Mantoue pendant six autres années. Il fut recteur du collége de Modène et de celui de Mantoue, puis provincial de la province de Venise. Le père général Gonzalès le fit venir à Rome pour lui servir de secrétaire, et le nomma, le 14 novembre 1703, son vicaire général. Dans l'assemblée qui suivit la mort de Gonzalès, il fut élu, le

si connu par son zèle contre le jansénisme, écrivit à André pour se plaindre de sa conduite et lui déclarer que s'il n'en change, il l'ôtera d'Alençon. Il reproche même au père provincial Martineau une trop grande indulgence, comme on le voit dans la réponse latine d'André, que nous supprimons. Celui-ci désirait vivement de rester à Alençon, car il y était fort aimé pour son esprit, sa douceur et sa tolérance. Dès qu'on y sut qu'on était menacé de le perdre, les habitants les plus notables écrivirent en sa faveur au père général. Cependant l'affaire s'envenimait; toutes les démarches d'André étaient surveillées, toutes ses paroles malignement commentées. Excité par les reproches du père général, le père provincial Martineau donne ordre au P. Chomel, recteur, de faire subir à André un interrogatoire sur un certain nombre de questions envoyées de Rome. Nous avons ces questions et les réponses d'André, le tout en latin. Voici quelques-unes de ces questions qui nous paraissent aujourd'hui bien puériles et qui étaient alors fort redoutables : 1°. S'il pense et s'il a jamais dit qu'il n'y a pas de jansénistes; 2°. S'il a dit qu'on faisait bien de s'opposer à la bulle *Unigenitus;* 3°. S'il a dit qu'on aurait mieux fait de réfuter que de condamner le livre de Quesnel; 4°. S'il n'a pas dit à une dame dont il est le confesseur que son opinion ne diffère pas de celle des jansénistes et qu'il désire leur triomphe.

31 janvier 1706, général de la compagnie. Il la gouverna vingt-quatre ans et un mois, étant mort à l'âge de quatre-vingt-deux ans, le dernier jour de février 1730, à Rome, dans la maison professe. Il a signalé son généralat par la béatification de François Régis et la canonisation de Louis de Gonzague et de Stanislas Kotska, par son zèle pour les missions étrangères et contre le jansénisme.

Toutes les autres accusations étaient également fondées sur des bavardages de petite ville, de collége et de couvent. Un père Urquart, sur lequel nous ne trouvons nulle part aucun renseignement, s'était insinué dans la confiance d'André par l'apparence d'une franchise semblable à la sienne. André lui avait écrit une lettre où il lui raconte son interrogatoire et où, tout en se prononçant avec force contre le jansénisme, il déclare aussi qu'il ne veut pas s'écarter de la charité qu'il doit aux personnes, quelles que puissent être leurs erreurs... « Détestant, comme j'ai toujours fait, la grâce invincible des jansénistes et même la grâce prédéterminante des thomistes les plus catholiques, je suis certain que je n'ai pu dire que ma pensée n'étoit pas éloignée de celle de ces messieurs, c'est-à-dire des jansénistes. Mais veut-on que j'aille brusquer tout l'univers pour acquérir chez nous la sotte réputation de bien intentionné, et dans le monde raisonnable celle d'étourdi et de brouillon ? Non, c'est à quoi je ne puis me résoudre. Je condamne et j'espère que Dieu me fera toujours la grâce de condamner toutes les erreurs que l'Église condamne ; mais, pour ce qui est des personnes qui les soutiennent, je leur ferai toujours des honnêtetés pour les gagner par là, si je puis, à la vérité catholique. Si nos zélés désapprouvent ma conduite, peut-être que le Seigneur, qui nous commande la charité sur toutes choses, leur donnera son approbation. » Sur ces entrefaites, un P. de Couvrigny, qui nous est d'ailleurs aussi inconnu que le P. Urquart, écrit à André pour l'avertir que ce P. Urquart est un fourbe ; qu'il lui a écrit par le conseil de son ennemi, le P. Martelet [1] pour le faire parler.

[1] Également inconnu.

« On croyoit d'abord en ville, lui dit-il, que votre lettre au P. Urquart, dont les copies couroient partout, ne se divulguoit que par le conseil des PP. d'Avrigny et Boismond[1], vos amis, et on les en blâmoit fort; mais ensuite tout est retombé sur le P. Urquart et sur le P. Martelet, son mobile, les autres ayant déclaré qu'ils n'avoient seulement pas vu la lettre. On nous a dit qu'elle avoit été envoyée au père général et au père provincial, et je crains qu'elle n'ait pas un trop bon effet auprès d'eux. » Le P. de Couvrigny apprend encore à André une foule de détails, aujourd'hui sans intérêt, sur les manœuvres de plusieurs de ses ennemis; que le P. Martelet a arraché au confessionnal, d'une ancienne pénitente du P. André, sous peine de damnation éternelle, l'aveu des sentiments que lui aurait exprimé André, avec la permission d'en informer les supérieurs. Le P. Urquart prétendait au contraire que c'est ce P. de Couvrigny qui trahissait André. Le fait est que nous trouvons dans nos papiers une lettre de Rome du général des jésuites (14 juin 1718), blâmant André, félicitant le P. Martelet et le P. de Couvrigny.

Ainsi, ce P. de Couvrigny, qui accusait le P. Urquart de trahir André, le trahissait réellement : il s'entendait avec le P. Martelet et il écrivait à Rome contre celui qu'il appelait son ami. Dans la persécution contre le cartésianisme, nous avons trouvé un lâche dans la personne du P. Dutertre; voici maintenant dans l'affaire du jansénisme un espion et un traître. On est au moins un peu consolé en trouvant un honnête homme et un honnête homme courageux dans le P. Urquart. Un ami anonyme d'André, en lui envoyant une copie de la lettre précédente du

[1] Inconnus.

père général au P. Martelet, ajoute ceci : « C'est le P. Urquart qui l'a rendue publique à Alençon pour convaincre le P. de Couvrigny qui vouloit y passer pour votre ami. Le pauvre P. Urquart a été mis en pénitence et pour première punition on lui a ôté sa perruque. Le père recteur a même voulu l'envoyer ailleurs ; il a répondu qu'il ne sortiroit que par ordre du père général ; qu'il lui avoit écrit pour la justification de votre doctrine et de votre personne, et que rien ne seroit capable de l'empêcher de rendre témoignage à la justice et à la vérité. » Enfin, le 4 février 1718, arriva de Paris à André, de la part du nouveau provincial de la Granville[1], la lettre suivante :

MON RÉVÉREND PÈRE LE R. PÈRE ANDRÉ DE LA COMPAGNIE DE JÉSUS, A ALENÇON.

« Paris, ce 4 février 1718.

« Mon révérend père,

« J'ay ordre du R. P. général de retirer V. R. d'Alençon. Comme je n'ai point à présent d'autres employs à vous offrir que le ministériat des pensionnaires d'Arras, je vous prie de vouloir l'accepter; peut-être dans la suite pourrai-je vous offrir quelqu'autre employ qui soit plus de votre goût. Je ne vous dis point les raisons de l'ordre de notre père, parce que je sçay que vous en êtes instruit.

« Je suis avec respect, etc.,

« DE LA GRANVILLE. »

[1] Rien dans Moréri ni ailleurs sur ce père provincial. Nous trouvons de lui, à la date du 1er décembre 1720, une permission accordée au P. Bretonneau d'imprimer les Exhortations et instructions chrétiennes ainsi que la Retraite spirituelle de Bourdaloue. Ces deux permissions sont signées Xavier de la Granville.

### VI. André à Arras et à Amiens, 1718-1724.

C'est ainsi qu'André fut envoyé à Arras. Il y fut plus que jamais soupçonné de jansénisme. Ses lettres à l'oratorien de Marbeuf furent surprises, tous ses papiers saisis, entre autres sa Vie de Malebranche, et, pour une brochure que les jésuites avaient faite et qu'ils lui attribuèrent, il fut mis à la Bastille. Il en sortit, et il fut envoyé de nouveau à Amiens dans l'année 1722, l'on ne sait dans quelle fonction. Voilà ce que le manuscrit de Lille établit de la manière la plus certaine. Mais d'abord, nous allons tirer du manuscrit de Caen quelques lettres où l'on verra les misérables querelles qui agitaient l'intérieur de la compagnie. Commençons par une lettre de notre ancienne connaissance le P. Guymond, toujours le même, à la fois bonhomme et fanatique, exhortant toujours André à abandonner la doctrine de Malebranche et même à la réfuter. Sur un mot d'espérance qu'André lui avait donné, il prend feu et lui écrit la lettre suivante :

AU PÈRE ANDRÉ, A ARRAS.

« De la Flèche, ce 17 février 1719.

« . . . . . . . . . Un de ceux de qui j'attendois le plus pour le bon service de la compagnie, c'étoit V. R. Voyant donc tout le contraire, j'ay ressenti tout ce que dit le sage d'une espérance trompée en chose de plus grande conséquence et qu'on désire le plus. Le petit mot qui se trouve pour moy dans la lettre de V. R. à notre cher père m'a rendu tout d'un coup la vie, réveillé toute mon espérance, guéri ma douleur de vous voir hors des emplois que vous pouvez si bien faire sans ce mauvais levain de cette nouvelle doctrine la plus bizarre, la plus contraire au bon sens, la plus dangereuse pour la religion qui fut jamais. Je suis donc très-disposé à vous servir autant que je le pourray, soit ici ou à Rome. Mais, pour le faire prudemment et pour y réussir, je désire : 1°. que vous me mandiez si, en effet, vous en voyez maintenant la fausseté, et par quels principes vous la voyez; 2°. que vous en fassiez une réfutation courte et solide, pour l'envoyer à ceux que vous savez y être le plus attachez, surtout à un père que je crois préfet à Orléans; 3°. que vous m'envoyiez une rétractation en bonne forme, et la susdite réfutation, afin que je la montre aux supérieurs; par là j'espère tout. Que si peut-être vous n'êtes pas encore détrompé, mettez à part vos difficultés, je les verray, et les présenterai, sans vous nommer, à d'habiles gens, et sûrement on y répondra. Au reste, ayez confiance en moy, et sçachez que, quand vous m'avoueriez que vous êtes toujours dans les mêmes sentiments et que tout ce que vous pouvez gagner sur vous-même c'est de n'en parler jamais au dedans ni au dehors, à vos amis particuliers ni aux autres, cela seroit pour moy un secret inviolable. Si j'aime quelqu'un au monde, c'est le cher P. André dont je suis, dans l'union de ses SS. SS. le très-humble, etc.

« Hervé Guymond. »

L'espérance du P. Guymond fut encore une fois trompée. André demeura fidèle à ses opinions, et suspect à la fois de malebranchisme et de jansénisme. Il n'était pas le seul jésuite qui fût dans ce cas. Nous trouvons dans nos papiers de Caen une lettre non datée, d'un P. Lebrun, qui, sous le feu de la double persécution philosophique et religieuse, enseignait une doctrine presque entièrement cartésienne. Il était professeur de philosophie à Amiens, et cette lettre peut bien avoir été écrite à André avant que celui-ci eût quitté Alençon.

« Vous me faites, dans votre dernière lettre, quelques reproches de ce que je ne vous avois pas fait réponse à la précédente; mais j'ai reçu vos deux lettres presque en même temps, quoique la première fût datée de près de deux mois avant l'autre. Je ne sais par quel hazard ou quelle bizarrerie elle a voulu visiter nos armées. Elle a été adressée à Arras, où, comme il n'y a personne qui porte mon nom, on l'a donnée à celui dont le nom approche le plus du mien, qui est le P. Brunet, qui, après l'avoir ouverte, et, à ce que je crois, lue, l'a rendue au procureur d'Arras, qui me l'a renvoyée avec une petite apostille sur un des côtés de la lettre. J'ai été très-fâché de cette aventure, à cause de quelques termes de la lettre un peu francs et naturels, qui auront fait je ne sais quelle impression sur les esprits péripatéticiens d'Arras. Je n'en ai pas entendu parler depuis. Vous aviez cependant bien mis l'adresse de la lettre, et je ne sais ce qui a pu causer ce contre-temps.

« Vous me mandez de vous envoyer, si je peux, la thèse de l'augustin qui a été arrêté par ordre de M. l'évesque, mais je ne le peux pas. Il n'y en a dans la maison qu'une, qu'a le P. Godefroy, et dont il ne voudroit pas se défaire pour beaucoup. Je ne l'ai pas même toute lue. Je vous dirai seulement que, dans la première position, il fait profession de suivre en tout saint Augustin, et même d'errer avec lui : *profitemur sapere et errare cum sancto Augustino;* après quoi il rejette la science moyenne, *scientiam mediam, quam laudatissimam quidam vocant, rejicimus ut inconcussis sancti Augustini principiis diametraliter oppositam.* Ensuite il établit la grâce efficace par elle-même, rejette la prédestination *post previsa merita* comme conduisant droit à l'hérésie. Il y a encore d'autres choses que ceux qui ont lu la thèse reprennent fort. Ils disent que, quoiqu'il n'y eût point de position ouvertement janséniste, cependant il n'y a qu'à en tirer les conclusions qui seront le pur jansénisme. Comme je ne l'ai pas lue, je ne puis pas bien me prononcer. Si j'en peux trouver une, je la garderai pour vous la montrer, ou je ferai un extrait de celle du P. Godefroy. S'il n'étoit pas même dix heures du soir, j'irois la lui demander. Bref, pour conclure, ni le professeur, savoir le P. Maillet, ni l'écolier, qui est le petit augustin qui venoit argumenter, ne sont plus ici; ils ont décampé.

« Après avoir parlé des autres, il faut parler de moi. Je crois qu'on va bientôt aussi me regarder comme janséniste, et ne croyez pas que vous soyez le seul qui receviez des avis doctrinaux raisonnés : j'ai reçu le plus beau du monde depuis quelques jours. On a envoyé encore une de mes thèses à Paris, et la critique en est arrivée ici belle et ample, et m'a été communiquée. Je le méritois bien aussi. Comment! j'enseignois dans cette thèse que Dieu est tout-puissant, *solus est inter cujus voluntatem et effectum producendum necessaria sit connexio;* j'enseignois qu'il y a trois facultés de notre âme : *voluntas, intellectus, sensus;* j'enseignois que notre âme pense et que son essence est dans la pensée; j'enseignois que *Deus nos promovet ad bona particularia sed moraliter utrumque;* j'enseignois que *facultas sentiendi recte accipitur independenter a corpore;* de la distinction de l'âme avec le corps j'enseignois que l'on pouvoit démontrer l'immortalité de l'âme : mais, par malheur pour moi, l'âme des bêtes est aussi distinguée de la matière et cependant n'est pas immortelle, donc, etc. Vous voyez combien toute cette doctrine est dangereuse. A voir la critique de ce que j'ai marqué ci-dessus, je croyois que ma thèse alloit marcher de pair avec celle de l'augustin. Je n'y ai point fait réponse et ne l'y ferai point. Je croyois recevoir des compliments plutôt que des reproches, tant je trouvois ma thèse péripatéticienne; mais, quand on est marqué au B (*sic*), on a beau faire, on enseigneroit les qualités occultes, elles paroîtroient encore nouvelles. Il faut se consoler. Aimez-moi toujours un peu, mon cher collègue. J'attends avec impatience le moment de vous embrasser et de vous marquer combien je suis en vérité votre très-humble, etc.

« LE BRUN, J.[1] »

André avait laissé à Alençon des amis et des partisans, comme on le voit par les deux lettres suivantes d'un P. Prévost et d'un P. Harscouet, qui sont d'ailleurs profondément inconnus.

AU P. ANDRÉ, A AMIENS.

« Le 25 mai.

« Mon très-révérend et très-cher père,

« Vous avez sans doute appris les grands changements arrivés dans la philosophie du collége. Le P. Souciet[2] est allé à Séez, remplir la place du P. Harscouet, qui est revenu ici. Le P. Fleury, régent de physique, et lui se trouveront, à ce que je crois, un peu embarrassés, s'ils s'aperçoivent qu'ils dictent tous deux les mêmes cahiers, à peu de chose près,

[1] Note tirée des manuscrits de M. de Quens : « Eustache Lebrun, fils d'un bourgeois de Paris, avoit quatre ou cinq frères aussi jésuites. Homme d'esprit et aimable. Régent des basses classes, eut pour écoliers deux princes de Lorraine-Marsan; étant professeur de philosophie à Amiens, se servit des cahiers de son frère dont il n'étoit nullement content; pria le P. A., son ami, de lui prêter les siens (le P. A. étoit en physique dans le même temps). Le P. Lebrun fut charmé de sa morale et de ses explications sur la liberté, et ses écoliers firent beaucoup mieux dans les thèses que ceux de ses collègues. Une de ses thèses censurée par les jésuites de Paris; elle étoit contraire aux formes substantielles et à l'âme des bêtes. Le P. Lebrun prit le parti d'aller aux missions; fut envoyé dans la Martinique; avoit envie d'aller plutôt en Canada, parce qu'il étoit d'un tempérament à souffrir beaucoup de la chaleur. »

[2] Est-ce le P. Étienne Souciet, né à Bourges en 1671, mort à Paris en 1744, auteur de plusieurs ouvrages estimés (voy. Moréri et l'éloge du P. Souciet dans les Mémoires de Trévoux, avril 1744), ou bien son frère, aussi jésuite, Estienne-Auguste Souciet, né en 1685, mort en 1744, professeur de théologie scolastique au collége des jésuites de Paris? (Voyez Moréri.)

car j'en ai fait la comparaison ; mais quels sont ces cahiers ? ce sont les vôtres, mon révérend père, qui leur font vraiment à l'un et à l'autre beaucoup d'honneur. Les préfets, les répétiteurs, les écoliers se louent de la netteté de la méthode qui y règne. Encore passe que le P. Harscouet s'en fasse honneur, c'est un très-honnête homme ; mais pour l'autre, qui n'est et ne sera jamais qu'un moine des plus épais, sans la considération que j'ai pour le P. Harscouet, j'aurois découvert son manége. Ce qui est d'autant plus plaisant, c'est qu'on ne lui a fait aucune affaire, tandis que le P. Harscouet en a eu, pour avoir dicté la même chose. Il est vrai qu'il est venu des lettres de Rome qui le justifient entièrement. Il n'est pas besoin que je vous prie de garder le silence sur ce que j'ai l'honneur de vous mander ici. Vous en voyez les conséquences. J'ai l'honnneur d'être, etc.,

« Prévost, J. »

AU MÊME, A AMIENS.

« A Alençon, le 16 de septembre 1724.

« Mon révérend père,

« Il y a longtemps que je n'ai appris de vos nouvelles, et que je ne vous ai donné des miennes. En voici une qui mérite de vous être mandée. Il y a deux mois que mes écoliers étant allés à Sées, se présenter à l'examen pour entrer au séminaire, et être de l'ordination de ce mois de septembre, furent tous refusés. En voici le sujet : c'est que, dans le traité de la pénitence que je leur ai donné cette année, j'ai enseigné ces deux propositions : « 1°. Servilis gehennæ timor, *si solus sit,* et omni justitiæ amore destitutus, non excludit habitualem peccandi voluntatem sive affectum peccandi ; 2°. Attritio concepta ex *solo* gehennæ timore servili, quamvis timor ille bonus sit, utilis ac supernaturalis, non tamen sufficit etiam cum sacramento penitentiæ ad remissionem peccatorum obtinendam, sed ad id requiritur amor Dei super omnia qui sit actus inchoatus saltem charitatis. » Voici, mon révérend père, la censure qu'on a portée au séminaire de Sées contre ces deux propositions dès le temps de l'examen de mes écoliers, et qu'on a depuis renouvelée dans un écrit, qu'un de mes censeurs m'adressa il y a quinze jours, en réponse à un extrait de ma doctrine sur l'attrition, que j'avois envoyé à Sées; voici, dis-je, cette censure en propres termes : « Ces deux propositions contiennent *évidemment* les « erreurs de Luther, de Jansénius et de Quesnel, et la con« damnation s'en trouve *visiblement* dans le concile de « Trente. »

« L'auriez-vous cru, mon révérend père, qu'il se trouvât des gens assez téméraires pour censurer ainsi une pareille doctrine? c'est cependant ce qu'ont fait MM. Guilloré et Besnard, tous deux grands-vicaires, M. Hérouard et le P. de Captot, supérieur du séminaire. Cette censure a été ratifiée par les jésuites du séminaire et par nos pères de ce collége; du moins ils me sont tous contraires. Ils ont envoyé au père provincial l'extrait de ma doctrine, dont j'ai parlé aussi bien qu'à nos théologiens de Paris. Je sais que ma doctrine y a aussi été censurée; mais je n'ai encore pu savoir en quels termes ils l'ont censurée. Ainsi, le dedans est contre moi; au dehors, tout le monde approuve ma doctrine. Tous les ecclésiastiques de la ville, tous les pères capucins, tous les prêtres du diocèse, tous les séculiers, en un mot, tout le public est pour moi; car cette affaire a déjà bien fait du bruit, et il y a apparence qu'elle en fera encore plus dans la suite; car on m'a assuré qu'elle a été mandée de bien des endroits à Paris. J'ai fait tout mon possible pour empêcher cet éclat, en tâchant de faire recevoir mes écoliers au séminaire. J'ai écrit pour cela jusqu'à trois fois à M. l'évêque, sans qu'il m'ait daigné faire réponse. J'ai écrit pareillement aux grands vicaires et au P. de Captot. J'ai justifié ma doctrine par une dissertation théologique, que je leur ai adressée; mais tout cela a été inutile : on ne m'a point écouté. Notre père recteur s'est tenu les bras croisés pendant tout ce temps-là, pour empêcher l'éclat que le P. de Captot avoit eu l'imprudence de laisser faire. Il semble que lui et les autres pères de ce collége fussent bien aises de me voir intrigué et ma doctrine condamnée, parce qu'ils sont dans des sentiments opposés aux miens, qu'ils appellent la doctrine de la compagnie. Quand j'ai vu qu'on me faisoit une affaire sérieuse sur ma doctrine, et qu'on commençoit à me persécuter en théologie comme on a fait en philosophie, j'ai pris le parti d'écrire au père provincial, pour lui demander à la quitter. Je l'ai fait avec tant d'empressement, qu'il me l'a accordée. Je lui ai demandé une préfecture des classes, en lui ajoutant que, s'il n'en avoit pas une à me donner ou quelque autre emploi qui me convînt, je ne ferois pas difficulté de prendre la régence d'une basse classe, pour me tirer de celle de théologie. Je ne sais encore où il m'enverra : j'en saurai des nouvelles au premier jour. Le père de Pouligny, qui régentoit ici cette année la rhétorique, est parti ce matin pour Arras, où il va régenter la deuxième. Il passera par Amiens ; il pourra vous instruire plus à fond de mon affaire ; j'apprends qu'elle est allée jusqu'à Paris. Elle y fera du bruit selon toutes les apparences. Mes adversaires doivent s'en prendre à eux seuls. Donnez-moi, je vous prie, de vos nouvelles, mon révérend père, et mandez-moi ce que vous pensez de tout ceci, mais ne différez pas ; car je partirai bientôt d'Alençon. Je crois que ce sera au commencement du mois prochain.

« Je suis, etc.

« HARSCOUET, J. »

Mais il est temps de laisser André lui-même raconter à M. Larchevêque et à un autre de ses amis ses tristes aventures d'Arras, la vie inquiète qu'il menait à Amiens, le profond abattement où il était tombé après une si lâche persécution, son ardent désir de trouver quelque porte honnête pour sortir de la société, et la vive répugnance qu'il éprouve pour toute congrégation, fût-elle la plus sainte du monde.

A MONSIEUR LARCHEVÊQUE, DOCTEUR EN MÉDECINE, AU COLLÉGE DU PLESSIS, RUE SAINT-JACQUES, A PARIS.

« Monsieur,

« La grâce de Notre Seigneur Jésus-Christ.

« Il y a quelques jours que j'ay reçu votre obligeante lettre, qui m'a été rendue par un détour assez déplaisant. J'ay attendu à y répondre que N. P. provincial fût parti, afin de pouvoir vous parler avec plus de certitude sur ma situation. Il est vrai, Monsieur, non pas que j'ai eu *quelque démêlé* avec nos pères, mais qu'ils m'ont traité de la manière du monde la plus cruelle et la plus sensible à un homme d'honneur. De jeunes étourdis, soutenus de quelques pères graves, ennemis de M. l'évêque d'Arras et de plusieurs autres personnes plus considérables, m'ont accusé nettement de jansénisme, et même de *dogmatiser* parmi notre jeunesse. Calomnie évidente; mais enfin sur quoi fondée? 1°. Parce que j'avais eu l'imprudence de douter de l'excommunication de M. le cardinal (de Noailles), de M. d'Arras et de plusieurs autres, disant, lorsqu'on m'en parloit, que je les *laissois faire leurs comptes avec le bon Dieu;* 2°. parce que j'avois dit une fois que la *France n'avoit pas besoin de l'inquisition* pour maintenir la foi, puisque nous avons des évêques qui sont nos inquisiteurs nés; 3°. parce que je condamnois ouvertement les libelles sanglants, les chansons impies, les satires insolentes que l'on faisoit continuellement contre M. d'Arras, et généralement contre tous ceux qui ne sont point de notre parti; 4°. parce que je ne parlois de la constitution ni en bien ni en mal; 5°. parce que j'avois reçu une lettre de M. le chancelier [1] en réponse aux compliments que j'avois pris la liberté de lui faire sur son rappel à la

[1] Daguesseau.

cour. Je ne surfais point, Monsieur, je ne vous dis que des vérités, mais des vérités qu'il n'est pas bon de dire à tout le monde. A ces moyens d'accusation de jansénisme on en ajouta d'autres : que j'étois d'intelligence avec M. d'Arras; que j'avois été chez lui pour le voir *incognito;* que j'avois fait un méchant petit écrit qui avoit paru contre notre société, et plusieurs autres faussetés pareilles. Mais la frayeur est toujours dans l'âme de ceux qui se sentent coupables, et il n'y a point de violence qu'ils ne fassent pour s'en délivrer, lorsqu'ils ont le pouvoir en main. C'est ce qu'ont fait nos bons politiques; il a donc fallu céder à la force. Pour tirer de leurs mains les livres et les mémoires qu'on m'avoit prêtés pour faire l'histoire du P. Malebranche, il m'a fallu, contre mon inclination, leur promettre que je n'écrirois plus à ceux dont je les tenois, gens suspects à notre compagnie, mais qui n'en sont pas, à mon avis, moins honnêtes gens. J'ai eu beau demander que l'on me communiquât les accusations, par écrit, que l'on avoit faites contre moi, je n'ai rien gagné. On m'en a seulement lu trois ou quatre articles; et, sur mes réponses, qui en faisoient voir non-seulement la fausseté, mais l'impertinence, on n'a point osé m'en continuer la lecture. J'ai demandé souvent à quelques-uns de nos pères s'il n'y avoit point de canon dans l'Église pour juger un prêtre; on ne m'a répondu que par un grand silence. Je voulois du moins que l'on brûlât ces accusations calomnieuses ou extravagantes, puisqu'on ne vouloit point me les communiquer pour me donner lieu de me défendre. Point du tout; je sais que, depuis mon élargissement, on les a envoyées à Paris. Pourquoi? apparemment pour y être gardées dans les archives de la province; à quel dessein? Dieu le sait, et je m'en repose sur sa Providence. Il ne faut pas qu'un chrétien rougisse de la croix qui l'a sauvé. Nous devons croire que nos ennemis ont du moins de bonnes intentions dans le mal qu'ils veulent nous faire. Cependant, Monsieur, je vous l'avoue, je songerois à la retraite, si je trouvois, pour me délivrer de la persécution, une porte honnête et chrétienne. *Quis mihi dabit pennas sicut columbæ, et volabo, et requiescam.* Mais j'ai fait des vœux qui m'arrêtent; il me faudroit la protection de quelque prince ou de quelque cardinal pour en obtenir la dispense totale; et où le trouver? Car, après tout ce qui s'est passé, je ne voudrois pas me rengager dans la plus sainte communauté du monde. Le diable se fourre partout et surtout parmi les gens de parti et de cabale. J'ai beau aimer la paix; le moyen d'en jouir au milieu des gens de guerre qui m'environnent? Notre-Seigneur a bien eu raison de dire : *non veni pacem mittere sed gladium;* quoiqu'il nous ait donné la paix, nous ne trouvons partout que le glaive de la division. J'oubliois de vous dire qu'un de nos pères m'ayant fait compliment sur la grâce prétendue qu'on m'avoit faite de terminer si promptement mon affaire, je lui répondis que c'étoit là justement ce qu'on appelle *beneficium latronum*. Êtes-vous content, Monsieur? Vous voilà instruit; vous n'êtes point impliqué dans les défenses que j'ai reçues, ni dans les promesses que j'ai données. J'ai cependant eu raison de ne vous point écrire dans ces commencements de liberté. Vous en voyez la raison. Je suis avec respect, en Notre-Seigneur Jésus-Christ, votre très-humble et très-obéissant serviteur.

« A Amiens, ce 23 avril 1722. »

---

« La grâce de Notre-Seigneur Jésus-Christ soit toujours avec vous Discrétion dans vos lettres et secret pour les miennes.

« Il est juste, Monsieur [1], de vous tirer de votre obligeante inquiétude. J'ai reçu vos deux lettres, et j'y vais répondre.

[1] Le nom de la personne à laquelle cette lettre du P. André est adressée n'est point indiqué. Ce ne peut être ni M. l'abbé de Marbeuf, auquel il lui était interdit d'écrire, ni M. Larchevêque, à qui il vient de raconter en abrégé les mêmes choses qui sont ici développées. Ce doit être quelqu'un de ses confrères.

Je suis bien obligé au P. de T[1] de son amitié; il me fait beaucoup d'honneur, mais il me semble qu'il ne me fait pas justice lorsqu'il désapprouve si fort ma conduite. Car enfin, Monsieur, quelle est donc cette conduite scandaleuse qui a si fort déplu à certaines gens, qu'ils l'ont jugée digne des dernières violences? La voici avec toutes ses horreurs.

« 1°. Lorsque je faisois ma théologie à Paris, je voyois le P. Malebranche fort souvent. J'allois à ce qu'on appeloit les conférences de M. l'abbé de Cordemoi; je m'opposois, ou plutôt je témoignois assez publiquement que je ne me rendois pas aux médisances et aux calomnies que l'on débitoit contre M. Descartes et le P. Malebranche, en 1706 : voilà pourquoi je fus envoyé à la Flèche pour finir mes études.

« 2°. En 1709, on me nomma pour régenter la philosophie à Amiens. Je déclarai à mes supérieurs que, ne trouvant aucun ancien cours philosophique qui fût à mon gré, j'en ferois un tout nouveau, en évitant néanmoins de rien enseigner qui choquât leur dernier *Elenchus*. Ils approuvèrent mon dessein, et je gardai ma parole. J'évitai avec soin toutes les matières sur lesquelles j'avois des sentiments particuliers, ou plutôt cartésiens ou malebranchistes. Mon cours se passa fort tranquillement; mais, à la fin, on ne laissa point de vouloir trouver dans ma thèse générale des traces de malebranchisme, non pas tant, néanmoins, en ce que je disois, qu'en ce que je ne disois pas. Pourquoi, disoit-on, n'a-t-il pas parlé ni d'accidents absolus, ni de formes substantielles, ni d'état de pure nature? Voilà pourquoi ma thèse générale de philosophie fut censurée, en 1711, par deux ou trois de nos savants de Paris, dont il y en eut un assez pénétrant pour y trouver le *monothéisme*. On en rira sans doute, mais la chose n'en est pas moins vraie.

« 3°. J'étois nommé pour le cours de Rouen. On me demanda une promesse par écrit que je réformerois ma philo-

[1] Serait-ce le P. de Tournemine?

sophie, et surtout que je parlerois de l'état de pure nature, des accidents absolus et de nos chères formes substantielles. Je la donnai sincèrement, je la gardai fidèlement. On fut content de mes formes substantielles; mes accidents absolus ne déplurent pas; mon état de nature *quoad viam* satisfit tout le monde. Je crus avoir paré tous les coups de mes adversaires. Point du tout; ils trouvèrent à redire à la manière dont j'expliquois la béatitude de l'état de pure nature, ou, comme on parle ordinairement, l'état de pure nature *quoad terminum*. J'y admettois une vision intuitive, à la vérité, beaucoup plus imparfaite que celle de notre état, mais toujours immédiate. Par là, Monsieur, me voilà malebranchiste *ipso facto*. Me voilà donc encore censuré : on me traite d'hétérodoxe et même d'athée, et, parce que nos gens sont fort zélés pour la conversion des pauvres errants, me voilà condamné à rétracter des opinions que je n'avois pas, ou que je n'avois point avancées. On m'envoya une espèce de formulaire pour dicter en classe; on m'y faisoit dire : *profiteor me vera credere* sur des choses qui me paroissent fausses. Je déclarai que je mourrois plutôt que de faire un mensonge. On réforma le formulaire; mais, comme il étoit toujours énoncé en mon nom, je tins encore ferme. On me dit alors, c'est-à-dire trois ou quatre de nos théologiens, que je pouvois, en conscience, le dicter. Voyant tout le monde contre moi, je ne résistai plus; mais je fis entendre à tous ces bons casuistes que je ne le dicterois que comme un écrit de la société et non pas de moi. En effet, avant que de le faire écrire à mes écoliers, je leur déclarai que c'étoit un écrit qu'on m'avoit envoyé de Paris pour leur dicter, et, dans les endroits où l'auteur parloit en première personne, je disois, de peur qu'ils ne s'y trompassent, *auctor scripti, non ego*. Ce fut alors que je reçus de ces pauvres enfants une marque d'amitié dont je ne perdrai jamais le souvenir. Je les vis consternés pendant toute la classe, gardant un silence morne, et, après la messe, ils m'escortèrent presque tous jusqu'à la porte du collége, disant entre eux ces paroles de l'apôtre saint Thomas : *Eamus et nos et moriamur cum eo.* Nos pères parurent satisfaits de ma docilité : ce qui n'empêcha pas N. P. provincial de m'ôter de la philosophie à la fin de mon cours, et de s'en vanter auprès de notre P. général comme d'une belle action. Voilà ma troisième aventure, puisqu'on veut appeler ainsi les affaires qu'on a bien voulu me susciter.

« 4°. Sur la fin de 1713, je fus nommé pour être, à Alençon, père spirituel, c'est-à-dire confesseur de nos pères, emploi fort mal assorti au caractère de l'employé, mais qui vaut encore mieux que d'être inutile. Je l'acceptai. La constitution vint. Voilà les deux partis en fureur. Je me trouvois heureusement dans le plus favorable, mais qui n'étoit peut-être pas le moins violent. Tout le monde sait combien de ravages fit alors dans l'Église le démon de la calomnie et de la discorde. J'ai toujours cru que l'on pouvoit se damner aussi bien en défendant la foi qu'en la combattant. L'Écriture y est expresse. Je m'allai donc mettre dans l'esprit qu'il falloit être chrétien et catholique tout ensemble : catholique, en me soumettant à la constitution dans le sens que nos prélats y avoient donné ; et chrétien, en ne me laissant pas trop prévenir contre ceux qui suspendoient encore leur acceptation. Je parlai, j'agis conséquemment ; je ne prodiguai à personne les noms ni d'hérétique ni de schismatique. Je ne me fis point le colporteur de ces libelles scandaleux qui couroient toute la France : je les condamnois tous sans distinction, persuadé qu'une médisance ou une calomnie moliniste n'étoit pas plus agréable à Dieu qu'une médisance ou une calomnie janséniste. Enfin, ni M. le cardinal, ni M. d'Aguesseau, ni le parlement, ni M. le duc régent, tel qu'il étoit alors, ni aucun autre que je sache, ne fut la matière de mes déclamations ni de mes anathèmes. J'attendois en silence que le Dieu de la paix réunît les cœurs que le démon de la discorde avoit divisés. Que n'ai-je point souffert pour garder cette modération ! Il m'en a coûté mon repos et mon honneur. On me rendit à Rome suspect de jansénisme : voilà pourquoi on me tira d'Alençon pour m'envoyer à Arras.

« 5°. Au commencement de 1718 je fus destiné pour y être ministre des pensionnaires. J'y trouvai les esprits furieusement envenimés contre M. l'évêque d'Arras. On faisoit paroître actuellement un petit libelle assez mal fait, mais cruel, contre ses maximes sur la médisance et sur le jansénisme. Je lus ces maximes, que je trouvai infiniment meilleures que tout ce qu'on disoit contre ; car l'auteur du libelle est fort ignorant, quoique d'une hardiesse à étourdir les sots. Les messieurs d'Arras, dit-on, admiroient ces fades satires, qui étoient à leur portée. On me sollicita d'en faire aussi quelqu'une. Je répondis que je respectois trop le caractère des évêques pour écrire contre eux ; que je combattrois les erreurs tant qu'on voudroit, mais jamais les personnes, surtout des prélats qui nous tiennent la place de Jésus-Christ ; que ces sortes d'ouvrages scandalisoient les peuples et ne servoient qu'à irriter nos adversaires ; que c'étoit leur donner des armes contre nous, etc. Deux ans après ce dialogue vint le mandement de M. d'Arras au sujet d'une farce très-bouffonne jouée en carême dans notre collége, nos appels satiriques et furieux de ce mandement, plusieurs autres libelles, chansons, *alleluias* impies. Je condamnai publiquement toutes ces fureurs et toutes ces impiétés. Nos amis, même séculiers, les condamnèrent. On craignit apparemment que je n'en découvrisse les auteurs ; mais la vérité est que les coupables furent mes accusateurs : ils avoient fait les crimes, et je fus mis à la Bastille. Voilà toutes mes aventures. Je défierois volontiers ou plutôt je prierois mes adversaires de me faire voir les faussetés d'un seul de ces articles. Adieu, Monsieur.

« A Amiens, ce 13 septembre 1722. »

### VII. André à Caen, de 1729 à 1764.

L'abbé Guyot, dans l'éloge historique du P. André, nous apprend qu'il fut envoyé, en 1726, au collége de Caen pour y régenter les mathématiques et qu'il remplit cette place jusqu'à l'année 1759 où, parvenu à l'âge de quatre-vingt-quatre ans, il prit sa retraite et survécut même à sa compagnie. Depuis son arrivée à Caen, éclairé par l'expérience, André, sans renoncer à ses deux études de prédilection, la philosophie et la théologie, s'y livra avec plus de réserve et partagea son temps entre les mathématiques et la belle littérature. Nous avons vu que, parmi ses manuscrits retrouvés, il y en a plusieurs qui se rapportent aux mathématiques, et l'abbé Guyot nous apprend qu'il avait traduit Euclide en français sur le texte grec, en y ajoutant de nouvelles vues pour l'éclaircir et de nouvelles propositions pour le compléter. Celui de tous ses ouvrages scientifiques qu'André préférait était son traité d'Arithmétique, composé sur un plan nouveau et d'après la méthode de saint Augustin [1]. L'abbé Guyot avait promis de publier ces écrits, mais il n'a pas donné suite à ce dessein. Autrefois André avait songé à la carrière de la prédication ; étant à Caen, il prononça avec succès plusieurs panégyriques, des exhortations en présence de ses confrères, des sermons d'avent et de carême ; il acquit même dans cette carrière, dit l'abbé Guyot, une célébrité qui le fit connaître jusque dans la capitale. Cependant, si on en croit son biographe, ses moyens extérieurs ne répondaient point à son talent. « Si une physionomie heureuse

[1] Voyez l'Éloge historique du P. André, page xij, et, dans les œuvres posthumes, t. IV, le discours sur l'Arithmétique.

annonçait dans ses yeux et dans son air la beauté et le gracieux de son esprit, son geste et son maintien étaient forcés ; il était d'ailleurs d'une très-petite taille. » Enfin admis dans une société aimable et distinguée, celle de madame la marquise de Saint-Luc, au château de Caen, il montra plus d'une fois l'enjouement naturel de son esprit en des pièces de vers pleines de goût et d'agrément. Nommé membre de l'Académie des belles lettres de Caen, dont le protecteur était l'évêque de Bayeux, il y lut et des pièces de vers et des discours qui le firent remarquer de Fontenelle avec lequel il entretint une correspondance dont l'abbé Guyot a donné des extraits, et que M. Mancel et ses collaborateurs ont retrouvée et vont publier tout entière.

Cependant André ne trouva pas le repos à Caen. Les ombrages de la redoutable société l'y suivirent, et ce qu'on ignorait entièrement jusqu'ici, ce qu'il était impossible même de soupçonner, d'après le récit de l'abbé Guyot, l'absurde accusation de jansénisme le tourmenta jusque dans sa vieillesse. Sous le généralat de Retz [1], qui succéda en 1730 à Tamburini, André essuya une nouvelle persécution, et manqua d'être chassé du collége de

[1] François Retz, né à Prague le 13 septembre 1673, entré dans la société le 14 octobre 1689, professa la philosophie à Olmutz et la théologie à Prague; puis appelé à Rome pour y être secrétaire de Tamburini, nommé ensuite provincial de Bohême, recteur du grand collége de Saint-Clément à Prague, et recteur de cette université; rappelé à Rome pour y être assistant d'Allemagne, de 1725 à 1730. A la mort de Tamburini, il fut élu, par les quarante plus anciens profès de l'ordre qui se trouvaient alors à Rome, vicaire général, le 7 mars 1730, et, le 30 septembre de la même année, au premier tour de scrutin, élu général; il ne lui manqua qu'un seul suffrage pour avoir l'unanimité. Il mourut le 19 de novembre 1750, après avoir gouverné sa compagnie dix-neuf années, onze mois et dix jours. (Tiré de Galeotti.)

Caen, comme il l'avait été déjà de tant d'autres colléges. A l'âge de près de soixante et dix ans, il s'adressa à François de Retz comme il s'était adressé à Michel-Ange Tamburini; il répondit, le 15 mars 1732, à toutes les accusations portées contre lui et réclama justice avec la vivacité et l'énergie de la jeunesse.

Heureusement le père provincial, Pierre Frogerais[1], intercéda pour André auprès du père général. Nous avons du moins un billet de celui-ci, du 10 juin 1733, au père provincial, où, par égard pour lui, il veut bien lui abandonner la décision de cette affaire, mais en exigeant qu'André se soumette et signe le fameux formulaire d'Alexandre VII et la constitution *Unigenitus.*

Neuf ou dix ans après, en 1741, André recueillit un certain nombre de lectures qu'il avait faites à l'Académie de Caen, et les publia sous le titre d'*Essai sur le Beau*[2]. Cet ouvrage, sur lequel nous reviendrons tout à l'heure, obtint un grand succès, fit beaucoup d'honneur à André, quoiqu'il n'eût pas voulu y mettre son nom, et le plaça au premier rang des écrivains de la compagnie, au milieu des pertes irréparables qu'elle avait faites et qu'elle faisait

[1] Moréri ne parle pas du P. Frogerais. Nous trouvons ce nom au bas de la permission accordée au P. Bretonneau d'imprimer les Pensées de Bourdaloue. « A Brest, le 3 d'août 1731, P. Frogerais. » M. de Quens, dans ses notes, raconte que le P. Frogerais disait à André qu'on craignait qu'il ne formât un parti dans la société. « Quelle imagination, répondit André au P. Frogerais! je suis l'homme du monde le plus inepte à être chef de parti....... mais, dit-on, plusieurs adoptent mes opinions : en suis-je la cause? et du reste ils m'ont bien défiguré. »

[2] Note de M. de Quens. « Le P. Catalan (probablement le même qui travailla à la conversion de Dutertre) fut chargé par les jésuites de revoir l'*Essai sur le Beau*. Bel esprit; prédicateur; confesseur de la reine d'Espagne; revint en France, les Espagnols ayant prétendu nommer les officiers de la reine. »

chaque jour [1]. En 1744, sur la nouvelle que l'*Essai sur le Beau* aurait bientôt une suite, Fontenelle écrivit à André :

« Je serois curieux, mon révérend père, de voir cette matière, agréable par elle-même, quoique très philosophique, traitée par une main comme la vôtre. Si vous voulez que j'aie ma part du plaisir que vous ferez au public, je vous avertis qu'il faut un peu vous presser, si vous le pouvez ; je n'ai pas le loisir d'attendre beaucoup. »

Qui ne croirait que la compagnie de Jésus ne se soit empressée d'entourer de respect et d'égards les derniers jours du vieillard, qui, presque seul en France, soutenait honorablement la réputation littéraire de la compagnie ? Et pourtant il n'en est rien ; si la persécution s'était arrêtée, les défiances et les paroles sévères jusqu'à la dureté ne cessèrent de contrister le cœur d'André. En 1749, dans une circonstance que nos papiers n'éclaircissent point, André ayant refusé, à ce qu'il semble, quelque place administrative, et ayant exprimé franchement à cette occasion son opposition au système suivi par la société, fut vivement réprimandé par le P. provincial, et ne rentra en grâce qu'à force de soumissions et d'excuses ; c'est du moins ce que donnent à entendre les deux lettres suivantes du père provincial de la Granville.

[1] Daniel était mort en 1728, Hardouin en 1729, Buffier en 1737, Tournemine en 1739, Baltus en 1743, etc. Quand la société fut supprimée, en 1762, elle ne comptait plus en France un seul écrivain célèbre, ni même un peu connu, excepté André.

« A MON RÉVÉREND PÈRE ANDRÉ DE LA COMPAGNIE DE JÉSUS, AU COLLÉGE A CAEN.

« A Paris, ce 26 juillet 1749.

« Mon révérend père,

« J'ay lu, selon mon devoir, la lettre de votre révérence en présence de ceux qui avoient droit de décider avec moi de la validité de votre excuse. Quelque nombreuse qu'ait esté cette assemblée, il ne s'y est trouvé personne dont le suffrage vous ait été favorable. Tous y ont été indignés qu'un ancien profès de la compagnie se soit exprimé d'une manière si peu respectueuse sur ce qu'elle a regardé dans tous les temps comme utile ou même nécessaire. Ce n'est donc point parce que vous méritiez la dispense demandée qu'on veut bien vous l'accorder, mais uniquement parce que, avant d'être propre à procurer le bien de la compagnie, il est nécessaire d'avoir du respect et pour elle et pour ses lois et usages. Je suis avec respect, mon révérend père, de votre révérence, le très-obéissant serviteur,

« De la Granville, J. »

« AU MÊME.

« A Paris, ce 5 août 1749.

« Mon révérend père,

« Je suis trop édifié de la lettre dont m'honore votre révérence, pour ne pas vous témoigner et ma satisfaction et ma reconnoissance. Je me suis fait un plaisir de parler de cette lettre à ceux qui avoient entendu la lecture de la précédente, et ils ont tous pris très-volontiers part à la joie qu'elle m'occasionnoit. Nous sommes tous charmés des assurances positives que vous nous donnez de vos véritables sentiments. Ils ne seront jamais douteux à celui qui a l'honneur d'être avec un profond respect, etc.

« De la Granville, J. »

Ici finissent nos papiers, et on ne sait plus rien des dernières années de la vie d'André que par l'éloge historique de l'abbé Guyot. En 1759, parvenu à l'âge de quatre-vingt-quatre ans, il renonça à l'enseignement. Quand la compagnie de Jésus fut supprimée, en 1762, dans la dissolution du collége des jésuites, il se retira chez les chanoines réguliers de l'Hôtel-Dieu de Caen, et il n'a cessé de se louer des égards et des attentions de ses nouveaux hôtes. Le parlement de Rouen pourvut à sa subsistance beaucoup au delà de ses désirs, en mandant au lieutenant général de Caen de lui accorder sans aucune condition ce qu'il demanderait.

Libre de soins et d'entrave, André ne songea plus qu'à donner une édition nouvelle de l'*Essai sur le Beau.* Elle parut à Paris, en 1763, par les soins et avec un avertissement de l'abbé Guyot. Elle se compose non plus de quatre, mais de dix discours qui forment une sorte de traité complet. C'est l'ouvrage auquel est attaché le nom d'André. Il a été l'objet de quelques critiques et de beaucoup d'éloges. Ces discours, destinés à une académie de province, tout en se sentant un peu trop de l'occasion à laquelle ils doivent naissance, portent la vive empreinte de la pensée et de la langue du XVII^e^ siècle. On y reconnaît partout le philosophe cartésien, le disciple de saint Augustin et de Malebranche. Il faut en dire autant des discours, toujours académiques, contenus dans les quatre volumes des *OEuvres du feu P. André,* que M. l'abbé Guyot publia, après la mort de leur auteur, à Paris, en 1766 et 1767. Il serait aisé d'en choisir un certain nombre qui, disposés dans un ordre convenable, formeraient un véritable cours de philosophie cartésienne, digne d'être mis entre les mains de la jeunesse de nos écoles et des gens du monde [1]. Mais, il faut le dire, et dans l'*Essai sur le Beau* et dans *les Discours* on est bien loin de soupçonner la netteté, la force et la verve qui paraissent à chaque ligne des lettres que nous avons publiées. Elles placent André parmi les meilleurs écrivains, et, dans la compagnie de Jésus, immédiatement après Bourdaloue.

André mourut à Caen, le 26 février 1764, dans la quatre-vingt-neuvième année de son âge. Le 7 juin de la même année, M. Rouxelin, secrétaire perpétuel de l'Académie de Caen, lut son éloge en séance publique; et, en 1766, quand parurent les deux premiers volumes des *Œuvres posthumes* publiées par l'abbé Guyot, Fréron qui était du même pays qu'André, et qui avait appartenu quelque temps à la société de Jésus, tout en critiquant, d'après les maximes de la société, le malebranchisme d'André, se complut à faire de notre philosophe un portrait qui a l'air d'une vérité frappante, et qui résume les traits épars dans les correspondances récemment retrouvées. (*Année littéraire*, 1766, t. IV, p. 77 et 78).

« . . . J'ai connu particulièrement le P. André, et j'ai vécu pendant une année entière avec lui. Comme j'étois de la même province, et pour ainsi dire de la même ville où il reçut le jour, il m'avoit pris en amitié. M. l'abbé Guyot (en tête des Œuvres) le peint tel qu'il étoit; un très-bel esprit, un galant homme, un philosophe honnête, un chrétien régulier, un prêtre exemplaire, un bon religieux, aimant les lettres et les sciences, encourageant par ses éloges les jeunes gens de son ordre qui les cultivoient avec succès, les échauffant par les peintures vives du bonheur et de la considération qu'elles

[1] C'est ce cours de philosophie cartésienne que nous avons voulu donner au public dans ce volume, par un choix sévère et une disposition méthodique des meilleurs morceaux sortis de la plume d'André.

procurent, les éclairant par ses conseils, leur indiquant les meilleures sources, les exhortant surtout à étudier la langue grecque, qu'il possédoit parfaitement. Il me semble que je le vois encore, plein de feu, de sagacité, de raison, de sagesse, de christianisme, d'un caractère égal, d'une humeur enjouée, d'une conversation agréable, l'honneur, l'exemple, l'ami de tous ses confrères.... »

Voilà l'homme que les jésuites, dans les cinquante dernières années de leur puissance, ne cessèrent de persécuter, d'abord comme cartésien, ensuite comme janséniste. Il est démontré que l'accusation de jansénisme ne pouvait s'appliquer à André. Lui-même déclare catégoriquement qu'il rejette la doctrine de l'efficacité absolue de la grâce, agissant dans l'homme par une action souveraine, morale ou physique, qui ôte aux actions vertueuses leur mérite et le renvoie tout entier à Dieu; doctrine fausse en elle-même, et qui dans la pratique eût pu porter de funestes conséquences si, dans ces grandes âmes de Port-Royal, elle n'eût été contenue par l'austérité du stoïcisme chrétien. Non, ce n'était pas cette doctrine qu'on poursuivait dans André, car il la repoussait et il la combattait lui-même; ce qu'on poursuivait en lui, c'était, nous l'avons vu, sa modération, cette modération du véritable sage qui, sans chanceler sur la doctrine, incline à l'indulgence envers les personnes, et quelles personnes, je vous prie : un Pascal, un Arnauld, leurs admirables sœurs Angélique et Jacqueline, les Cornélies du christianisme, Sacy, Nicole, Duguet, Rollin, et cet homme qui perdit dans des querelles aujourd'hui oubliées une force d'esprit et de caractère presque égale à celle d'Arnauld, qui fut seulement un sectaire intrépide, et qui eût pu devenir un grand penseur et un écrivain éminent, je veux dire Antoine Quesnel ! André avait dit qu'il valait mieux réfuter Quesnel que de le proscrire : voilà quel fut un de ses crimes aux yeux de l'impitoyable société. Quelque temps après, les rôles changent, et les persécuteurs sont persécutés à leur tour. Qui doute aujourd'hui qu'indépendamment de leurs doctrines générales, trouvées, à tort ou à raison, incompatibles avec les libertés des peuples et la sûreté des gouvernements, ce qui concourut puissamment à perdre les jésuites fut le souvenir encore tout vivant de la longue et obstinée persécution qu'ils avaient exercée sur les hommes les plus illustres de la nation, pendant la vieillesse de Louis XIV, surtout à l'aide du dernier et implacable confesseur du grand roi affaibli, le P. Michel Letellier ?

Encore le jansénisme n'était qu'un parti où abondait l'erreur à côté de la vertu et du génie ; mais le cartésianisme, c'était tout le XVIIe siècle dans ce qu'il avait de plus original et de plus grand ; c'étaient à la fois les sciences, les lettres, la philosophie, le christianisme, dans leur plus admirable harmonie ; c'était une école immense, essentiellement française et devenue promptement européenne, où les esprits les plus différents venaient puiser des inspirations communes, où se rencontraient Port-Royal et l'Oratoire, l'ordre antique de Saint-Benoît et la jeune congrégation de Saint-Sulpice, la Magistrature, l'Université, l'Église[1]. Là toutes les pensées se vivifiaient à un foyer commun, et en même temps elles s'éclairaient et se corrigeaient l'une l'autre. Descartes pose les fondements, à sa-

[1] Pour la justification détaillée de ces assertions, voyez 1°. nos articles du *Journal des Savants*, 1842, *février, mars, avril* et *mai*, sur les manuscrits du Bénédictin D. Robert des Gabets ; 2°. la préface des *Pensées de Pascal*, 1843.

voir : 1°. l'autorité première et souveraine de la conscience, qui nous révèle l'existence d'une âme spirituelle avec autant de certitude, ou, pour mieux dire, avec plus de certitude que les sens ne nous donnent l'étendue et la matière ; 2°. sous le sentiment de notre imperfection et de nos limites en tout genre, l'idée irréfragable d'un être parfait et infini, dont la conception seule démontre l'existence ; 3°. parmi les perfections de cet être, sa véracité attestée par celle de notre raison, la confirmant à son tour, et devenant ainsi le point d'appui inébranlable de la certitude universelle ; 4°. la spiritualité et la simplicité de l'âme, solidement établies, servant de fondement à son incorruptibilité et à l'espoir d'une autre vie ; 5°. partout la vertu mise dans l'empire sur soi-même, le bonheur dans la modération des désirs et dans le développement tempéré et harmonieux de toutes les facultés accordées à l'homme, sous le gouvernement de la raison, et l'œil toujours dirigé vers les lois et la volonté de la divine providence. Ces grands principes posés, les plus beaux génies s'en emparent et les appliquent à toutes choses. Le mouvement, une fois commencé, ne s'arrête plus, et, en moins de cinquante années, il couvre la France de monuments immortels qui sont encore aujourd'hui debout, objets sacrés d'une étude religieuse et d'une admiration toujours croissante.

Sans doute, plus d'une erreur se glissa au sein de cette vaste école ; plus d'un principe cartésien était contestable, et mal entendu pouvait donner lieu à de fâcheuses conséquences ; mais la méthode générale était saine et féconde, les principes généraux aussi solides qu'élevés, et l'esprit de tous réparait aisément les fautes qui échappaient à quelques-uns. Le vol sublime de Malebranche l'emporte-t-il un peu trop loin du monde réel? l'austère logique d'Arnauld le ramène sur la terre. Contre la théorie des idées et la vision en Dieu, il n'y avait pas besoin des calomnies et des persécutions du jésuitisme : le livre *Des vraies et des fausses idées* suffisait. Pour établir et défendre le libre arbitre de l'homme, des arrêts du conseil et des lettres de cachet surprises par un P. Annat ou un P. Letellier, n'étaient point nécessaires; n'avait-on pas le grand Traité de Bossuet? Un peu de spinosisme était-il dans la théorie célèbre de l'étendue intelligible[1]? contre ce spinosisme, réel peut-être, mais inaperçu et désavoué par son auteur, toute la puissance et toutes les manœuvres de la société ne valaient pas une page de Leibnitz. Tandis que tout le monde s'emporte contre Spinoza, Leibnitz, qui était en correspondance avec lui[2], qui l'honorait et l'aimait, aperçoit le premier le point précis par où le spinosisme est entré dans le cartésianisme; il indique à la fois le mal et le remède, et la force libre de la volonté une fois bien distinguée de l'inclination et du désir dans son principe et dans ses conséquences, c'en est fait du spinosisme, sans l'intervention du bras séculier, et par la seule vertu de l'analyse psychologique[3]. La philosophie cartésienne forme ainsi un grand ensemble, où un génie commun, semblable à la puissance médicatrice de la nature, suffit à prévenir ou à réparer les légers désordres qui naissent de la surabondance des forces, et entretient la

[1] Voyez nos deux articles du *Journal des Savants* de 1842, sur la correspondance de Malebranche et de Mairan.

[2] B. de Spinoza, *Opera*, etc., édit. Paulus, t. I, p. 635.

[3] Voyez nos leçons de 1829, leç. XI et XII.

santé et l'énergie du corps entier. Elle offrait à la morale publique, à la religion et à l'État, les plus sûres garanties qu'ait jamais pu donner aucune philosophie, depuis la grande école de Socrate et de Platon.

Et c'est contre une telle philosophie, dès qu'elle parut dans le monde, que la compagnie de Jésus se leva, et, pendant près d'un siècle, employa tour à tour la calomnie, la ruse, la violence! En 1662 ou 1663[1], un jésuite, le P. Fabri, pousse la congrégation de l'index à interdire la lecture des ouvrages de Descartes, *donec corrigantur*. La même année, le commissaire apostolique en Belgique, Jérôme Vecchio, excité par la société, dénonce officiellement à l'université de Louvain la philosophie de Descartes « comme pernicieuse à la jeunesse chrétienne » et lui arrache le décret célèbre contre le cartésianisme[2]. En 1667, quand les restes mortels de Descartes, transportés de Suède en France, sont présentés à l'église de Sainte-Geneviève et vont recevoir un tardif hommage, un ordre de la cour, sollicité par le P. Annat, arrive, portant défense de prononcer publiquement l'éloge de Descartes[3]. En 1670, la Sorbonne, mise en mouvement par les jésuites, est bien près d'arracher au parlement de Paris la condamnation du cartésianisme. Forcés de reculer devant l'Arrêt burlesque de Boileau et l'admirable Mémoire d'Arnauld, du parlement les jésuites en appellent au roi, et l'enseignement de la philosophie de Descartes est proscrit et dans l'Université de Paris, dans toutes les universités

[1] Baillet, *Vie de Descartes*, liv. VIII, chap. 9, p. 529.

[2] Voyez les détails de cette affaire dans la préface du livre *Fundamenta medicinæ*, F. Plempii, etc., in Academ. Lovan. profess., Lovan., 1662.

[3] Baillet, *ibid.*, liv. VII, ch. 23, p. 440.

du royaume et dans l'Oratoire[1]. En 1680, le P. Le Valois[2] défère à l'assemblée du clergé la philosophie cartésienne : « Messeigneurs, je cite devant vous M. Descartes et ses plus fameux sectateurs; je les accuse d'être d'accord avec Calvin. » Nous avons vu, dans la correspondance ici publiée, toutes les machines employées par les jésuites contre la doctrine de Descartes, et en particulier contre celle de Malebranche; nous avons exhumé, pour la première fois, la résolution prise à Rome, en 1706, dans une assemblée générale de la société, de poursuivre la nouvelle doctrine à l'égal du jansénisme, et de l'exterminer; c'est le mot d'ordre officiel ici retrouvé, et désormais livré à l'histoire. Nous ne voulons pas rappeler les douloureux détails de la longue et incessante persécution exercée contre André depuis le commencement du XVIIIe siècle; mais il importe d'en faire toucher au doigt la vanité et l'impuissance. Le factum jésuitique contre le carté-

[1] Voyez le Boileau de Saint-Marc, et surtout un petit livre, assez rare, intitulé : *Quædam recentiorum philosophorum et præsertim Cartesii propositiones damnatæ ac prohibitæ*, Lutet. Parisior., in-12, 1705. Il est de Jean Duhamel, comme on le voit par le privilége. On y trouve, 1°. le décret de la Faculté de théologie de Paris contre le cartésianisme de l'année 1671; 2°. l'*ordre verbal du Roi déclaré par Mr. l'archevêque de Paris, messire François de Harlay, à Messieurs les députés de l'Université de Paris, le mardi* 4 *août* 1671; 3°. la décision de la Faculté de Médecine de Paris, d'après la suggestion de la Faculté de Reims, d'octobre 1673; 4°. les arrêts du roi, de 1675, contre l'enseignement cartésien de l'Oratoire à Angers, tels qu'ils étaient déjà dans le *Journal ou relation fidèle de tout ce qui s'est passé dans l'université d'Angers au sujet de la philosophie de Descartes*, etc., 1679; 5°. les décisions analogues prises par toutes les universités et congrégations enseignantes. Voyez enfin les *Fragments philosophiques*, t. II, p. 174.

[2] *Sentiments de Descartes touchant l'essence et les propriétés des corps opposés à la doctrine de l'Église, et conformes aux erreurs de Calvin*, Paris, in-12, 1680.

sianisme envoyé à André avec un formulaire est de 1712 ; le livre de Dutertre est de 1715 : c'est à peu près là l'époque du plus fort déchaînement de la société contre la philosophie nouvelle. Savez-vous à quoi aboutit tout ce grand déchaînement ? Sans doute il produit des malheurs particuliers, de lâches défections, d'odieuses intrigues, d'amers chagrins dans plus d'une âme loyale et courageuse ; mais attendez quelques années, attendez que Malebranche ait fermé les yeux, et que sa gloire vivante n'importune plus la jalouse compagnie : la doctrine nouvelle en se retirant de la scène du temps présent, semble avoir perdu tous ses dangers ; elle est peu à peu amnistiée par ceux-là même qui l'avaient proscrite ; les bonnes raisons qui avaient été données contre plusieurs de ses maximes subsistent, tempérées à la fois et fortifiées par l'équité inattendue dont on commence à se piquer ; bientôt de l'amnistie on passe au panégyrique, et il arrive un moment où, contre de nouveaux adversaires bien autrement redoutables, la société aux abois est contrainte d'invoquer en faveur de la religion ces mêmes doctrines qu'elle avait persécutées pendant un siècle au nom de la religion.

En 1724, le métaphysicien le plus justement renommé de la société, le P. Buffier [1] dans son excellent *Traité des*

[1] Voyez sur Buffier, les *Mémoires de Trévoux*, 1737, août, p. 1504. — Il était né en Pologne d'une famille française; élevé au collége de Rouen, entré aux jésuites à dix-neuf ans; alla à Rome à la suite d'un démêlé avec l'archevêque de Rouen, revint bientôt en France, à Paris; fut chargé de l'enseignement et en même temps de la rédaction du *Journal de Trévoux*. Mort à soixante-dix-sept ans le 7 mai 1737. Voici le jugement un peu sévère que nous trouvons dans les notes de M. de Quens sur le P. Buffier : « Homme d'esprit, superficiel, écrivoit médiocrement, mais de manière à se faire lire ; n'étoit pas poëte ;...... ni bon logicien, ni bon géomètre, ni bon historien, etc., et cependant a écrit sur toutes ces matières, mais sans succès; ne travailloit point assez; c'étoit de ces gens qui ont toujours

*Vérités premières*, parle de Descartes et même de Malebranche comme il appartenait à un esprit aussi judicieux et aussi éclairé : *Suite du Traité des premières Vérités*, p. 238 : « Le soin que Descartes inspire d'abord, d'être en garde généralement contre tous les préjugés, est un des meilleurs moyens de nous faire découvrir la vérité : aussi est-il vrai que, depuis, on a commencé de philosopher avec plus de circonspection, et par divers endroits avec plus de succès..... L'attention qu'il a fait faire à la nature de l'âme ou de l'esprit et à celle du corps ou de la matière a fait connoître avec plus de netteté et de précision les différences de ces deux substances, qu'il est si important de bien distinguer. » Je néglige les critiques de détail, que je n'admets ni ne conteste, et je transcris le jugement définitif de Buffier : « En général, les principes et la méthode de Descartes ont été d'une très-grande utilité par l'analyse qu'ils nous ont accoutumé de faire plus exactement et des mots et des idées ; car, nous ayant mis en goût d'examiner de plus près les opinions qu'on nous propose, ils nous ont mis plus sûrement dans la route de la vérité.... » Tel est donc le système contre lequel le P. Annat et le P. Letellier ont lancé tant de foudres, et qu'en 1706 on avait résolu d'exterminer ! Ici, en 1724, au milieu de beaucoup de critiques, on déclare que le cartésianisme a servi la cause de la bonne philosophie. Ce n'était donc pas la peine, quelques années auparavant, de le persécuter par les plus indignes moyens.

le manteau sur le dos. Le P. André étant à Rouen, professeur de logique, le P. Buffier y vint sur la fin de l'année pour faire imprimer sa Logique, lui communiqua son manuscrit ; la forme de lettres ne plut point au P. André, qui dit à l'auteur que cela ne faisoit qu'allonger par les préambules et préfaces, etc. »

Buffier traite moins bien Malebranche, et avec raison; mais il en parle avec l'estime et le respect que l'on doit au génie, alors même qu'il s'égare. Page 270 : « La réputation de cet auteur a été si éclatante dans le monde philosophique, qu'il paroît inutile de marquer en quoi il a été le plus distingué entre les philosophes. Il n'a été d'abord qu'un simple cartésien, mais il a donné un jour si brillant à la doctrine de Descartes, que le disciple l'a répandue par la vivacité de son imagination et par le charme de ses expressions plus que le maître n'avoit fait par la suite de ses raisonnements et par l'invention de ses divers systèmes...... Le plus grand talent du P. Malebranche est de tirer d'une opinion tout ce qu'on peut en imaginer d'intéressant et même d'imposant pour les conséquences, et d'en montrer tellement les principes de profil que, du côté qu'il les laisse voir, il est impossible de ne s'y pas rendre, au moins tant qu'on n'en détourne pas les yeux; on le suit avec plaisir dans la route immense de ses idées, qui amusent et qui flattent la curiosité, en réveillant et en attachant de plus en plus l'esprit de quiconque veut bien voir les objets uniquement par la face qui lui est présentée par le P. Malebranche. »

Voilà déjà un ton bien différent de celui de Daniel, de Valois, d'Hardouin, de Guymond, de Dutertre et du manifeste philosophique de la société en 1712. Quel rapport y a-t-il, je vous prie, entre la philosophie contenue dans ce manifeste et celle du *Traité des Vérités premières !* Cherchez dans ce traité les accidents absolus, les formes substantielles, les déclamations ordinaires contre la pensée comme attribut fondamental de l'âme, ou contre l'étendue comme attribut fondamental du corps, et l'accusation de paralogisme portée contre la démonstration cartésienne de la spiritualité de l'âme, et celle de scepticisme contre le doute méthodique et provisoire, etc. Et pourtant nous ne sommes qu'en 1724. Quelques années ont suffi pour faire tomber les déclamations et les calomnies, et mettre à leur place une discussion légitime, l'équité, le respect et jusqu'à l'éloge. Attendez quelques années de plus : le temps fait un pas; en 1755, l'Académie française met au concours *l'esprit philosophique ;* la pièce qui remporte le prix distingue et met en lumière deux côtés essentiels de l'esprit philosophique, l'indépendance de toute autre autorité que celle de la raison et le respect envers la foi dans l'ordre des vérités surnaturelles, et le cartésianisme est proposé comme le modèle de l'esprit philosophique ainsi conçu. L'auteur de la pièce couronnée célèbre Descartes pour avoir secoué le joug d'Aristote, et dignement porté celui du christianisme. Dans ce discours est un morceau d'une haute éloquence sur les services rendus par Descartes à la raison humaine. Ce morceau produisit, dans son temps, le plus grand effet, et il mérite encore d'être rappelé :

« Il est aisé de compter les hommes qui n'ont pensé d'après personne, et qui ont fait penser d'après eux le genre humain. Seuls et la tête levée, on les voit marcher sur les hauteurs ; tout le reste des philosophes suit comme un troupeau. N'est-ce pas la lâcheté d'esprit qu'il faut accuser d'avoir prolongé l'enfance du monde et des sciences ! Adorateurs stupides de l'antiquité, les philosophes ont rampé durant vingt siècles sur les traces des premiers maîtres. La raison, condamnée au silence, laissoit[1] parler l'autorité.

[1] La leçon ordinaire, *faisait parler*, me semble défectueuse.

Aussi, rien ne s'éclaircissoit dans l'univers, et l'esprit humain, après s'être traîné mille ans sur les vestiges d'Aristote, se trouvoit encore aussi loin de la vérité. Enfin parut en France un génie puissant et hardi, qui entreprit de secouer le joug du prince de l'école. Cet homme nouveau vint dire aux autres hommes que, pour être philosophe, il ne suffisoit pas de croire, mais qu'il falloit penser. A cette parole, toutes les écoles se troublèrent; une vieille maxime régnoit encore : *ipse dixit,* le maître l'a dit. Cette maxime d'esclave irrita tous les philosophes contre le père de la philosophie pensante; elle le persécuta comme novateur et impie, le chassa de royaume en royaume, et l'on vit Descartes s'enfuir, emportant avec lui la vérité, qui par malheur ne pouvoit être ancienne en naissant. Cependant malgré les cris et la fureur de l'ignorance, il refusa toujours de jurer que les anciens fussent la raison souveraine; il prouva même que ses persécuteurs ne savoient rien, et qu'ils devoient désapprendre ce qu'ils croyoient savoir. Disciple de la lumière, au lieu d'interroger les morts et les dieux de l'école, il ne consulta que les idées claires et distinctes, la nature et l'évidence. Par des méditations profondes, il tira toutes les sciences du chaos, et par un coup de génie plus grand encore il montra le secours mutuel qu'elles doivent se prêter; il les enchaîna toutes ensemble, les éleva les unes sur les autres, et, se plaçant ensuite sur cette hauteur, il marcha, avec toutes les forces de l'esprit humain ainsi rassemblées, à la découverte de ces grandes vérités que d'autres plus heureux sont venus enlever après lui, mais en suivant les sentiers de lumière que Descartes avoit tracés. Ce fut donc le courage et la fierté d'un seul esprit qui causèrent dans les sciences cette heureuse et mémorable révolution, dont nous goûtons aujourd'hui les avantages avec une superbe ingratitude. Il falloit aux sciences un homme qui osât conjurer tout seul avec son génie contre les anciens tyrans de la raison; qui osât fouler aux pieds ces idoles que tant de siècles avoient adorées. Descartes se trouvoit enfermé dans le labyrinthe avec tous les autres philosophes ; mais il se fit lui-même des ailes, et il s'envola, frayant ainsi une route nouvelle à la raison captive. »

Qui prononçait en 1755 ces grandes paroles ? Était-ce un professeur de l'université de Paris, devançant et surpassant son confrère Thomas dans son éloge célèbre de Descartes ? ou bien encore quelque ardent disciple de l'Oratoire ou de Port-Royal ? Non : c'est un père jésuite, le père Antoine Guénard[1].

Tirons donc de tous ces faits cette leçon salutaire, que la persécution en matière de doctrine n'est pas seulement ce qu'il y a de plus odieux, mais de plus inutile. Une discussion libre et sérieuse est la seule arme qui soit ici de mise ; le temps surtout, qui met à leur place les choses et les hommes, qui, en brisant ou en effaçant les passions du moment, livre bientôt une doctrine à sa faiblesse ou à sa force naturelle ; le temps et son action plus ou moins prompte, mais infaillible, voilà le remède certain à l'erreur et le vengeur assuré de la vérité, qu'oublient également l'autorité qui persécute et d'héroïques victimes, qui se dévouent souvent aux plus cruelles souffrances la veille du jour qui doit éclairer leur triomphe.

V. COUSIN.

[1] Il avait alors vingt-neuf ans. Il était né à Damblain (en Lorraine) le 16 décembre 1726, et il était, en 1755, préfet des études au collége de Pont-à-Mousson. Le P. Guénard n'a pas tenu les espérances que son discours avait excitées. Caballero dit qu'il est mort en 1806, à Fléville, près Nancy.

www.ingramcontent.com/pod-product-compliance
Lightning Source LLC
LaVergne TN
LVHW020558230826
846091LV00002B/521

* 9 7 8 2 0 1 3 0 8 6 3 2 5 *